禁止를 금지하라

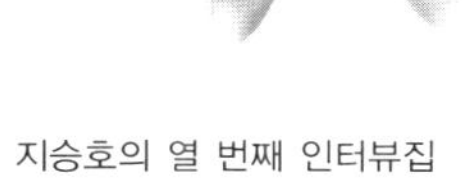

禁止를 금지하라

지은이 | 지승호
펴낸이 | 김성실
편집주간 | 김이수
편집 | 한승오 · 김인현 · 박남주
마케팅 | 이동준 · 김창규 · 강지연
디자인 · 편집 | (주)하람커뮤니케이션(02-322-5405)
인쇄 | 중앙 P&L(주)
제본 | 대흥제책
펴낸곳 | 시대의창
출판등록 | 제10-1756호(1999. 5. 11)

초판 1쇄 인쇄 | 2006년 11월 17일
초판 1쇄 발행 | 2006년 11월 22일

주소 | 121-816 서울시 마포구 동교동 113-81 4층
전화 | 편집부 (02) 335-6125, 영업부 (02) 335-6121
팩스 | (02) 325-5607
홈페이지 | www.sidaew.co.kr

ISBN 89-5940-054-8 (03300)
ISBN 978-89-5940-054-6 (03300)
값13,500원

ⓒ 지승호, 2006, Printed in Korea.

• 잘못된 책은 바꾸어 드립니다.
• 무단 전재와 복제를 금합니다.

지승호의 열 번째 인터뷰집

禁止를 금지하라

그들이……있어……진실은……외롭지……않았다

최정례

박완순

마광수

문정현 정대원

이상호

지승호

최승호

시대의창

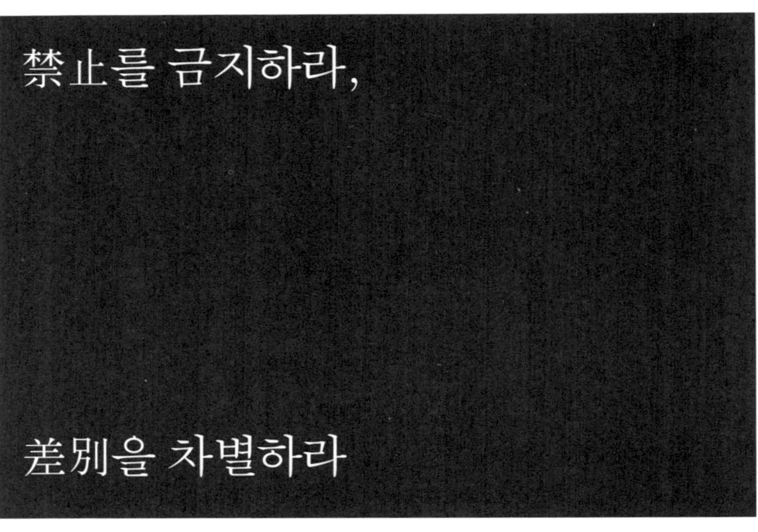

많은 사람들, 심지어는 노동운동을 하는 사람들까지 일정하게 자본의 절대적인 힘에 영혼을 빼앗길 수밖에 없는 세상입니다. 무소불위 권력의 상징인 대통령조차도 "권력은 자본으로 넘어갔다"고 실토할 지경에 이르렀으니까요. 사람들은 모든 걸 다 안다고 믿지만, 정작 중요한 것은 잊고 사는 요즘이 아닌가 싶습니다. 자본의 신神과 힘겹게 싸움을 벌이는 사람들에 대해 쉽게 낡았다는 딱지를 붙여버립니다.

이제 사람들은 거대담론 비슷한 얘기만 나오면 식상하다고 등을 돌려 버립니다. 이 책 제목인 '禁止를 금지하라'는 몇 번이나 거절당한 제목이었죠. 참 그 제목, 팔자 한번 드셉니다. 얘기인 즉 내용이 거기이 걸맞지 않다는 거죠. 동성애, 피어싱, 마약, 이런 소재가 나와야 극지라는 단어에 어울린다는 겁니다. 하지만 전 오히려 그런 소재들이 더 선정적이고 식상할 수 있다고 생각합니다. 물론 그런 것에 관한 터부도 점점 더 깨나가야겠죠.

하지만 전 지금 더 거대담론이 필요한 시대가 아닌가 생각합니다. 근본으로 돌아가 "이렇게 살아가도 괜찮은가?"(피터 싱어의 책 제목) 하는 질문을 한번쯤은 던져봐야 한다고 생각합니다. 어떤 후배는 제게 "한국이 신자유주의의 강국이 될 수 있다"고 말하더군요. 한국인 특유의 우수성과 근면성으로 남들보다 잘 사는 나라가 될 수 있다는 거죠. 전적으로 틀린 말은 아니지만, 전 거기에 대해 "단돈 15만 원 때문에 사람을 죽이는 사회는 행복한 사회가 아니잖아" 하고 말했습니다. 그 전날 공교롭게도 15만 원을 뺏기 위해 사람을 죽인 두 건의 살인사건 뉴스를 접했거든요.

삼풍백화점 사고를 모티브로 삼은 사랑 영화 「가을로」를 찍은 유지태 씨가 "그 자리에 아파트보다는 추모비가 들어섰으면 좋았을 것 같다"는 얘기를 했습니다. 그 발언에 일부 네티즌들은 "그럼 그 비싼 땅을 놀리란 말이냐"는 반응을 보였습니다. 돈이 전부, 돈으로 환산되지 않는 것은 가치 없는 것이라는 극도의 자본주의적 사고방식이 바탕에 깔리지 않고서야 나올 수 없는 발언이었죠.

불과 10여 년 전에 한 자리에서 500명이나 죽은 엽기적인 사고를 두고 그런 발언을 할 수 있을까요? 추모비를 세우면 그 땅은 가치 없이 그냥 놀리는 걸까요? 개발 시대의 빛이 있다고 치더라도, 아니

오히려 그렇기 때문에 그 시절의 어두운 부분으로 인해 희생된 사람들을 한번은 생각해보고 가야 하지 않을까요? 그렇게 가자는 게 그렇게 문제가 되는 걸까요?

TV에서는 "좋은 차 타지 못하고, 좋은 집에 살지 못하면 대한민국 1퍼센트에도 못 드는 찌질이"라는 메시지를 전달하는 광고를 연일 틀어댑니다. 그리고 재테크 하지 못하는 사람은 사람이 아니라는 듯이 "당신의 미래에 반대한다"고 윽박지릅니다. 다른 사람이 어떤 인생을 선택하든 간에 그게 찬성하고 반대할 성질의 것일까요?

"칭기즈칸에게 야망이 없었다면 한낱 양치기에 지나지 않았을 것"이라는 광고 문구 역시 사람을 절망하게 합니다. 도대체 양치기가 어때서 그러는지 이해가 가지 않습니다. 인간의 야망 때문에 수많은 사람들이 죽어나간 역사를 되풀이하자는 걸까요? 역사는 영웅만을 기록합니다.
근데 이제 영웅의 개념 역시 바뀌어야 하지 않을까요? 나중에 역사 교과서에서 "대제국 미국 건설의 초석을 놓은 미국 대통령" 따위의 문구는 보고 싶지 않습니다.

이 책은 좀더 다양한 방식의 삶이 있고, 그런 것을 인정할 때 세상은 더 나아질 수 있다고 생각하는 분들의 인터뷰를 모은 것입니다. 강한 자만 살아남아야 한다는 자본주의 정신과 싸움을 벌이는 사람들이고요. 전 이 책이 철학을 넘어 종교적인 차원으로 읽혔으면 합니다. 그건 제 책이 그만한 수준이 된다는 게 아니라, 이 분들의 고

뇌하고 고결한 삶 또는 메시지가 그만큼 이 시대에 필요하다고 생
각하기 때문입니다.

귀한 시간 내주신 박원순, 조정래, 마광수, 문정현, 정태인, 이상호,
최승호 선생님께 다시 한 번 감사드립니다. 그리고 전적인 신뢰를
보내준 시대의창 김성실 사장님, 김이수 주간님을 비롯한 여러분들
께도 이 자리를 빌려 감사드리고, 돈벌이하고는 별로 상관없이 게
으르게 살아온 가장과 자식을 둔 덕에 고생해온 가족들에게는 미안
한 마음을 전합니다.

지은이 지승호

차 례

마광수

'근엄한' 사회의 위선을 조롱한 자유정신 선동가

문정현

한없이 낮은 곳으로만 임해 온 '길 위의 신부'

정태인

한국 경제 정책의 실상을 고발한 '경제 보안관'

이상호

개봉 금지된 상자를 열어 희망을 남긴 '판도라'

최승호

계란으로 바위를 깨뜨려버린 '고독한' 영웅

지승호

-셀프인터뷰 ; 나를 위한 변명

날것 그대로의 생각을 전달하는 전업 인터뷰어

박원순

박토 위에 '사회운동의 숲'을 가꾸는 큰 농부

정치인이라면 좀 손해 보는 태도가 필요하죠.
정치인이 되어서 권력을 행사하고, 그 기회에 돈도 벌고,
전 그게 이해가 안 가거든요. 굶어죽을 일은 없지 않습니까?
여러 가지 방식으로 먹고 살 수 있을 텐데요.
저는 중요한 정치 리더들이 굶어죽는 모습을 보고 싶어요.
살 집이 없어서 사글세로 가고,
끼니가 어렵다고 해서 온 국민들이 쌀을 한 말씩 짊어지고
그 집 앞에 줄을 서서 교통순경이 교통정리를 하는
이런 꿈을 우리가 꾸고 싶거든요.
많은 걸 다 차지하려 하면 국민의 신뢰를 받기 어려워요.
또 갈등을 조정해 내고 통합해 내는 리더십이 아쉽습니다.
상반된 이익집단들이 충돌하는 사회의 장에서
설득하고 양보를 받아내고, 절충해서 합의를 유도해 내는
그런 기술이 정치라고 생각하거든요.
그건 정치만이 아니라 시민사회도 마찬가지겠죠.

—박원순, 본문 인터뷰 가운데서

사진 ⓒ 문종석

● 1956년 경남 창녕에서 태어났다. 서울대 법대 재학 중에 '김상진 열사 사건'으로 제적당하고 단국대 사학과를 졸업했다. 1980년대에 부천경찰서 성고문사건과 박종철 군 고문치사사건을 맡으면서 인권변호사의 길로 접어들었다. 〈참여연대〉를 통해 소액주주운동, 부패 정치인 낙선운동 등을 펼쳤으며, 〈아름다운 재단〉을 통해 '1% 나눔 운동'을 펼치고 〈아름다운 가게〉를 열어 나눔의 문화를 확산시켰다. 2006년에는 '21세기 실학운동'을 기치로 〈희망제작소〉를 설립하였다. 저서로는 『내 목은 짧으니 조심해서 자르게』 『NGO, 시민의 힘이 세상을 바꾼다』 『성공한 사람들의 아름다운 습관, 나눔』 『역사가 이들을 무죄로 하리라』 등이 있다. '만해대상'(실천 부문)과 '막사이사이상'(공공봉사 부문)을 수상했다.

● 〈희망제작소〉 상임이사로 있는 박원순 변호사를 2006년 8월과 10월 두 번에 걸쳐 만났다. 박원순은 기득권이나 편안함에 안주하지 않고, 변신에 변신을 거듭하면서도 그것을 두려워하지 않는 사람이다. 검사에서 인권변호사로 변신해 수많은 민주화운동 관련 사건의 변론을 했고, 한국 시민운동사의 한 획을 그은 〈참여연대〉 사무처장으로 변신했다가 다시 한국 사회에 기부 문화를 확산시킨 〈아름다운 재단〉 상임이사로 변신했다. 그는 다시 한국 사회의 새로운 방향과 아젠다를 설정하기 위한 민간 싱크탱크인 〈희망제작소〉의 상임이사로 변신해서 '소셜 디자이너'라는 직함을 가지고 새로운 사회를 꿈꾸고 있다.

첫 번째 인터뷰는 8월 3일 오후 4시 30분부터 6시까지 〈희망제작소〉 안의 상임이사실에서 이루어졌는데, '아시아의 노벨상'이라 불리는 '막사이사이상'(공공 봉사 부문) 수상자로 결정된 것을 축하하자 "당대에 평가받은 제대로 된 사람이 얼마나 있느냐. 내가 일을 제대로 못했다는 생각이 들었다"는 농담 같은 진담으로 인터뷰는 시작되었다.

두 번째 인터뷰는 얼마 전 삼성에서 7억 원을 지원받아 프로젝트를 진행한 것에 대해 진보진영과 시민사회 영역에서 비판이 제기된 직후인 10월 12일 오후 5시부터 6시까지 같은 장소에서 이루어졌다. 박원순 변호사는 숱한 비판을 겸허하게 받아들이면서도 자신의 생각을 허심탄회하게 털어놓았다. 한국 고문의 역사를 기록한 『야만 시대의 기록』의 출간을 앞둔 (역사비평사에서 10월에 출간-편집자) 박 변호사는 "자유는 영원한 감시의 대가"라는 말을 통해 감시를 소홀히 하면 얼마든지 역사는 후퇴할 수 있다는 점을 강조하면서 그것을 방지하기 위해 '건강한 시민 정신'이 필요하기 때문에 "〈희망제작소〉는 평생교육, 정치의식 교육에 큰 역할을 해야 할 것"이라고 말했다.

{ "진리와 대안은 현장의 삶 속에 있다"

지승호(이하 **지**)　막사이사이상(공공 봉사 부문) 수상자로 결정되셨는데요. 스감은 어떠신가요?

박원순(이하 **박**)　제가 우리 간사들이나 연구원들한테 이미 얘기했는데요. 제가 빈센트 반 고흐가 마지막 3개월을 지낸 그 동네를 다녀온 적이 있습니다. 파리에서 1시간 정도 거리에 있는데요. 고흐는 말년에 닥터 까세라의 집 행랑채에서 살았어요. 그 당시에 최고로 유명했던 화가의 굉장한 저택도 거기에 있어요. 그런데 당대에 유명했던 화가는 아무도 기억을 못하지 않습니까? 반면 그림 한 점도 안 팔리고, (남의 집) 행랑채에서 외롭게 자살한 고흐의 그림은 지금 수백만 달러에 팔리고 있잖아요. "그러니까 당대에 제대로 평가받은 사람치고 제대로 된 사람이 있겠느냐. 그러니까 내가 감옥에 가면 축하하러 오고, 지금은 애도를 해달라”는 농담 같은 진담을 했습니다. 상 받는 게 그렇게 썩 유쾌한 생각만 드는 건 아니에요, 물론 좋은 일이긴 하지만. 그럼에도 불구하고, ‘내가 일을 제대로 못 했구나’ 하는 생각도 많이 들었어요. 뭐, 그렇습니다.

지　피카소처럼 당대에 평가받은 화가도 있지 않습니까? (웃음)

박　물론 그런 사람도 있긴 합니다만, 언제나 제 스스로는 잘못된 걸 찾아보고 되돌아볼 필요가 있겠죠. 제가 반성할 점도 있을 수 있으니까요. 저는 ‘요란하게 떠드는 사람의 알맹이가 과연 있을까’ 하는 생각을 하고 있습니다. 그러니까 제 자신이 ‘소리만 요란한 빈 수레가 되고 있는 게 아닌가’ 하는 생각이 들었습니다.

지　꾸준히 시민사회 활동을 해 오신 점을 평가받으신 것 같은데요. 명함 보니까 ‘소셜 디자이너’라고 나오는데요. 새로운 직종 아닙니까? 어떤 의미로 지은 이름인가요?

박　언젠가부터 제 스스로 생각해보니까 우리 사회를 어떻게 하면 한 단계 업그레이드시킬 수 있을까를 고민하는 사람이 되어 있더라고요. 처음부터 그러려고 그런 건 아닌데요. 살아오면서, 앞으로 해야 할 것을 생각하면서 그런 직책을 만든 게 아닌가 싶습니다. 사회적 기여 또는 우리 희망제작소가 주요 사업의 하나로 삼고 있는 사회창안 같은 것도 있는데요. 소셜이라는 게 좋은 의미가 있는 게 아닌가 하는 생각이 들어요. 어떻게 보면 공무원이라든지 언론인이라든지, 이런 분들도 결국은 그런 직업의 하나일 텐데, 좀더 새로운 의미를 부과하는 의미에서 '소셜 디자이너'라고 써봤죠. 우리가 하고 있고 또 앞으로 해야 하는 지향으로서 우리 사회를 조금 더 합리적이고 창의적이고 인간적인 사회로 만드는 사람들, 그걸 직업으로 삼는 사람들, 그런 사람들을 소셜 디자이너라고 하면 어떨까 생각한 겁니다. 제가 이번에 일본을 다녀왔는데, 공항에서 직업을 쓰라고 해서 그렇게 썼는데, 사람들이 일본에서도 그렇고, 한국에서도 '이게 뭐냐?'고 묻는 사람이 없더라고요. 인테리어 디자이너의 한 사람인 줄 알았는지도 모르겠는데…. (웃음)

지　사람이 모인 게 사회고, 사회를 건강하게 만드는 게 우리의 과제 중 하나일 텐데, 한국에서는 사회 하면 좀 삐딱하게 보는 경향이 있지 않습니까? 사회주의와 연결해서 색깔론을 펴는 사람도 여전히 있고요.

박　그런 사람들 하고 일일이 상대할 필요가 있겠습니까? 할 일도 바쁜데…. (웃음)

지　제성호 교수는 "박 변호사는 국가보안법 폐지를 주도하면서 우리 사회에서 친북 용공사상의 유포·확산을 주장했다. 〈희망제작소〉 참여 인사들은 박 변호사가 〈참여연대〉 시절부터 함께 일하던 사람들이 대거 포진해 있는데, 이들은 대부분 골수 주사파다"라는 등의 주장을 했는데요. 이런 얘기를 어떻게 생각하십니까?

박　일일이 대응할 필요가 없는 얘기인 것 같고요. 만약에 그런 소리를 하면 자기 입지를 더 좁히는 게 아닌가 하는 생각이 듭니다. 특히 우리 사회가 여러 지점에서 좀더 깊이 있게 논의하면 서로 절

충될 수 있는 그런 지점들이 많음에도 불구하고 사람들은 그 내용을 잘 알지도 못하면서 그걸 가지고 일정한 주의자로 몰아붙이는 경우가 있지 않습니까? 이것이야말로 버려야 할 과거의 나쁜 습관이고, 사회현상이 아니었나 싶습니다. 예를 들어서 국가보안법 관련된 것만 하더라도, 제가 어떤 특정한 이데올로기에 물들어 있는 사람이라고 생각하지 않거든요.

그런데 제가 변론을 하면서 국가보안법이 얼마나 많은 억울한 사람을 만들어내는지, 결과적으로 우리 사회의 민주주의를 질식시키고 있는지에 대해 많이 봐왔기 때문에 저는 그야말로 합리적인 어떤 한 법률가의 양심으로 '이 법은 문제가 있다'는 생각이 들었던 거죠. 그것이 형사법제상 폐지됨으로 해서 결코 국가안보나 이런 쪽에 지장이 없겠다고 하는 신념에서 주장하는 것인데, 그런 하나의 단서를 보고, 저더러 극좌주의자라고 하면 할 말이 없는 거죠. 저는 그럼에도 불구하고 (온당하다고 생각하지는 않지만) 그런 사람이 있는 것 자체가 '우리 사회 다양성의 한 측면이 아닌가' 하고 긍정적으로 보고 있습니다.

지　국민들이 민주화 세력에 대해서 기대감을 많이 가지고 있었는데요. 지금 보면 개혁 피로감이랄까요. 민주화 정권이 집권해서 상당한 시간이 흘렀는데, 삶 자체가 나아지는 것 같지 않으니까 그런 주장이 국민들에게 설득력 있게 다가가는 부분도 있는 것 같습니다. 그런 여러 가지 위기감 때문에 〈희망제작소〉를 (어떻게 보면 서둘러서) 다른 활동에 앞서서 추진하시는 것 같다는 생각도 드는데요.

박 서둘러서 하지는 않았어요. 제가 이런 고민을 오랫동안 해왔고, 특히 작년에 미국의 스탠포드에 가서 한 학기 강의도 하면서 (한국에 있을 때보다 여유가 생겼으니까) 여러 가지 고민을 하던 와중에 이런 구상을 하게 됐어요. 1년 정도 준비를 거쳤습니다. 말씀하신 쿠분은 이번 정부의 문제라기보다는, 한나라당이 집권했어도 노무현 정부보다 잘했겠느냐 하면 별로 그럴 것 같지는 않거든요. 우리나라의 정치 행태를 보면 정책을 중심으로 삼거나 기반으로 삼은 논쟁이 아니고, 엉뚱한 추행이니 하는 감성적이고 감정적인 것으로만 싸워서 누가 당선되고 그래왔지 않습니까? 정권 인수위원회에서 불과 몇 달 동안 가다듬은 정책을 펴다보니까 그게 시행착오가 있을 수밖에 없거든요. 정당이 정책을 기반으로 경쟁하려면 지금 갖고 있는 〈여의도연구소〉(한나라당 정책연구소)나 〈열린사회정책연구소〉(열린우리당 정책연구소) 같은 것들이 활성화되어야 한다고 생각합니다.

우리 정당법이 지금 국고보조를 하고 있는데요. 국고보조금의 20퍼센트 정도는 정책 개발에 쓰도록 의무화하고 있어요. 그런데 실제로 거기에 안 쓰거든요. 제가 〈참여연대〉 사무처장할 때 조사해보니까 여컨대 연간 700억 정도를 국고보조금으로 지원하고 있는데, 선거가 있는 해에는 1100억 정도나 되더라고요. 그 중에 20퍼센트면 평시에도 140억 정도는 각 정당의 정책 개발비로 쓰도록 되어 있는데요. 실제로는 총재 사모님 오찬비로 쓰이고, 심지어 어느 정당은 미아리 텍사스에 간 비용으로도 일부 사용되었더라고요. (웃음) 세상에, 국민이 정책 개발을 하라고 준 돈이 제대로 집행되지 않고 있는데요. 물론 선관위 책임도 있죠. 이런 과거가 있는 마당에,

저는 그게 잘 안 될 거라고 봅니다.

그 밖에 언론도 문제가 있죠. '우리 사회가 감성적인 보도에 국민들이 주목하는 것보다는 우리 국민들의 삶을 좌우하는 많은 문제들에 대해서 좀더 깊이 있는 연구, 토론, 이런 게 필요하지 않나' 하는 생각이 들었습니다. 과거의 정당들, 과거의 세력들은 우선 관측 자체가 잘못되어 있는 것들이 많다고 생각하고요. 진보적인 입장에 있는 사람들조차도 이런 정책적 이슈와 아젠다를 개발하는 데 소홀한 게 아닌가 생각합니다. 이 분들이 정권을 잡고, 정권이 아니더라도 우리 사회에서 중요한 역할을 할 수 있는 그런 준비, 자세, 대안을 갖고 있는가 하는 거죠. 과거에 학생운동을 했다고 지금 우리 사회에서 진보라고 할 수 있는가 하면, 그렇다고 생각지 않거든요.

지　국가의 정책이나 아젠다 설정에서도 정치권에 기대하기보다는 시민사회 영역에서 다시 나서야 되는 상황이 왔다는 문제의식에서 시작하신 것 같은데요.

박　진리와 대안은 삶 속에 있다고 생각합니다. 현장 속에 있다고 생각하거든요. 그런데 정부나 언론이나 시민단체들조차도 현장 보기를 게을리하고, 현장의 목소리 듣기를 외면하고 있는 게 아닌가 싶습니다. 지금 시민운동도 엘리트적인 운동이거든요. 학자들이 모여서 아젠다를 만들고, 그것을 관철하기 위해 이런 저런 실천을 하고 있는데요. 제가 낙선운동을 하면서 청주 육거리 시장에 가본 적이 있거든요. 할머니들이 우리가 이런 얘기를 하는데, 박수치고 열정적으로 호응하는 걸 보면서 놀랐습니다. 시민단체들이 그렇게 시장터에 나가본 적이 별로 없거든요. 오히려 정치인들이 시장에 더 많이 나가죠. 물론 정책에 대한 피드백을 받으려는 건 아니지만, 길거리에 가서 사람들과 악수라도 하잖아요. 그래서 시민운동 하는 사람들도 좀더 현장에 귀를 기울여야 한다는 생각도 해봤어요. 〈희망제작소〉는 사회창안 업무라고 해서 시민들이 아이디어를 올리고, 그 중에서 좋은 것들을 어떻게 실천할 수 있을까 하는 고민을 하려고 합니다. 저도 당장 문종석 씨하고 지역을 다니고 있는데, 물론 그게 모든 해답은 아니겠지만, 그걸 통해서 이 시대를 살아가는 사람들의 상황과 그 분들이 가지고 있는 문제의식, 그 분들이 생각하는 대안들을 통해서 많은 시사를 얻을 수 있지 않을까 하는 생각을 하고, 실제로 그러고 있어요.

{ "한 직무를 갖고 평생을 바치는 것이 아름다운 일이다"

지　지방 다니면서 강준만 교수도 만나셨다는데, 어떤 얘기를 나누셨습니까?

박　강준만 교수님은 비록 지역에 사시지만, 기본적으로 지역에 대한 관심보다는 전국적인 문제에 대해서 관심이 많으신 분이잖아요. 그 분이 가지고 있는 여러 문제의식에 대해서 정담을 나눴다고 할까요. 나눈 얘기는 다 메모가 되어 있기 때문에 그건 나중에 자료집이나 책으로 펴내려고 생각하고 있어요. 강 교수님은 과거의 어떤 구체적인 사건이나 인물에 대한 논평에서부터 역사라든지 하는 쪽으로 관심이 옮겨져 있다는 생각이 들었습니다.

지 아까 시민운동이 엘리트적인 성격이 있다고 하셨는데요. 그래서인지 보수주의자들은 "시민 없는 시민운동"이라는 비판도 하지 않았습니까? 조금 더 시민들이 많이 참여해야 할 텐데, 그런 방안은 어떤 게 있을까요?

박 사실은 제가 〈참여연대〉 할 때는 보수적 언론조차도 감히 비판을 못했다고 생각하거든요. 물론 그게 여러 가지 의미가 있겠습니다만, 우리가 국민들의 지지를 확고히 받고 있으면 함부로 하기가 어렵다고 생각합니다. 아까도 말씀드린 것처럼 모든 국민이 지지하는 운동은 있을 수도 없고, 해서도 안 된다고 생각합니다. 그런 것은 안 해도 되는 일이지 않습니까? 비교적 덜 주목받고 있거나 경시되고 있는 주제나 영역을 가지고 다수 국민들의 지지를 얻어내는 것이 운동이라고 생각하는데요. 처음에는 지지가 없더라도, 일개 개인이나 지사가 하는 운동과는 달리 저희들 시민운동이라는 것은 지평을 계속 넓혀가는 운동이라고 생각합니다. 그 운동이 너무 편협하고 편파적일 때는 비판자가 오히려 더 많아지고, 그렇게 되면 운동은 실패하는 것 아닙니까? 소수자의 문제, 소수자만이 지지하는 문제를 조금 더 다수가 지지하는 문제로 지평을 넓혀가는 것이 시민운동이라고 생각하는데요. 지금은 그런 아젠다들을 개발하고 실천해가는 데 조금 부족하지 않은가 하는 생각을 합니다. 조금 더 국민들 삶의 현장으로 와보면 그런 이슈들이 없는 게 아닙니다. 우리 사회가 지금 완성이 되어서 더 이상 운동을 할 여지가 없어서가 아니라 그것들이 수없이 존재하고 있습니다. 과거에는 운동을 큰 틀로만 해도 지지를 받을 수 있었잖아요. 그런데 그런 이슈들은 대체로 정부에 의해서 흡수당하거나 했죠. 그래서 훨씬 더 밑으로부

터 올라오는 새로운 아젠다나 이슈들을 발굴해내서 국민들의 지지
를 획득해나가는 운동이 되어야 하는데, 그런 게 좀 부족하지 않나
생각합니다.

지　과거의 시민운동은 민주화 정부와 이해관계가 같은 부분이 있
지 않았습니까?

박　그렇죠.

지　그러다보니까 보수 세력들은 "시민운동이 친정부적인 게 아
니냐"는 불만이 가졌던 것 같은데요. 지금은 이해관계가 달라지고,
시민운동이 방향을 전환해야 할 시기인 것 같습니다. 그런데 보수
적인 사람들은 여전히 정치적인 잣대로 보지 않습니까? 〈희망제작
소〉만 하더라도 '대망제작소'라는 표현으로 대선과 연관시키는 일
부 언론도 있는데요.

박　어떤 경우에도 비판이나 여러 가지 의문이 없는 운동은 있을
수 없다고 생각해요. 다 뭔가는 있는 것인데, 다만 그것이 진정 바
른 길이고 바른 운동이라면 그런 비판은 차츰 줄어들 거라고 생각
하는데요. 어쨌든 문민·국민·참여정부로 오면서 시민운동의 이
슈를 상당히 호의적으로 보는 사람들이 정권에 많이 들어가면서
시민운동의 이슈를 수용당한 측면이 있거든요. 그런데 그것은 운
동의 발전이기도 하다고 생각해요. 저희들이 과거에 주장했던 부
패방지법이라든지 정치개혁이라든지 국가의 투명성이라든지 책임
성의 문제, 재벌개혁의 문제 같은 것들이 어찌되었든 상당한 정도
로 받아들여졌고, 우리 사회가 그만큼 개선되었다고 생각합니다.

그런데 문제는 또 한편으로는 시민운동의 위기를 초래한다는 거죠. 왜냐하면 우선 이슈를 흡수당했기 때문에 새로운 이슈를 개발하지 않으면 안 된다고 하는 측면에서 위기고, 또 하나는 국민들이 보기에 친정부적으로 보일 수 있다는 거죠. 그런데 실제로 보면 시민단체가 과연 친정부적이었나 하는 생각이 들어요. 환경 문제든, 참여연대든 정부와 대립각을 세운 것도 많았고, 반드시 친정부적이었다고 생각하지는 않거든요. 그건 상대적으로 과거에 정부가 그 이슈를 전혀 받아들이지 않았을 때 세웠던 칼날에 비하면 그것이 무뎌졌다고 할 수도 있고, 이런 것 때문에 생기는 의혹이 아닐까 싶은데요. 일부 반성해야 할 측면도 있다고 생각하고요. 시민단체가 새로운 이슈로 한걸음 더 나아가서 정부를 견제하거나 견인하는 역할을 열정적으로 했어야 하는데, 그런 것이 부족하지 않았나 하는 자기반성이라든가 자기성찰을 해야 앞으로 더 발전할 수 있지 않을까 생각합니다.

지 박원순 상임이사님의 존재 때문에 그런 얘기가 더 나오는 것 같기도 한데요. 정치 참여를 하지 않겠다고 하는데도 불구하고 여권에서 계속 러브콜을 보내고, 유력한 대선 예비 후보 중 하나로 꼽히고 있지 않습니까?

박 저는 한나라당에서도 콜을 여러 번 받았어요. (웃음) 지나간 얘기입니다만, 공천심사위원장 그거 하면 전국구 1번을 줬잖아요. 그런 요청도 여러 번 받았습니다. 어느 특정 정당에 제가, 물론 제가 개인적인 생각이 없는 것은 아니지만, 공적으로는 어느 특정 정파적 신념이나 활동을 피력하거나 한 바는 없습니다. 그런데 왜들 그

러는지 모르겠습니다. (웃음)

지　한나라당은 지금 대선 주자들이 안정되어 있으니까 그렇지, 위기에 빠졌다면 구원투수로 여전히 매력적이라고 생각하고 있을 텐데요. 위기돌파용 카드로 제안을 했을 텐데, 보수와 개혁을 떠나서 모든 정파에서 그렇게 느끼는 이유는 뭐라고 생각하십니까?

박　모르겠어요, 잘 생겨서 그런 걸까요? (웃음) 아까 말씀드린 것처럼 좌우로 나누든 계층으로 나누든 여러 다양성이 필요하다고 생각합니다. 그걸 나쁘게 볼 필요는 없다고 생각해요. 사회가 민주화되면 그만큼 다양한 세력과 다양한 이념과 다양한 이익이 충돌하는 것은 너무나 당연하고, 오히려 바람직한 거거든요. 그걸 우리가 어떻게 민주적인 방식으로 통합하고 합의를 이끌어낼 것인가, 이것이 더 중요하다고 생각하는데요. 그런 관점에서 제가 어느 한 편의 입장에 서기보다는, 특히 〈참여연대〉 이후에는 그런 것을 조정하는 입장을 보여왔기 때문에 특정 정당이나 정파에 기울어지지 않은 모습으로 비춰지지 않았을까 생각해봅니다.

지　시민운동가들의 정치 참여에 대해서 긍정적이지 않습니까? 직접 들어가셔서 크게 바꿔봐야겠다는 생각은 안 해보셨습니까?

박　저는 시민운동을 해오면서… 처음부터 운동가는 아니었지만 열심히는 했죠. 시민운동가들은 아무것도 없는 상태에서 뭔가를 창조하는 거잖아요. 우리가 돈이 있습니까? 권력이 있습니까? 사람이 있습니까? 아무것도 없는 상태에서 공공의 이익을 위해서 여러 사회적 자원들을 동원하고 조직하고 캠페인을 해가면서 사회를 바꿔내는 운동인데요. 저는 이게 정치하고 하나도 다를 게 없다고 생각하거든요. 정치를 이렇게 해야 되는 것 아닙니까? 시민운동가들, 특히 지역의 운동가들이 풀뿌리 지역의 시의원이나 기초 자치 단체의 장이 되는 것은 굉장히 바람직하다고 생각합니다. 공공적 훈련을 받는 굉장히 좋은 기회거든요. 만약에 그 사람들이 정치권으로 가면 굉장히 잘할 거라고 봐요. 저도 잘할 자신이 있어요. 여러 면에서 관료적 타성에 젖어 있는 공무원 출신이나 기업적 탐욕에 물들어 있는 사람보다는 훨씬 더 잘할 수 있을 거라고 생각합니다. 거기는 권력, 돈, 사람, 자원 다 있잖아요. 그걸 가지고 못하는 게 바보죠. 그런데 제가 가는 것이 적절한가, 저는 꼭 시민운동이라기보다는 이런 시민사회적 영역에서 본의 아니게 생긴 상징성도 일부 있고, 여기에 그런 사람들이 많이 축적되어 있는 것 같지도 않거든요. 그래서 지금 제가 옮기는 것이 적절한가 하는 측면에서 의문을 갖고 있는 거죠.

지　지금은 시민사회 영역에서 하실 일이 더 중요하다는 건가요?

박　지금 〈희망제작소〉 시작했는데, 너무 신나거든요. 사실 이것이 크게 보면 정치와 크게 다를 바도 없다는 생각이 들어요. 여러 가지 정책 아이디어를 많이 만들어내서 그것이 사회에서 실천되도록 하는 것이 너무나 신나고, 또 지금 가야 할 길이 있기 때문에 이것도 굉장히 중요한 일이라고 보는 거죠.

지　여기서 상황이 정리되면 달라질 여지는 있는 건가요?

박　미래의 일을 미리 예정한 적은 없습니다. 그런데 어떤 일을 열심히 하다 보니까 저절로 그 다음 일들이 쭉쭉 나오더라고요. 제가 인권 변호사 열심히 하는 가운데 '사회가 변화되고 있는데 〈참여연대〉 같은 운동이 필요하겠구나' 하는 생각을 했고요. 그러고 나서 7년 하고 나니까 머리가 희끗희끗해지는 간사들도 있어요. 저도 7년 하고 나니까 '과제는 많이 남아 있지만, 이 정도 했으면 최선을 다했다'는 생각이 들어서 '이젠 뭘 할까?' 궁리하다가 〈아름다운 재단〉을 했어요. 〈아름다운 재단〉을 6년 정도 하니까 어느 정도 자리가 잡히는 것 같고, 제가 없어도 이건 돌아갈 것 같다는 생각이 드니까 괜히 싫증이 나더라고요.(웃음) 그 다음에 시민사회에서 대안적 싱크탱크가 하나 필요하지 않겠느냐 하는 고민을 하게 됐어요. 저절로 연결이 된 것 같아요. 〈희망제작소〉 이후엔 뭘 할까 하는 생각은 지금으로선 할 여유가 없어요. 그 이후에도 뭔가 예비되어 있을 거라는 생각은 합니다.

지　몇 번의 큰 변신을 거듭하여 모두 성공시켜오셨는데요. 그럴 수 있었던 비결은 뭐라고 보십니까? 사실 단체 하나를 제대로 꾸려가기도 힘든데, 시민사회 영역에서 새로운 아젠다와 모델을 연이어서 만들어오셨지 않습니까?

박　저는 성공했다고 생각하지는 않아요. 뭐랄까요? 한 업무, 한 직무를 갖고 평생을 바치는 것이 아름다운 일이라고 생각할 뿐입니다. 제가 과연 한 조직을 만들고, 잘했는가 하는 것에 대해서는 스스로도 의문이 있는데요. 다만 이런 점은 있죠. 한국 사회를 제가 어떻게 효과적으로 바꿀까 하는 관점에서는 제가 있는 곳에서, 예컨대 〈참여연대〉든지 〈아름다운 재단〉이든지 저 혼자 했다고 생각하지는 않습니다. 저와 더불어서 많은 간사들이 일을 같이 했고, 제가 초기에 조금 더 큰 역할을 한 것뿐이죠. 제가 없어도 다른 간사나 임원들이 잘할 수 있는 상황이라면 구태여 그쪽에 있는 것보다는 다른 쪽에서 아무도 안하고 있는 일, 잘 되지 않고 있는 일, 이런 곳에 가서 하는 것이 좋겠다는 생각에서 옮겨왔어요. 크게 보면 완전히 다른 일이라기보다는 서로 연결되어 있는 일이라고 생각합니다. 그런 면에서는 서로 도움도 되고, 그런 게 아닌가 하는 생각이 드는 거죠.

지　　그 과정에서 자연스러울 수도 있겠지만, 이사님을 필요로 하는 사람들 입장에서는 당황스러울 수도 있었을 것 같은데요. 〈아름다운 가게〉 이강백 사무처장이 어떤 글에서 "그는 〈참여연대〉라는 시민단체의 사무처장으로 활동하면서 단 한 번도 변호사 수임을 하지 않았다. 그리고 회원의 회비로 재정 자립이 가능한 세계 유례없는 조직을 만든다. 그는 〈참여연대〉를 떠나면서 단호하게, 폭력적으로 〈참여연대〉와의 관계를 단절했다"고 하던데요.

박　　그건 전혀 아니에요. 〈참여연대〉에 사표를 10번은 썼어요. 2~3년에 걸쳐 (치열한) 사직 투쟁을 했습니다. (웃음) 안 나가고 있으면 집에 와서 농성도 하구요, 제 일정을 확인해서 찾아오는 일이 수없이 있었습니다. 저로서야 참 고맙죠. 제가 그만두겠다고 그렇게 발버둥을 치는데도 잡으니까, 고마운 일이긴 한데요. 그런 일이 없이는 한 조직과 이별하는 것이 쉽지 않은 일이에요. 저로서는 모든 것을 바쳐서 일을 한 곳이니까 개인으로서도 떠나는 게 쉽지는 않았습니다. 그래서 〈참여연대〉의 경우에는 폭력적이라는 표현까지 나왔는데, 그런 단호한 마음이 없으면 참 쉽지 않겠더라고요. 조직을 만들고 열심히 하다 보면 그것도 하나의 권력이 되거든요. 실제의 권력이라기보다는 안주하는 게 되잖아요, 익숙해져 있으니까요. 그런데 선배들 중에서 다른 데 가서 잘 안 되면 다시 돌아와서 자리를 얻고 그러는 경우가 있는데, 그게 너무 안 좋아 보였어요. 실제로 그런 분들이 있었잖아요. 그래서 떠날 때는 아주 단호하게 정리해야 되겠구나 해서 일부러 〈참여연대〉 문 앞도 몇 년 동안 안 지나다녔어요. 그러니까 이게 정리가 되더라고요. 그렇더라도 제 개인적으로는 너무 허망해지기도 했습니다. 그래서 그 이후부터는 처음부터 떠날 것을 준비해야겠구나 하는 생각이 들었는데요. 〈아름다운 재단〉 할 때도 간사들한테는 "나는 손님이다. 나는 여행자다. 언제든지 떠날 수 있다. 여러분들이 주인이다"라고 주장했거든요. 최근에 〈아름다운 재단〉 간사들 만나면 굉장히 서운해 하는데, "그것 봐라. 몇 년 전부터 내가 그랬지 않느냐…", 그러고 있어요. (웃음)

지　어딜 가시나 존재감이 크셨는데요. 지금도 〈참여연대〉 하면 박원순을 생각하는 사람들이 많이 있는 것 같습니다. 그걸 그만두시고, 〈아름다운 가게〉를 시작하게 된 가장 큰 이유는 뭔가요?

박　〈참여연대〉는 정부를 비판, 견제, 견인하는 역할을 하는 운동단체인데요. 제가 예컨대 비슷한 걸 가지고 나오면 제가 더 잘하겠죠. 그럼 그 집 앞에 딴 간판 하나 달고 나오면, 친정이 오히려 오그라들고 제가 더 잘될 가능성이 상당히 있는 거잖아요. (웃음) 그러면 안 되는 거죠. 우리 상법에 겸업금지 의무가 있습니다. 영업을 양도

하고 나서 동종의 일을 하면 안 되는 거예요. 그래서 저는 (성격이) 다르면서도 한국 사회에 중요한 일이 뭘까 생각하면서 〈아름다운 재단〉을 하게 된 거죠. 물론 그 전에 이미 만들어져 있었습니다. 2000년에 만들어졌으니까요. 거기에 집중해야 하겠구나, 그런 생각을 했어요. 서로 굉장히 다른 운동이었죠. 예컨대 〈참여연대〉 같은 경우는 재벌기업하고는 견제 관계에 있기 때문에 어떤 기업으로부터도 100만 원 이상은 받지 않았고요. 특히 재벌기업으로부터는 더욱 그랬는데, 〈아름다운 재단〉은 구태여 그렇게 할 필요 없이 기업들이 돈도 쓰게 만드는 게 중요한 일이라고 생각해서 나중에는 화해도 하게 됐지요. 아무튼 그런 이유 때문에 성격이 다른 운동을 하게 된 거죠.

"부富의 사회 환원에도 햇볕정책이 필요하다"

지　얼마 전 이상호 기자의 기자회견을 보니까 삼성이 언론까지 좌지우지하고 있는 것 같은데요. 삼성 측에서 "비판적인 시각을 가진 유력 인사들을 중심으로 삼지모(삼성을 지켜보는 모임)를 구성해 쓴 소리를 듣겠다"고 했는데, 참여를 거절하신 이유는 뭔가요?

박　물론 저한테 그렇게 제안을 해왔는데, 제가 〈참여연대〉 쪽하고도 상의를 했죠. 물론 떠나긴 했지만, 재벌을 견제하는 운동을 하고 있는 〈참여연대〉의 입장을 배려하지 않을 수도 없어서 상의를 했더니 이름을 거는 것까지는 적절하지 않겠다고 얘기를 해서 거절했습니다. 삼성에 대해서 처음부터 적대적인 입장을 가졌다기보다는 한국 재벌기업의 부정적인 행태를 바로잡아야겠다는 생각 때문에 그랬던 것인데요. 그래서 고발도 하고 경각심도 불러일으키고, 사회적으로도 많은 부분이 공유되고, 이런 측면이 있는데, 제가 한 때 〈참여연대〉 사무처장까지 했던 사람이라서 가는 것이 적절하지 않다고 판단한 겁니다. 쓴소릴 듣겠다고는 했지만, 과연 그 조직이 그렇게 되는 것인지, 들러리 같은 조직이 될지, 제가 가서 그렇게 한다고 해서 제대로 될지 그런 것에 대한 자신감도 없어서 일단 거절을 했죠.

지 〈아름다운 재단〉 상임이사로서 '1% 나눔 운동'을 벌이셨는데요. 현재 우리나라의 기부 문화에 대해서 어떻게 생각하고 계시며, 어떻게 발전시켜야 한다고 보십니까?

박 기부 문화는 사실은 자본주의의 꽃이라고 말하기도 하고, 부정적으로 보는 사람도 있긴 합니다만 어쨌든 우리 사회에서는 공공 부문이 할 수 없는 일들이 너무나 많이 있고, 그것은 민간의 영역에서 보완될 수밖에 없는데요. 그런 면에서 보면 우리 사회에서 기부 문화가 훨씬 더 확산되어야 한다고 봅니다. 특히 정부의 제도적 지원, 예를 들어서 세제 감면이나 이런 것들이 많이 필요한데도 그런 것들이 제대로 안 되고 있습니다.

하지만 저는 우리 사회가 발전하고 있다고 생각하는데요. 예컨대 재산을 전부 자식한테 상속시키는 관행… 이런 것들이 향후 5년이나 10년 이내에 바뀔 가능성이 있다고 생각해요. 그 돈을 결국 저세상에 가져갈 수도 없고, 자식한테 물려주면 자식들이 망하는 지름길이 되거든요. 그런 것들에 대한 상식적인 판단이 공유되기 시작하면 그것을 사회적으로 환원하는 노력이 많이 생길 거라고 봅니다. 그런 측면에서 기부 문화가 앞으로 5~10년 안에 폭발할 가능성이 많다고 보는 거지요. 그것이 저절로 되는 것은 아니고, 다양한 캠페인과 운동에 의해서 되는 거니까 그런 측면에서 〈아름다운 재단〉을 많이 족쳤죠, '토지 재단'도 만들라고 하고.

제가 시골에 논이 몇 마지기 있거든요. 부모님이 우리를 공부시키고도 알뜰하게 모아 마련하신 건데, 그걸 제가 내놓겠다고 했습니다. 이 세상에 땅 한 평 없이 사는 사람들도 많고, 저도 기꺼이 그 대열에 합류하고 싶다고 한 거죠. 저부터 내놓을 테니까 재단에 '토지 금고'나 '토지 재단'을 하나 만들면 토지 있는 사람은 내놓고, 토지를 꼭 소유하고 싶은 사람도 필요 없는 것을 위탁해주면 필요한 사람한테 쓰게라도 해주자는 얘기를 막 했는데, 빨리 못 움직여요. 이 기사를 보고 누가 그런 생각을 하면 그 단체, 제가 지원할 겁니다.

지　이번에 연예인들이 수재의연금을 1억 원씩 내고 하던데요. 그런 문화는 많이 활성화되지 않았습니까?

박　많이 좋아졌죠. 저는 사실 〈아름다운 재단〉이나 〈아름다운 가게〉를 하면서도 우리가 모금을 꼭 많이 하자는 것보다도 기부 문화를 어떻게 하면 확산시킬 수 있을까, 이런 것을 고민해서 '1% 나눔 운동'을 하게 된 거죠. 〈아름다운 가게〉도 누구나 쉽게 참여할 수 있잖아요. 집에 있는 헌 물건을 내놓은 것도 기부하는 것이고, 사가는 것도 기부거든요. 누구나 일상생활 속에서 할 수 있도록 만들어주는 것이 중요하다고 봤는데, 그게 조금은 영향을 미치지 않았을까 생각하고요. 하지만 앞으로 가야 할 길이 많은 것 같습니다.

지　사실 우리 기부 문화라는 게 돈 많은 사람들이 재산을 내놓기보다는 김밥 파는 할머니가 평생 모은 몇 억 원을 대학에 기부하는, 이런 게 많았지 않습니까? 그리고 기부 문화라는 것이 결국은 시스템의 근본적인 개혁을 가로막는다는 시각도 있는데요. 미국의 경우 워렌 버핏이나 빌 게이츠처럼 거액을 기부하는 사람도 있지만, 여전히 빈민층들은 복지 혜택을 못 받고 있지 않습니까? 기부 문화와 시스템을 바꾸는 것이 함께 가야 할 필요가 있는 것 같은데요. 우리한테 맞는 방법은 어떤 게 있을까요?

박　맞습니다. 예컨대 사회복지를 보면 우선 정부의 기능이 중요하다고 봐요. "가난 구제는 나라님도 할 수 없다"는 말이 있습니다만, 정부가 효과적인 사회복지 정책을 펴야 한다고 봅니다. 제가 〈참여연대〉에 있을 때 우리나라 최초의 사회안정망이라고 할 수 있는 국민기초생활법을 제기했는데요. 그건 〈참여연대〉가 초안을 내서 몇 년 간의 캠페인 끝에 받아들여진 사례거든요. 모법이 하나 만들어졌지만, 여전히 구멍이 숭숭 많이 뚫려 있어요. 절대 예산도 아직도 부족하다고 봅니다. 서양 같은 경우 대부분 복지 예산이 (전체 예산의) 20퍼센트가 넘고 있죠. 그런 예산 규모와 그 예산을 아주 유효적절하게 쓰지 못하는 측면도 많아요. 정부 차원의 기능에서 큰 틀을 바꿔야 한다고 봅니다. 두 번째는 정부가 아무리 잘하더라도 민간의 영역으로 보완되지 않으면 안 된다고 봐요. 그 중에서도 아까 말씀하셨듯이 제도적으로 인센티브를 줘야 해요. 저는 세제가 굉장히 중요하다고 봅니다. 세상을 바꾸는 핵심 고리 가운데 하나인데, 우리나라 저정경제부 관료들의 사고가 굉장히 시대착오적입니다. 정부만이 공무고, 정부가 하지 않는 것은 세금 낭비라고 생각합니다. 세금 감면을 안 해줘요. 〈아름다운 가게〉도 부가세 10퍼센트를 똑같이 내거든요. 일반 기업에서 장사하는 거랑 〈아름다운 가게〉를 똑같이 취급하는 거예요. 이런 (틀에 박힌) 마인드 때문에 결정적으로 우리 사회 비영리 단체들의 성장이 억눌리고 있다고 봅니다. 그것하고 관계없이 우리는 우리대로 열정을 다해서 해야 하니까 열심히들 하고 있는데, 그런 면에서 국민들의 의식이라든지 좋은 모델이라든지, 그런 것이 필요하죠. 아까 김밥 장사 할머니 얘기를 하셨지만, 그게 사회적으로 영향을 많이 미치거든요. 어떤 할머니가 그렇게 하는 것은 다른 할머니의 사례를 보기 때문에 그렇게 하는 거죠. 이 모델들을 어떻게 확산시켜 가느냐가 중요합니다. 지금 삼성이나 현대가 수천억 원씩 냈지만, 그런 강제적인 것 말고 자발적으로 할 수 있는, 돈 있는 사람들도 사회적으로 환원하는 것이 자연스러운 모델이 되어갈 수 있도록 하려면 부자들을 비판만 할 것이 아니라 그렇게 하는 경우 우리가 합리적으로 칭찬해주고 이러는 것들도 필요하다고 생각해요. 비판해서 강제로 돈을 뺏는 것보다는 햇볕으로 옷을 벗게 만드는 그런 방식이 더 필요한 거죠.

지　부자들은 부자들대로 자기 것을 빼앗길지 모른다는 피해의식이 있고, 가난한 사람들은 가난한 사람들대로 상대적 박탈감을 많이 느끼고 있는 것 같거든요.

박　우리 사회가 아직도 그런 과도기 속에 있다고 생각해요. 기업들은 과거 분식회계라든지 정경유착이라든지 편법상속으로부터 아직 자유롭지 못한 단계에 있기 때문에 국민들은 불신을 하고, 기업들은 도덕적 부담감 같은 것들을 가지고 있는 상태인데, 세월이 좀 지나면 그런 게 해소되지 않을까 싶어요. 어쨌든 두 가지 측면이 있다고 봅니다. 엄격한 법치주의적 관점에 따라서 기업의 그런 편법이나 범죄적 수법은 응징해야 하고요. 그러면서 기업들이 잘하는 것들을 우리가 계속 주장해주고 격려해줘야 한다고 생각합니다. 예컨대 미국 사회가 지난번 월드컴이나 엔론 사태에 수십 년의 징역형을 선고했잖아요. 그러는 반면에 이런 기업들의 활동에 대해서는 세금 감면이라든가 이런 거에 대해서 충분히 보장해주는 것들이 있는 거거든요. 우리 사회는 그게 다 서로 헷갈렸던 과거의 역사가 있었기 때문에 그런 사회로 가는 과도기에서 오히려 잘해야 하지 않겠느냐, 그런 생각을 합니다.

지　시민운동을 하시면서 그런 고민을 많이 하셨을 것 같은데요. 진보적으로 나가면 좋은데, 그러면 좀더 많은 사람들이 참여할 수가 없고, 그런 면에서 진보와 개혁 사이에서 많은 고민을 하셨을 것 같습니다.

박　제가 진보주의자다, 저는 다른 일방과 비교해서 그런 식으로 생각해본 적은 없습니다. 기본적으로 역사는 앞을 향해서 나갈 수밖에 없다고 생각하고, 그것이 진보라면 저는 당연히 진보 쪽이겠죠. 문제는 우리 사회에 개혁과 혁신이라는 것은 필수적이거든요. 공자님이 "일신우일신日新又日新"이라고 했잖아요. "오늘 도道를 얻으면 너일 죽어도 좋다"는 말도 있는데, 이야말로 엄청난 진보적 태도이고, 어떻게 보면 혁명가인 거죠. 제 스스로 개인적으로도 끊임없이 공부하고, 자기를 단련하고, 제 의식 자체가 시대에 뒤떨어지지 않기를 바라거든요. 동시에 우리 사회도 마찬가지라고 봅니다. 저는 우리 사회가 어떤 개혁이 끝나는 순간, 그 개혁된 것을 또 개혁하지 않으면 안 되는, 새로운 개혁이 시작되어야 하는 이런 상황에 처해 있다고 생각해요. 그런데 문제는 그렇게 개혁하려면 개혁에 대한 방향과 비전과 통찰력과 콘텐츠가 있어야 한다고 생각하거든요. 어떤 사회를 어떤 방향으로 가져가자고 하는 그 방향을 제대로 설정해야 하고, 그것에 있어서 굉장히 분명한 비전과 통찰력, 또 그것으로 가게 되는 경로를 설계할 수 있는 능력이 없으면 공허한 슬로건이나 메아리가 되고 마는 것인데요. 지금 우리 사회가 그런 문제에 빠져 있는 게 아닌가 생각합니다.

과거 경제개발 시대, 고도성장 시대는 굉장히 단순했잖아요. '무조건 잘살자'는 식으로 소득 올리는 것이 최고의 목표였고, '민주화하자'고 해서 독재 정권 무너뜨리자는 목적이 분명했잖아요. 지금은 사회가 그만큼 복잡해지고, 다양성이 존중되는 사회고, 방향도 하나가 아니고 여러 가지일 수 있는데요. 그래서 사회적인 통찰력이 없으면 안 되고, 국제사회의 글로벌한 마인드나 외국의 사례라든지 이런 것에 대한 굉장한 지혜를 갖고 있지 않으면 안 되는 그런 부분이 굉장히 많다고 생각합니다. 그런 측면에서 보면 보수 쪽이든 진보 쪽이든 저는 다 부족한 것이 아닌가 생각합니다. 우리가 사회적 아젠다를 세우고, 그 구체적 내용을 설계하고 디자인할 수 있는 힘이 필요하다는 생각이 듭니다. 제가 싱크탱크를 쭉 돌고 있는데요. 미국도 한 바퀴 돌았고, 일본에 다녀온 지도 며칠 안 되었습니다. 거기서도 국가와 사회의 미래에 대해 굉장히 고민들을 많이 하고 있거든요. 우리도 그런 기관이 전혀 없다고 생각하지는 않지만, 그런 부분에 대한 좀더 공개적인 논쟁이나 수많은 교류, 집중, 이런 것들이 필요하지 않을까 생각해봤어요.

지　여러 군데 다니시면서 모델로 삼거나 배우고 싶은 부분은 어떤 게 있었나요?

박　그런 데가 많죠. 예컨대 〈희망제작소〉의 경우에는 기존에 유사한 것을 발견하기 어려운, 굉장히 종합적이고, 다양성을 내부에 갖춘 조직이라고 생각하거든요. 이번에 일본에 가서 JCI(일본국제교류기구) 야마모토 이사장을 만났는데, 이런 얘기를 합디다. 자기들도 싱크탱크라고 얘기하는데, 액션 오리엔티드, 크로스 섹추럴 오리엔티드, 네트워크 오리엔티드… 이런 말을 하는데, 우리하고 비슷하다는 생각을 했어요. 우리는 아주 전문적인 영역이기보다는 종합적이라고 생각되고요. 우리가 다 하기보다는 네트워크를 함께 해가면 좋겠다고 보는 점이나, 굉장히 실천적 고민을 하고 있는, 실사구시적인 고민을 하고 있는 부분도 유사하다고 보입니다.

미국에 〈Institute for the Future〉(미래연구소)라는 곳이 있더라고요. 거기는 미래를 예측하고, 문화적이고 비주얼한 연구들을 많이 하고 있는데요. 실제 그것을 표현하는 리포트도 우리처럼 대개 연구 용역을 받아서 수백 페이지 논문을 쓰는 식이 아니라 그림이라든지 이런 것으로 표현하는 거예요. 그런 것도 인상 깊게 봤지요. 예컨대 영국의 〈Institute for Social Invention〉(사회창안연구소)라든지 스탠포드 대학 안에 있는 〈Central for Social Inovation〉(사회혁신센터)도 인상 깊었습니다. 소셜 이노베이션, 소셜 인벤션이라는 말을 참 많이 쓰는데요. 사회적 창안이라는 것이 전문가들뿐 아니고, 시민들로부터 그런 것을 모아내서 하는 것들도 인상적이었어요. 참고하는

특정기관은 없고요. 여러 군데의 좋은 것들을 모아내서 독특한 새
로운 모델을 만드는 것이 중요하지 않나 생각합니다.

지　이름 자체가 벌써 차별화되는데요. 다른 곳처럼 연구소니 뭐
니 하는 딱딱한 이름이 아니라 '희망제작소'라는 이름 자체에서 희
망을 느낄 수 있을 것 같습니다. 기분 좋은 느낌을 받는데, 진보 진
영에서 요즘 생기는 연구소들과는 어떤 차별을 두실 건가요?

박　아까도 말씀드린 것처럼 다양성이 중요해서요. 각자의 이념과
비전을 갖고 하는 것이 바람직하다고 봅니다. 특히 민간부문의 싱
크탱크나 연구소들이 많이 생길수록 좋다고 생각합니다. 하지만 다
른 쪽도 마찬가지고, 우리도 아직 충분히 자리를 잡지 못해서 비교
할 만한 상황은 아니라고 봐요. 아까 제가 말씀드린 몇 가지—종합
적 성격, 실사구시적인 입장, 네트워크 중심, 이런 게 중요하다고
보는 거죠. 그런 점에서 조금은 차별성이 있지 않을까 생각합니다.

지　민주화 정권이 한계를 드러내고 있다는 위기감에서 올해 들어
그런 것들이 많이 나온 게 아닌가 하는 생각이 드는데요. 시민사회
운동가로서 민주화 정권의 공과 과를 어떻게 평가하십니까?

박　저는 기본적으로 한국 사회의 방향이 발전하는 쪽으로 가고
있다고 봅니다. YS 정권은 3당 합당, DJ 정권은 JP와의 연합을 통해
이루어진 데 따른 한계가 있었고, 노무현 정권은 내건 이념이나 이
런 것에는 동의할 바도 많고, 눈에 보이지는 않지만 여전히 평가해
야 하는 부분이 있다고 생각합니다. 정치자금이라든지 정치개혁 문
제, 국민들한테 잘 알려져 있지 않지만 정부의 투명성 같은 것을 높

인 점은 평가해야 한다고 생각합니다. 투명성에 관한 한 '투명성 박'이라고 할 정도로 제가 관심도 많고 전문성도 갖고 있다고 감히 생각하는데요. 그동안 많은 해외 회의도 가고 논문도 쓰고, 그러는 과정을 통해서 정부의 투명성에 관한 생각을 많이 했습니다. 그런 관점에서 (참여정부가) 많은 걸 이룬 게 사실이에요. 정부의 기록체 계 같은 것도 그렇고요. 〈참여연대〉가 운동을 시작할 때 '국무회의 록'이 1쪽짜리였어요. 그래서 우리가 청와대 앞에 조선시대 사관복 입고 가서 1인 시위도 하고 그랬거든요. (웃음)

지금은 그런 것들이 굉장히 많이 해결되고, 이지원 같은 시스템들 이 생겨났는데, 노무현 대통령의 그런 감각과 인식은 평가할 만하 다고 생각해요. 지나치게 파괴해서 문제이긴 하지만, 권위주의를 깬 것도 평가해야 한다고 봅니다. (웃음) 현직 대통령이니까 미운 털 이 박혀서 온 세상 사람들이 비판하고 있지만, 그런 부분은 역사적 으로 평가받을 만하다고 생각합니다. 남북문제만 하더라도 DJ 이 후 햇볕 정책을 관철하고 있는 거잖아요. 이것도 눈에 보이지는 않 지만, 북한과의 관계에서 지속적인 교류를 통해서 신뢰라든지 이런 것들이 축적되어가고 있다고 보거든요. 큰 이벤트가 있어서 눈에 보이는 식은 아니지만, 우리가 긴장을 해소하고, 북한의 개방을 유 도하고 (물론 지금은 꼬여 있는 부분이 있습니다만) 이런 것들이 얼 마나 큰 정책이고 그렇습니까? 그런 면에서는 평가하고 싶은데요. 다만 국정이라는 것은 굉장히 총합적인 거잖아요. 제가 말씀드린 것 외에 나머지 영역이 수없이 존재하는데, 그런 부분에서 다 좋은 평가를 받아야 하는 거죠. 그게 불가능한 것 같지만, 좋은 정책과 인재들을 통해서 국정의 전반적인 향상이 이루어져야 하는데, 그런

면에서 아쉬운 부분이 너무 많습니다. 그것은 아무래도 준비가 덜
된 상태로 집권했기 때문이라고 봅니다. 그렇지만 그것은 현재 정
당들의 일반적 형태로 보여요. 지금 어느 정파가 잡아도 마찬가지
문제라고 보고, 우리 사회 전체가 새로운 패러다임으로, 과거의 개
발시대와 성장지상주의에서부터 보다 더 다양화된 대안적 사회로
가는 이 과정에 병목현상 내지는 전환기의 방황이 있는 것이라고
봅니다. 이런 것들을 극복하고, 치열한 미래를 디자인해낼 수 있는
힘을 가져야 하고, 지금부터 해야 할 일이 사회운동가들이나 이 시
대를 사는 동시대인들의 과제가 아닌가 생각합니다.

지　말씀하신 대로 평가할 부분은 분명히 있지만, 지나치게 지지
율이 떨어지는 부분이 앞으로의 전망을 어둡게 하는 것 같기도 한
데요. 한나라당이 한다고 해서 꼭 나쁘게 되리라는 법은 없지만, 그
동안 보여준 행태로 봐서 우리 사회가 퇴행하지 않을까 하는 우려
도 많지 않습니까?

박　한나라당에도 물론 좋은 사람이 있겠지만, 말씀하신 대로 제
가 보기에도 기본적으로는 너무나 복고적이고 과거의 패러다임을
벗어나지 못하는, 예컨대 여전히 개발지상적이거나 국민의 자발적
인 활력과 참여를 기반으로 하기보다는 일방적으로 밀어붙이는 행
태라든지, 여전히 경제성장 중심주의적인 사고를 한다거나 하는 부
분이 분명히 한나라당에 있기 때문에 한나라당이 집권을 하면 일정
한 사회의 퇴행이 있지 않을까 생각합니다. 물론 집권을 하게 되면
그걸 바꿔낼 수도 있겠지만 우선은 그런 한계를 갖고 있을 거라고
봐요. 그러면 반대로 열린우리당이 그런 대안을 갖고 있는가 하면,

'열린우리당이 한나라당과 뭐가 다른가' 하는 관점에서 볼 때는 다른 게 별로 없는 것 같아요. 심지어 노무현 대통령조차도 다를 거라고 기대했지만, 대외정책, 대미정책, 경제정책, 대시민사회 정책, 환경 정책, 이런 쪽에서 보면 과거하고 다른 게 없고, 오히려 그런 쪽으로는 우리가 잘 안다고 생각하는 고집 같은 게 있는 것으로 보이거든요. 그렇게 보면 현재로서는 우리가 바람직한 대안을 정치권을 통해 찾기가 어렵다고 생각합니다. 그래서 우리가 할 일이 많고, 그게 신나는 것 같아요. 정부가 너무 잘하고, 정당들이 너무 잘하면 우리들이 할 일이 없어지는데, 여전히 할 일이 많으니까 운동가로서는 신나는 일이죠. (웃음)

지　그게 어떤 정치적인 흐름하고도 연결이 되어야 하지 않겠습니까? 아무리 여기서 좋은 정책을 만들어도 그걸 구현할 수 있는 정치 세력이 없거나 정치권에서 채택하지 않으면 아무 소용이 없을 텐데요. 시민사회 영역에서 수준 높은 담론을 생산했는데, 정치권에서는 옛날 사람들이 앉아서 탁상공론을 일삼는다면 아무런 변화도 없지 않겠습니까?

박　그런 점은 있는데요. 우리 사회에 이제 굉장히 다양한 여론과 의견 전달의 통로들이 생겨나 있습니다. 제가 〈참여연대〉 하면서도 몰랐는데, 어떤 사람이 논문 쓴 것을 보니까, 〈참여연대〉가 15대 국회 동안 78개인가의 법률을 청원했고, 그 가운데 절반 정도가 반영되었더라고요. 그 가운데는 국민기초생활보장법, 부패방지법 같은 굉장히 중요한 법도 들어 있어요. 부패방지법 같은 경우 저희들이 6년 동안 캠페인을 벌였거든요. 6년 동안 서울역, 청량리역 가서 서명 받고, 국회 가서 며칠 동안 사람들 만나고 다니면서 일일이 확인 의사를 묻고, 이런 지루한 과정이 있었지만, 국회의원도 아닌 시민단체가 6년을 노력해서 그런 게 만들어진다면 그건 대단하다고 생각해요. 우리가 좋은 아이디어를 가다듬는 게 중요한 것이지, 그것이 형성되는 과정에서 6년을 투자한들 그것이 아깝겠는가 하는 생각이 들거든요. 처음에도 질문하신 것처럼 우리가 정치권에 들어가서 확 바꿀 수 있으면 좀더 잘할 수는 있겠죠. 하지만 시민사회적 과정을 통해서, 캠페인을 통해서 바꾸는 것이 국민여론을 형성할 수도 있고, 이런 이점이 있기 때문에 힘들고 지루한 과정이 있긴 하지만 이것도 의미가 있는 게 아닌가 생각하는 거죠.

지　『데일리 서프라이즈』와의 인터뷰에서 "이미 큰 관점에서 우리 사회는 전진하고 있다. 개인적으로 불가역적, 영어로는 Irreversible이라는 단어를 제일 좋아한다. 이 흐름을 바꿀 수는 없다. 결국 다양성을 전제로 하는 민주적 사회로 의문의 여지없이 전진하고 있다"는 말씀을 하셨는데요. 여러 면에서 후퇴를 우려할 만한 징후가 많이 드러나고 있는 것으로 보는 사람들도 많은데요. 지방선거 참패도 그렇고요.

박　저는 그렇게 봅니다. 지금 예컨대 쿠데타가 가능하겠습니까? 여론 형성의 통로가 굉장히 다양해졌기 때문에 노무현 대통령이 보수 언론들로부터 집중 타깃이 되어 있습니다만, 반대로 한나라당이 집권을 하면 반대로 진보적 언론이 굉장히 힘을 받을 거라는 생각이 들어요. 다양성이란 게 반드시 나쁜 것만은 아니라고 봅니다. 예컨대 그런 언론의 자유가 위축된다든가 하는 일은 없다고 생각해요. 그래서 우리 사회의 큰 통로인 사법부의 독립, 언론의 자유, 시민사회의 강화, 이런 되돌릴 수 없는 민주주의 제도들이 이미 외형적으로는 정착되어 있다고 봅니다. 다만 품질, 품격, 생산성, 합리성, 이런 걸로 따지면 가야 할 길이 더 많겠죠. 민주주의가 다 된 것 같지만, 구체적으로 보면 너무 엉터리인 부분이 많잖아요. 대학교 총장 선거하는데 만나서 같이 술도 먹어야 하고, 이런 선거가 어디 있습니까?

이런 (미시적인) 분야별로 따지거나 지역에 가면 여전히 풀뿌리 민주주의의 갈 길이 멀고 하는 점들은 있지만, 큰 틀에서는 이미 불가역적인 정착이 이루어졌다고 봅니다. 그런 측면에서 보면 너무 실망할 필요는 없다고 봐요. 태국이나 필리핀 같은 나라를 보면 우리가 안도감을 갖게 되고, 예컨대 유럽이라든지 이런 나라들을 보면 우리가 가야 할 길이 아직 많은 거거든요. 10위권의 경제대국이라는 외형적인 성취가 있습니다만, 10위권에 머물러 있을 수는 없잖아요. 우리가 그보다 좀더 나은 사회를 만드는 행로에는 아직 갈 길이 있다고 보는 거죠.

{ "우리 사회의 희망 제작엔 정파를 초월한 노력이 필요하다"

지　지금 우리나라뿐 아니라 전 세계적으로 '시민운동의 위기'를 얘기하고 있는 것 같은데요. 21세기의 시민운동이 어떻게 방향을 잡아나가야 한다고 보십니까?

박 이른바 신자유주의적인 흐름이라든지 보수적 회귀라고 할까, 이런 것들이 도처에 있는 게 사실입니다. 그렇지만 정반합正反合의 역사 발전 방향을 믿고 있는데요. 어느 사회에서나 창조적 소수가 있고, 비판자들이 생겨나게 되어 있고, 그래서 주류의 흐름에 맞서는, 이런 흐름들이 생겨날 수 있으므로 어느 것이 잠시 지배할 수는 있지만, 사회적 정의의 흐름이라든지 이런 것들이 영원히 소멸되는 그런 것은 아니라고 믿고 있습니다. 막상 저도 외국들을 다녀보면, 예컨대 미국이 부시 정권 이후에 굉장한 침략성을 드러내며 무력을 앞세운 힘의 지배 쪽으로 기울고 있지만, 수많은 다수가 그것을 비판하고 있고, 우리와 생각을 같이 하는 흐름들이 있거든요. 너무 단선적으로 세상을 바라보는 것보다는 그런 복합적인, 다양한 흐름들을 함께 보는 것이 중요하지 않나 생각합니다.

지 이스라엘의 레바논 침공을 미국이 지지하고 있어서 국제사회의 비난이 들끓고 있는데도 실제로 막을 길이 없지 않습니까? 미국을 비판하면서도 그 흐름을 아직까지 돌리지 못하는 부분이 있는 것 같은데요. 유네스코 문화다양성협약 투표할 때도 148개국이 찬성했는데도 단 2개국이 반대를 했는데, 그 나라가 미국과 이스라엘 아닙니까?

박 그게 현 단계에서 인류가 직면하고 있는 한계죠. 우리가 2차 세계대전을 거치면서 아인슈타인 같은 사람들은 ‘세계정부론’을 펼치기도 하고, 실제로도 국제사회에서 정의의 힘이라든가 이런 것들이 과거보다는 굉장히 확산이 됐죠. ‘인터내셔널 커뮤니티’라는 게 생겨나서 국제사회에서도 여론이라는 게 있는 거거든요. 그럼에도 불구하고 무력이 지배하고 있기도 하고요. 하지만 그에 대한 반작용도 무시할 수 없을 만큼 강한 것도 사실입니다. 아직은 밀리고 있지만, 국제사회에 여론이라는 것이 형성되고, 그것이 힘을 가질 수 있는 여지들이 한편으로는 존재하니까, 2차 세계대전 전에 비해서는 이런 것들이 강화되어 있는 것 아닙니까? 그것이 바로 향후 운동가들의 열정과 노력이 필요한 대목이죠.

지 　우리 정부의 태도에 대해서 우려스러운 부분이 아까 그 문화다양성협약 투표에서 148개국이 찬성했음에도 불구하고, 4개국이 기권을 했거든요. 우리는 기권은 안했지만, 그 이후에 굉장히 미국의 눈치를 보는 비겁한 태도를 취한 소수의 나라 중 하나였는데요. 이런 태도 때문에 한미 FTA 졸속 추진을 우려하게 되는데요. 이 점에 대해서는 어떻게 생각하십니까?

박 　이런 말이 있잖아요. 싱크 글로벌리, 액트 로컬리―세계적 규모로 생각하고, 실천은 지역에서. 예컨대 이런 말이 저는 그런 거라고 생각하는데요. 제가 낙선운동을 해봤지만, 한국 정치를 근본적으로 바꾸는 데는 실패했잖아요. 지역의 풀뿌리 단체, 풀뿌리 운동이 바로서 있으면 국회의원들이 꼼짝 못한다고 생각하거든요. 우리가 지역으로 힘을 모아야 할 계기라고 생각하고, 마찬가지로 세계를 걱정하기에 앞서서 우리 정부를 우리 국민들이 스스로 견제하고 통제하지 못하고 있잖아요. 이런 관점에서 지적하신 말씀이 옳다고 생각해요. 친시민사회적이고 진보적이라고 하는 노무현 정권이 정작 시민사회적인 컨셉이랄 수 있는 생태환경이나 국제평화 같은 것들에 관한 정책을 관철하지 못하고 있는 것이 우리 스스로의 한계라고 보고, 자기성찰이 필요한 대목이라고 보는 거죠.

지　방금 낙선운동에 대해서 "근본적으로 바꾸는 데는 실패했다" 고 하셨는데, 지금 돌이켜볼 때 어느 정도 의의가 있었다고 생각하십니까?

박　'유권자들이 뭉치면 국회의원들도 혼내줄 수 있다'는 정도의 자신감이랄까, 이런 것들을 한번 심어준 의미는 있다고 보여요. 그렇지만 정치의 제도적·본질적 변화를 유도하는 데는 역부족이었다고 봅니다. 그것은 아까도 말씀드린 것처럼 전국적인 이벤트 하나만으로는 그런 목적을 기대하긴 어려웠다고 생각하는 겁니다.

지　현 정부의 한미 FTA 추진에 대해서는 어떻게 생각하십니까?

박　그것도 조금 전에 말씀드린 것들의 연장선상인데요. 저도 사실 내용을 잘 모르고요. 많은 국민들도 저하고 비슷한 생각이라고 봅니다. 뭔지는 잘 모르지만, 불안하다는 거잖아요. 이것의 체결이 과연 우리 국민들의 경제적 삶에 어떤 영향을 미칠지, 충분히 설득이 안 된 상태 아닙니까? 정부가 FTA를 국제사회나 한미 간의 관계에서 불가피하다고 판단할 수 있다고 봐요. 그렇다면 그것이 어떤 결과를 가져올지에 대해서 설명하고, 국민들이 이해할 수 있도록 설득해야 할 책임이 있다고 봅니다. 지금 반대론이 만만치 않고, 그것이 가져올 국민 생활의 피폐를 걱정하고, 외국의 사례를 얘기하고 있지 않습니까? "우리의 경우는 다를 것"이라는 막연하고도 일방적 반론이 아니라 구체적으로 설명해가는 절차가 필요하다고 봐요. 국민들이 지금까지 행해온 우리 정부의 대미 외교 협상에 대해

불신감을 갖고 있다고 봐요. 일방적으로 양보하고, 자기주장을 관철하지 못해왔다고 생각하는 거죠. 그래서 농담 삼아 그런 얘기를 하잖아요. "통일 되면 북한 출신을 외무장관 시켜야 한다"고. (웃음) 물론 국력의 차이라든지 하는 영향도 있겠지만, 뭔가 좀 주도적인 자세를 보여주는 게 필요하다고 생각해요.

지　〈희망제작소〉에서 주최하는 '시장학교'Mayors' Academy를 통해 다산 정약용의 『목민심서』와 『수령론』을 인용해 강연하신 적이 있는데요. 현대의 정치적 지도자가 가져야 할 덕목은 무엇이라고 생각하십니까?

박　한두 가지 지적을 하면, 첫 번째는 헌신의 리더십이라고 생각합니다. 자기의 모든 것을 바치고, 좀 손해 보는 태도가 필요하죠. 정치인이 되어서 권력을 행사하고, 그 기회에 돈도 벌고, 전 그게 이해가 안가거든요. 굶어죽을 일은 없지 않습니까? 여러 가지 방식으로 먹고 살 수 있을 텐데요. 저는 예컨대 중요한 정치적인 리더들이 굶어죽는 모습을 보고 싶어요. 살 집이 없어서 사글세로 가고, 끼니가 없어서 어렵다고 해서 온 국민들이 쌀을 한 말씩 짊어지고 그 집 앞에 줄을 서서 교통순경이 교통정리를 하는 이런 꿈을 우리가 꾸고 싶거든요. 많은 걸 다 차지하려면 결국은 국민들의 신뢰를 받기 어렵다고 봐요. 두 번째는 민주적 리더십이라고 할까요. 자기주장이야 다 있겠죠. 그것들을 조정해내고 통합해내는 리더십이 아쉽습니다. 상반된 이익집단들이 충돌하는 사회의 장에서 그것들을 설득하고 양보를 받아내고, 절충해서 합의를 유도해내는 그런 기술이 정치라고 생각하거든요. 그건 정치만이 아니라 시민사회도 그런 기능이 있어야겠죠. 어쨌든 그런 측면에서 우리가 그런 기술이 부족한 게 아닌가 생각합니다. 세 번째는 사회를 바라보는 통찰력이라고 할까요. 이런 것이라고 생각하는데요. 우리 사회가 어디로 가야 할 것인지에 대한 통찰력을 갖고 있지 않으면 사회를 잘못 이끌 가능성이 크잖아요. 그런 부분에서 다양한 방향성이 있을 수는 있겠습니다만, 그런 측면에서 제대로 제시하고 있지 못한 게 아닌가 생각합니다.

지 '시장학교'에 오세훈 당선자가 참석해서 한나라당 골수 지지자들의 비판을 받지 않았습니까? 반면 서울시정인수위원장에 최열 환경재단 대표가 위촉되어서 좌우 양쪽으로부터 공격을 받고 있는데요. 그 점에 대해서는 어떻게 생각하십니까?

박 사실 저희도 '시장학교' 하면서 곤란한 점은 있었어요. 한나라당 소속 시장이 너무 많이 당선이 되어서 "한나라당 연수기관이냐?" 하는 우려가 있었는데요. (웃음) 생각보다는 한나라당 사람들이 안 왔어요. 부산에서는 한 분도 안 오고, 대구에서는 두 분이 왔어요. 상대적으로 민주당이나 열린우리당 쪽에서 많이 와서 그런대로 균형은 맞았습니다. 이틀밖에 안 되는 과정이지만, 좋은 시장이 되는 법에 대해 들어주셨던 분들에게 고맙게 생각합니다. 오세훈 시장은 점심 때 잠깐 와서 인사만 하고 갔습니다. 아까도 말씀드린 것처럼 특정 정파의 이익을 대변하거나 대표하는 그런 일을 하려고 이런 걸 만든 것은 아니므로 한나라당이라도 얼마든지 환영해야 할 입장이었어요. 우리 사회가 불가피하게 정파적인 입장을 가질 수밖에 없긴 하지만, 그럼에도 불구하고 그 정파를 뛰어넘는 이런 노력도 한편으로는 필요한 게 아닌가 생각합니다.

지　지금 정치적으로 새로운 패러다임이 필요한 시점이 아닌가 하는 생각도 드는데요. 아까 말씀하신 것처럼 어떤 정책이나 이념적인 차이보다는 '서로 누가 더 실수를 했느냐, 누가 더 나쁘냐'를 가지고 네거티브적인 싸움을 해왔습니다. 이런 상황에서 당을 떠나서 정책적인 문제를 가지고 개별적으로 연대하는 움직임들도 나와야 할 것 같은데요.

박　우리나라 정당이라는 게 우선 이른바 이념 정당이 없다는 평도 있어요. 물론 민주노동당이 있긴 하지만, 아직 대중성이 약하지요. 특히 열린우리당이나 한나라당을 보면 한나라당에도 상대적으로 진보적이어서 열린우리당에 가야 더 좋을 사람이 있는 것 같고, 열린우리당에도 마찬가지로 보수적인 사람이 있잖아요. 정당 구조 자체가 근대화되어 있지 못한 측면이 있다고 보는데, 그래서 또 한 번 헤쳐모여가 있을 거라고 생각합니다. 근대적 정당으로 나아가는 개혁이나 이런 과정에서 방금 말씀하신 그런 측면이 있기 때문에 그럴 거라고 생각해요. 제가 뭐 정당에 몸담고 있지 않은 상황이어서 그런 원칙론적인 얘기밖에 할 수가 없겠네요. 그렇다고 제가 "헤쳐모여"라고 할 수도 없는 거구요. (웃음)

지　1982년 대구지검에서 검사 생활을 일 년 하시다가 고문 실태에 자괴감을 느껴 일 년 만에 사표를 내셨는데요. 안에서 바꾸실 수는 없다고 생각하셨나요?

박　검사요? 일 년 해보니까 술도 너무 많이 먹이고, 너무 바쁘고 힘들어요. (웃음) 무엇보다도 제 적성에도 안 맞았고, 청춘을 검사로 보내기는 좀 힘들겠다고 생각해서 사표를 냈어요. 지금 생각해도 잘한 것 같습니다. 지금까지 있었으면 서울지검 공안부장 정도 하고 있지 않을까 생각하는데, 한 조직에 들어가면 그 (스펙트럼에 맞춘) 구성원이 되어야 하는 거니까요. 그렇지 않았을까 생각하는데…. (웃음)

지 인권 변호사로서 이른바 부천서 성고문사건, 박종철 고문치사 사건, 부산미문화원 방화사건, 건대사태 등의 변론을 하셨는데요. 가장 기억에 남는 사건은 어떤 건가요?

박 그때는 제가 많이 배웠던 시기예요. 조영래 변호사님이라든지 이른바 원로 인권 변호사들한테 많이 배웠습니다. 물론 저도 변론에 참여는 했지만, 30대 초중반 시절이었으니까요. 심지어는 피고인으로부터도 많이 배웠습니다. 제가 변호했던 사람들의 인생관이나 세계관으로부터도 많이 배웠던 시기였다고 생각해요. 그래서 저는 예를 들어서 권인숙 사건 같은 경우에도 처음부터 관여하면서, 사건을 바라보면서 그 사건 하나가 사회에 어떤 영향을 미치는지 많이 생각했습니다. 조영래 변호사님이 밤을 새워서 변론을 쓰고, 사회적으로 의미 있는 사건을 포착해서 그것에 온 몸을 바쳐서 몰두하는 그런 과정을 보면서 많이 배웠지요. 성희롱 사건 같은 경우는 제가 조영래 변호사님의 본을 받아서 '이거 하나가 우리 사회를 바꾸는 중요한 계기가 되겠구나' 하는 생각을 하게 됐어요. 그 당시 (시국 사건의 경우) 변론을 통해서 무죄를 받기는 대단히 힘들었으니까 오히려 국민들을 향해서, 역사를 향해서 변론을 하는 거거든요. 그때 변론서를 쓰면서 문장도 늘었고, 그래서 제가 『한겨레신문』 논설위원도 했잖아요. (웃음) 사람이 끊임없이 배우고, 자기 스스로 개선되어가는 상황을 많이 깨달았고, 그래서 사람들한테 "사람은 끊임없이 변한다. 한 시기를 보고 사람을 판단하지 마라"고 합니다. 오늘 내가 어떤 책 하나를 보고, 어떤 말 하나를 들으면서 오늘 내가 달라진 모습이 될 수도 있다는 얘기들을 많이 하거든요. 사람은 계속 변화하고 발전하는 것 같아요.

기다리는 분이 계셔서 (이쯤에서) 정리해야 할 것 같은데요.

지 진보진영의 싱크탱크를 자처하면서 〈희망제작소〉를 만드셨데요. 그만큼 진보진영에서 생산하는 담론이 약화되었다고 생각하신 건가요? 앞으로 어떤 내용들을 내놓으실 생각이십니까?

박 확실히 정해진 것은 없습니다. 아까도 말씀드린 것처럼 우리 사회에서 다른 데서 안하고 있거나 경시되고 있는 영역을 (제도를 포함해서 현실을) 구체적으로 바꿔나가는 이런 것들을 해보려고 생각하는 거죠. 지금 현재는 지역에 중심을 두고 있어요. 그것을 생태적이고 문화적인 관점으로 바꿔내는 것들을 고민하고 있는 거죠.

(2006년 8월 인터뷰)

"사회운동의 실천적인 고민과 반성의 계기"

지　김기원 교수가 『한겨레신문』 칼럼을 통해 〈희망제작소〉가 삼성에서 7억 원을 지원받은 부분을 비판했지 않습니까?

박　『오마이뉴스』에서도 그런 얘기를 했지만 당연한 지적이고요. 재벌 기업의 돈을 안 받는 게 제일 좋죠. 예컨대 〈참여연대〉 있을 때 누구로부터도 100만 원 이상은 안 받는다는 원칙을 세워서 했어요. 〈참여연대〉가 소액주주 운동과 재벌 감시 운동을 벌였기 때문에 재벌로부터 돈을 받는다는 게 말이 안됐죠. 그 다음에 〈아름다운 재단〉을 하면서 1% 소액기부자들을 중심으로 열심히 노력했죠. 실제로도 많은 변화가 있었어요. 하지만 또 한편으로는 기업의 사회공헌 사업도 열심히 펼쳐서, 최근 2~3년 사이에 130개 기업들이 참여했습니다. 거기에는 재벌기업도 있지만 중소기업도 많아요. 〈희망제작소〉도 물론 소액 다수의 일반 시민 기금이 많으면 좋은데, (저희 나름대로 노력하고 있습니다만) 많은 시간이 걸리고, 아무래도 처음이라 재정적 어려움이 있는 상태입니다. 그리고 〈참여연대〉와는 좀 다르지 않겠느냐는 생각도 들었어요. 저희들이 사실은 일반 회원들 중심으로만 가기는 쉽지가 않아요. 〈아름다운 재단〉만 해도 자선이라고 하는 게 있기 때문에 가능했죠. 저희는 사회의 변화, 개혁 이런 쪽에 정책이라는 것을 상품으로 해서 해나가려고 하는데요. 사실 강준만 교수도 그런 지적을 하셨는데, 강준만 교수 본인더러 해보라고 하십시오, 그렇게 쉽게 되나. (웃음) 그 분들 말씀이 틀렸다는 게 아니라 그런 현실적 애로도 있다는 거죠.

우리가 방향은 그렇게 가기로 해서 웹사이트를 개편해서 시민들을

어떻게 하면 우리 사회의 미래를 고민하는 일에 동참시킬지에 대해
고민하고 있습니다. 그런 기관의 특성이라든지 초기의 어려움이라
든지 이런 게 있어요. 그 돈을 받아서 우리 운영비로 쓰는 것도 아니
고, 사업을 위해서 쓰는 것이잖아요. 그래서 아무튼 김기원 교수님
이 저보고 좀 무딘 것 아니냐는 말씀도 하셨는데, 좀 무뎌진 것 같기
도 해요. (웃음) 제가 하는 역할들이 달라지니까, 〈참여연대〉 사무처
장의 위치, 〈아름다운 재단〉 상임이사의 위치, 〈희망제작소〉 상임
이사의 위치는 다를 거라고 하는 생각 때문에 그렇게 무뎌지지 않
았을까 스스로 반성도 합니다. 하지만 그렇다고 해서 제가 가진 기
본적인 철학이나 생각이 달라지지는 않았다고 생각합니다. 김기원
교수님은 친한 분이지만, 예리한 지적으로 제가 다시 한 번 생각해
보는 계기를 만들어주신 거죠. 원래 누가 비판하면 싫잖아요, 저도
처음이는 좋기만 했겠어요. 하지만 한편 생각해보면 우리 사회가
아직 건강하게 살아 있다는 생각이 들어서 고맙고, 더 잘해야겠다
는 생각을 했습니다.

지　대통령이 "권력이 자본으로 넘어갔다"고까지 표현했는데, 그
자본의 정점에 삼성이 있는 것 같습니다. 삼성이 가진 한국 사회의
상징성과 박원순이라는 이름이 시민사회에서 갖는 상징성이 충돌
했기 때문에 그런 비판이 나오는 것 같은데요. 변호사님 입장에서
는 섭섭할지는 몰라도 김기원 교수는 "재정을 주로 삼성에 기대는
연구소가 얼마만큼 독립적이고 진보적일 수 있을까. 박 변호사는
재벌과의 생산적 긴장을 이야기하지만, 근년에 그의 활동에서 긴장
된 관계는 찾아보기 힘들다"고 지적했지 않습니까?

박 아니 그거야 지금 제가 재벌개혁 운동에 나서 있는 게 아니니까…. 〈참여연대〉 사무처장이었다면 계속 그랬겠죠. 그때처럼 계속 그런 활동을 했다면 당연히 그렇게 했겠지만, 지금은 그렇지는 않잖아요. 돈 받았다는 것 때문에 문제가 된 건데요. 그렇다고 어디 강연을 가거나 그런 질문을 받았을 때 제가 우리나라 재벌의 지배구조 문제라든지, 제도적 개혁이 필요하다는 지적을 안한 것도 아니에요. 제가 활동을 안했다거나 그런 지적을 안한 건 아니라는 거죠. 하지만 그 분이야 그게 주된 관심사라고 생각하고, 그 일을 계속 하니까 그런 것이고, 저는 지금 그게 주된 일은 아니잖아요. 그렇다고 해서 제 생각의 근본이 바뀌거나 그런 것은 아니잖아요. 그런 차이 아닐까 싶은데요.

지 한미 FTA나 신자유주의 같은 것이 우리 삶에 엄청난 영향을 주는 것일 텐데, 정부에서는 장밋빛 미래를 얘기하지만, 일부에서는 "한미 FTA를 졸속 추진하게 되면 IMF 10개가 동시에 밀려오는 것과 같은 일이 벌어진다"고 경고하고 있지 않습니까? 그래서 진보진영의 싱크탱크를 자처하고 있고, 박원순이라는 이름이 가진 상징성이 있기 때문에 좀더 긴장하는 모습을 보여 달라고 하는 것 같거든요.

박 제가 언제 진보진영의 싱크탱크를 자처했습니까? 저는 그렇게 얘기한 적이 한 번도 없습니다. 우리 창립선언문에 저희들이 지향하고 생각하는 바를 썼어요. FTA 반대를 말하고 다니는 그것도 중요한 일이라고 생각합니다. 하지만 FTA가 가져올 사회변화에 대해서, 그것을 어떻게 바꿔낼 것인가에 대해서 정말 진지하게 고민하고, 한 번 더 생각해보고 이러는 사람은 아무도 없잖아요. 무슨 말이냐 하면 "농업이 희생될 것"이라고 한편에서는 반대를 해야 하지만, 아직 FTA가 되지 않은 상황에서도 농촌은 이미 어려움에 빠져 있잖아요. FTA뿐 아니라 그 전에 WTO라든지 농산물 개방이라든지 중국 농산물의 유입이라든지, 이런 것 때문에 어려워진 농촌을 깊이 있게 고민하는 사람들을 만나고, 생각해보고, 대안을 만들어보는 이런 일은 상대적으로 게을리해온 거잖아요. 그런 사람들도 있어야죠.

모든 사람들이 다 같이 길거리로 몰려나가야 한다고 보지는 않습니다. 서로가 다른 역할들을 인정했으면 좋겠어요. 사회 전체가 한 목소리만 내고, 한쪽으로만 몰려가는 것은 바람직하지 않잖아요. 저마다 조금씩은 다른 생각, 크게 보면 같은 방향이라도, 조금씩은 다른 생각과 다른 방향으로 다른 일을 하고 있을 때 그것이 전체적으로 건강하고, 더 큰 일을 이룰 수도 있겠죠. 물론 힘을 모을 때 같이 모은다는 것도 중요하지만, 그런 차이를 가지고 있는 게 중요하지 않느냐는 겁니다.

지 진보, 보수의 타이틀이 아니더라도 변호사님이 지금 생각하시는 것이 많은 사람들이 조금 더 나은 삶을 살아가게 하기 위한 정책을 만드시고자 하는 거잖아요.

박 그렇죠.

지 그렇다보니까 언론의 경우에도 삼성의 광고 비중이 높아지면 삼성을 제대로 비판할 수 없지 않습니까? 이런 현상을 우려하는 것 같은데요.

박　그게 예를 들어서 언론사의 경우에는 사주도 있고, 그런 영향이 있잖아요. 그렇지만 여기 〈희망제작소〉는 박원순 개인 기관이 아니잖아요. 제가 삼성 봐주자고 한다고 해서 다른 구성원들이 삼성을 봐주겠습니까? 지금까지 보시면 아시겠지만 제가 어떤 조직의 장으로 있지는 않거든요. 제가 일을 열심히 상근해서 하기 때문에 제가 중심적인 역할을 했죠. 그러나 제가 언제나 강조했던 것이 "나는 주인이 아니고 나그네다. 연구원과 간사들이 주인이다"라는 거였고, 실제로 떠나버렸잖아요. 잠시 열심히 했기 때문에 명목상의 주인 노릇을 했는지는 몰라도, 진정한 주인은 제가 아니었으므로 언론이나 다른 기관과는 다릅니다. 제가 〈참여연대〉 할 때도 로비 많이 받았죠. 삼성에서 로비 많이 받았습니다. 곳곳에 제 친구도 있고요. 낙선운동 할 때도 마찬가지에요. 그렇지만 그렇게 할 수 없는 이유는 제가 여기 와서 힘들여서 젊음을 바치는 젊은이들한테 "야, 누가 이렇게 얘기하니까, 내 친구가 부탁하니까…" 하는 말을 절대로 못하죠. 저는 〈희망제작소〉도 그런 연장선상에 있다고 생각해요. 제가 뭐 어떻게 하자고 해서 여기 사람들이 "변호사님 말씀이니까 그렇게 해야죠" 하지는 않는다는 겁니다. 공무원 조직이나 기업 조직하고는 다르다는 거죠. 그런 것은 있을 수 없다고 생각해요.

지　강준만 교수는 「박원순 모델의 명암」이라는 글에서 "〈희망제작소〉가 지방자치 살리기에 나선다고 해서 기대했는데, 재벌의 지원을 받는 모델로는 안 된다"는 얘기를 했는데요. 그 이유로 지금의 박원순 모델은 "박원순이라는 이름이 사라지면 지속될 수 없는 모델이기 때문"이라고 지적했는데요. 박원순이 없어지면 운동이 지속되지 않는 게 아닌가 하는 우려를 하는 분들도 있는 것 같습니다.

박　그 분이 저를 너무 높이 평가하는 게 아닐까요? (웃음) 저는 너무 부끄럽습니다. 언제나 제가 하고 싶은 것은 실무적인 일이거든요. 어디가면 자꾸 대표니 위원장이니 하는데요. 저는 안하고 싶은데, 그래도 도움이 된다니까 감투를 쓰는 경우는 있지만, 제 마음은 그렇지 않거든요. 여기서도 상임이사지, 이사장이 아니잖아요. 아직 모시지는 못했지만, 소장을 따로 모시려고 하는 이유도 더 좋은 분들 위로 모시고, 저는 실무적인 일을 하고 싶어서입니다. 그런 마음을 가진 사람에게 너무 큰 부담을 지우시는데, 그런 거 안했으면 좋겠어요. 여러 곳에서 그런 얘기를 했지만, 저희 같은 운동은 혼자 하는 게 아니잖아요. 많은 사람들의 힘과 협력, 네트워킹, 그런 연대 아래 하는 일이잖아요. 옛날에 『시민의 신문』에서 '올해의 시민운동가'로 지정해서 상 받으러 오라고 몇 년 동안 요청했는데, 한 번도 안 갔거든요. 제가 그 사장한테 "이건 시민운동에 맞지 않는 거다. 그러면 나머지 사람들은 작년의 시민운동가냐" 하는 얘기도 했거든요. (웃음) 그런 게 중요하다고 생각해요. 다만 어쩔 수 없이 그런 느낌을 가질 때도 있는데요. 강 교수님 말씀대로 제가 처신이 어려운 점이 있죠. 이번의 논란도 다른 단체나 사람이 그랬으면 좀 덜했을 것 같긴 합니다. 『한겨레신문』도 수십억 받아서 도서관 운동도 하고, 저를 문제 삼은 『오마이뉴스』조차도 삼성의 지원을 받는 행사가 1면 톱에 걸려 있더라고요. (웃음) 그런 문제와 더불어서 제게 가진 기대라고 할까, 이런 것들을 겸허하게 생각하고 그 분 말씀을 고맙게 받아들이는 이유도 한편으로는 그런 게 있기 때문이라는 것을 인정하는 거죠.

지　〈참여연대〉나 〈아름다운 재단〉에서 안 계셔도 될 정도의 틀을 만들어놓고 나오셨는데도 그런 얘기가 계속 나오는 게 섭섭하실 것 같기도 합니다. (웃음)

박　개인적으로야 섭섭하죠. 김기원 교수는 〈참여연대〉 경제민주화위원회를 같이 했죠. 소액주주 운동의 발상이나 모티브, 그 조직의 실질적인 견인 노릇을 제가 했습니다. 제가 안했으면 〈참여연대〉 소액주주 운동이나 재벌 감시 운동도 사실 없었죠. 교수님들이 책에 글 써가지고 세상을 변화시키기는 힘들잖아요. 김 교수님이 그렇게 냉혹하게 비판하시는 것은 너무나 당연하고, 바람직하고…, 저도 언뜻 서운했지만 얼마나 좋은 관계입니까? 서로 친하다고 봐준다면 그게 건강한 사회의 모습이 아니잖아요. 그렇기 때문에 이 시민사회가 살아 있다고 봅니다. 제가 그 정도 여유가 없는 사람도 아니고요. 이게 다른 영역에도 확장된다면 훨씬 더 건강한 사회가 되지 않을까 생각합니다.

지　김기원 교수는 그 칼럼에서 "삼성과 더 큰 돈이 드는 사업도 서로 협의한 바 있다"고 하던데요. 어떤 사업을 협의하셨습니까?
박　그 얘기가 있었는데, 그건 아닌 걸로 됐어요.

지　"7억 원을 돌려줄지 말지 고민하고 있다"는 기사를 본 것 같은데요.

박 그런데 그것도 우습잖아요. 이미 받은 건데. (웃음) 사실 그 생각이 글뚝같았죠. 보통사람들 같으면 "그것 받고도 얼마든지 잘하면 되지 않느냐"고 하든지, "받은 게 뭐 잘못이냐, 공개적으로 좋은데 잘 쓰면 되는 거지"라고 할 수도 있고, "내가 한 푼이라도 갖다 쓴 것도 아닌데"라고 말할 수도 있지만, 정당한 대응은 아니라고 생각해요. 얼마든지 그렇게 느낄 수 있다고 생각합니다. 저는 그렇게 생각하지만, 제가 그런 말 한다고 해서 사람들이 '그래, 맞다'고 생각하겠어요? 저는 바르게 가겠다고 당연히 생각하지만, 그런 변명을 하기보다는 "(그런 비판은) 충분히 있을 수 있고, 저한테 오히려 경계할 수 있는 모티브를 주셨다"고 하는 말로 지나가는 게 좋을 것 같습니다.

지 이번 '『시사저널』 사태'에서도 보듯이 삼성이 자기에게 비판적인 기사를 내는 언론에 대해 통제를 시도하기도 하고, 노조 문제라든지 불법상속 문제라든지 하는 여러 사회적인 물의를 일으켜서 더 우려하는 것 같은데요. 사실 '삼지모'(삼성을 지켜보는 모임)에서 변호사님의 참여를 요청했는데, 거절하시지 않았습니까?

박 저는 그걸 나쁘게 보지는 않았어요. 예컨대 자기들이 뭐든지 겸허하게 듣겠다고 하는데, 몇 사람이 가서 제대로 따지고, 어떤 요청을 하고, 문제가 되면 뛰쳐나올 수도 있으니까요. 저 같은 경우는 〈참여연대〉 식구들하고 상의를 했어요. 그런데 부정적으로 얘기하더군요. 내가 구태여 거기 가서 좋은 일이 있는 것은 아니잖아요. 저는 개인적으로 강준만 교수님 같은 분이 되고 싶어요. 저도 글 써달라는 데 많거든요. (웃음) 글만 쓰면서 살고 싶어요, 사실은. 그렇지만 옳은 얘기만 하고 살 수 있습니까? 일을 하다보니까 이렇게 될 수도 있지요. 그런데 뭐 아까도 말씀드린 것처럼 구조상 우려하는 그런 일은 없으리라고 봐요. 〈참여연대〉에서 열심히 하고 있는데, 우리까지 소액주주 운동을 할 필요는 없잖아요. 만약에 그런 말을 해야 할 때 우리가 돈 받은 것 때문에 못할 거라고 생각지는 않습니다. 그럼에도 불구하고 그런 우려는 정당하고, 그런 것 때문에 우리가 좀더 경계하고 그럴 수는 있지 않겠느냐 생각합니다. 그런 부분은 〈희망제작소〉와 삼성만의 관계가 아니라 시민사회 전체의 관계로 보면 여러 종류의 견제, 균형의 관계 때문에 서로가 건강하고 생산적인 긴장관계도 가질 수 있겠다는 생각도 들어요.

지 강준만 교수는 시민들의 소액후원을 광범위하게 얻어낼 수 있는 방법을 고민해야 지속가능한 모델이 될 거라고 지적했는데요. (상임이사님은) 그걸 원론적인 얘기라고 생각할 수도 있을 것 같은데요.

박 제가 그래서 머리가 많이 빠졌잖아요. (웃음) 그게 틀린 말씀이 전혀 아니라니까요. 우리가 실제로 그렇게 하고 있고, 저 밑에 가면 연구원이 몇 명을 모집했는지 이런 것도 다 나와 있어요. 웹 사이트를 통해서 어떻게 모집을 할지, 연구 프로젝트 당 대중이 기부자를 모집할 수 있도록 하는 방법 같은 것도 연구하고 있습니다. '이런 연구를 하고 싶은데, 여기에 돈을 대줄 수 있는 사람을 모으는 것'이라든지, 심지어는 보험회사하고 같이 해서 생명보험에 가입해주면 환수금인가 2년에 한 번씩 나오는 게 있더군요. 그 중 일부를 우리한테 주는 프로젝트를 누가 제안을 해서 그것도 고민하고 있어

요. 그런 말씀 안하셔도 우리는 당연히 고민하죠. (웃음)

지　강준만 교수는 "박원순이라는 귀한 이름이 그렇게 쓰여서는 안 된다"고 표현했는데, 그게 부담스러운 얘기일 수도 있고요. 물론 그런 의도로 쓰지는 않았겠지만, 뒤집어 생각해보면 이번 경우에는 '이름값을 못했다'는 비판일 수도 있거든요.

박　글쎄요. 지금까지 계속 얘기하는 게 그런 거죠. 제 이름이 그렇게까지 귀한 줄은 잘 몰랐는데요. (웃음) 그 지적이 맞고, 고맙고…, 만약에 그런 지적이 먼저 있었고, 저도 좀더 냉철하게 생각했으면 안 받았어도 좋을 뻔했다고 생각합니다. 사실 7억이라는 게 적은 돈은 아니거든요. 그래서 큰 프로젝트를 하게 되긴 한 건데, 그 프로젝트도 안하면 되는 거지만, 어쨌든 받았는데 돌려주는 게 좋지는 않은 것 같아요. 앞으로도 그런 경고나 충고의 말씀을 우리가 참고해서 해야죠. 사람은 실수 한번 할 수 있고, 그 실수를 바탕으로 더 훌륭한 사람이 될 수도 있잖아요.

{ "저마다의 직무에 전념할 수 있도록 배려하는 사회"

지　아까 강준만 교수처럼 글만 쓰고 살고 싶다고 하셨는데, 사실 책도 많이 내셨잖아요. 고문의 역사에 대한 방대한 기록인 『야만시대의 기록』 3권이 곧 출간될 예정인데요. 고문을 통사적으로 정리할 생각을 하시게 된 계기는 무엇인가요?

박　맞습니다. 정말 저는 글 쓰는 걸 좋아하는 사람이고, 뭔가를 기록으로 정리하는 데 굉장히 관심이 많은 사람이거든요. 사실 인권변호사 시절에 정리해야 할 것을 아직 다 못한 겁니다. 『역사가 이들을 무죄로 하리라』는 인권변론사를 정리한 책도 그렇고요. 『국가보안법 연구』(전3권)도 그렇죠. 이게 다 사실은 인권변호사 시절에 제가 가졌던 문제의식을 정리한 거거든요. 『세기의 재판』도 두 권 더 내야 하고요. 이게 일본 전범 연구인데, 나치 전범 연구도 책 한 권이 될 정도로 엄청나게 자료를 모아왔습니다. 우리 집이 전범, 비인도적 범죄에 관한 도서관이라고 할 수 있어요. 안 다닌 도서관이 없습니다. 미국 의회도서관, 파리의 퐁피두센터, 파리 대학, 하버드 대학, 제네바에 있는 UN 도서관, 영국의 LSE 도서관… 다 다니면서 모은 것을 정리를 못하고 있는 거예요. 물론 간간이 쓰긴 했어요. 예컨대 3분의 1정도 쓰다가 만 『국제인권법』도 있고요. 〈참여연대〉 하면서도 그때 정리해야 할 과제들을 아직 거의 못하고 있어요. 겨우 두어 권 썼나. 〈아름다운 재단〉 하면서도 '이런 것은 정리를 해야지, 이런 과제들은 해야지' 생각하는데도, 제 피곤한 일상은 이만큼 와 있고, 정리해야 할 과제들은 너무 많아요.

요새 〈희망제작소〉 오니까 써야 할 책들이 막 생기더군요. 『COIN STREET』, 이걸 제가 쓰려고 자료를 모은 거예요. 이게 뭐냐면, 우리는 지역을 개발하려면 기업이 다 한다고 생각했잖아요. 근데 이건 주민들이 한 거예요. 템스 강 주변인데, 너무나 잘된 거예요. 건설 회사가 개발하면 최대의 이윤을 남겨야 하잖아요. 그러다보면 건물도 쓸데없이 높이 올라가고, 오솔길도 없애고, 자꾸 이렇게 되는 거 아닙니까? 그런데 주민들이 하다보니까 오솔길도 다 남기고, 과거의 유물들도 다 남기고, 그러니까 최고의 관광지가 되어버린 겁니다. 자료는 거의 다 모았어요. 1월에 한 번 가게 되어 있습니다. 그 사람들도 인터뷰하고요. 다른 기획 때문에 가는 건데, 이런 과제까지 겹쳐 있지요. 저는 사실은 너무 간절해요. 언제가 될지는 모르겠지만, 앉아서 책만 쓸 수 있는 시간이 있으면 쓰겠다는 거지요. '고문'에 관한 책도 그래요. 작년에 6개월 스탠포드 대학 가서 한 학기 강의를 했잖아요. 가는 날부터 시작해서, 15년 동안 모아온 자료(일제 때부터 노무현 정부까지 고문, 가혹행위에 관한 모든 자료)를 다 모아 가지고 가서 보름을 화장실 가는 시간 말고 계속 글만 썼더니 어깨가 아프더군요. 그렇게 해가지고 정리를 했죠. A4 용지로 1700매나 되더라고요. 죽어라고 썼습니다. (웃음)

지 문민정부, 국민의 정부, 참여정부 들어서 인권 정책과 법 제도의 개선이 있었는데요. 그 이후에도 고문과 가혹행위 사례들이 있다고 하셨는데요.

박 있더라고요. 제가 그 사례를 지금 잘 기억 못하겠는데요. 아무튼 유치장 같은 데서의 가혹행위도 있고요. 유치장이라는 게 감방 대용으로 쓰이거든요. 서울 말고 지방으로 가면 교도소나 구치소가 가까이 없잖아요. 그러면 그 경찰서 유치장이 감방 대용으로 쓰이는데, 그런 곳에서의 문제도 있었던 것 같아요. 2002년 10월에도 서울지검의 홍 무슨 검사가 살인 용의자인가를 고문해서 죽게 만들었잖아요. 그런 것을 보면서 제가 느낀 것은 민주주의라는 것이 완성된 것도 아니지만, 어느 정도 이루었다고 영원히 보장되는 것이 아니라는 겁니다. 미국의 인권단체 정문에 가보면 "Freedom is pride of eternal vigilance"(자유는 영원한 감시의 대가다)라는 말이 있어요. 그 말이 생각난 거죠. 우리가 세상의 자유를 확보했단 말이에요. 그러나 세상의 문을 여는 순간 날아가 버릴 수도 있다는 생각이 들거든요.

지　미국만 하더라도 9.11 테러 사건 이후에 인권을 제약하는 각종 법들이 만들어졌고, 우리도 사실 후퇴할 가능성이 얼마든지 있지 않습니까?

박　재작년인가 나온 〈엠네스티 인터내셔널〉 리포트에 따르면 새로운 '수용소 군도'가 나오거든요. 제 '고문의 역사'(『야만시대의 기록』)에도 일부 나와 있는데, 아부그라이브 교도소와 쿠바의 관타나모 기지의 경우를 보면 법을 바꾼 게 아니라 기존에 미국에서 굉장히 중요하게 여긴 변호사 접견권이라든지 이런 게 원천적으로 유린되어 버린 사례가 나옵니다. 너무 끔찍한 고문도 있었고요. 이런 사례들을 보면, 물론 과거에도 미국이 완벽하지는 않았지만, 미국이 확보한 상당한 정도의 인권보장 장치들이 얼마나 쉽게 허물어질 수 있는가, 국민의 광기라고 할까, 이런 것에 의해서 어떻게 해체될 수 있는가를 상징적으로 보여준 거죠. 미국 사람들 중에서 미국을 엄청나게 부끄러워하는 사람들이 많더군요. 우리에게도 반면교사가 될 수 있어요.

그 다음에 태국의 쿠데타 같은 것도 보면, 물론 우리 한국 사회 수준이 태국은 넘어섰기 때문에 한나라당 대변인이 그런 소리를 했다는 것이 사람들에게 핀잔을 받고 무시당하는 것이긴 하지만, 태국의 사례를 보면 우리도 그 정도까지는 아니지만 언제든지 그런 유사한 상황이 될 수 있다고 생각합니다. 극좌도 있긴 하겠지만, 요즘은 극우들이 시청 앞에서 내세우는 주장을 보면 너무 끔찍하고 완전히 극단적인 논리들이잖아요. 예컨대 독일 같은 데서도 극우들의 목소리가 커져서 3000명 정도 모여서 시위를 하면 그 다음날 70만 명이 모여서 그런 극단주의자들에 대해서 경계하는 집회를 열거든요. 그것은 건강한 상식과 합리적 중간의 다수가 존재한다는 걸 증명하는 겁니다. 그만큼 그 사회가 안정되어 있고 합리적인 시스템 안에 있다는 것을 보여주는 건데, 우리 한국도 (11위의 경제대국이 되었는지는 몰라도) 국민 수준이나 이런 측면으로 보면 갈 길이 많이 남았다고 생각해요. 그런 면에서 평생교육이라든지 정치의식 교육이라든지 이런 게 굉장히 중요하다는 것을 요새 많이 절감하고 있습니다.

지   고문을 '현대의 전염병'으로 표현하셨던데요. 그 자료를 모으면서 고문을 어떻게 정의하게 되셨나요?

박   미국 얘기는 이미 드렸고요. 영국 같은 경우도 IRA와 싸우면서 수많은 고문을 했어요. 예컨대 용수 같은 것을 뒤집어씌우고 벽을 쳐다보게 하고 몇 시간을 서 있게 한다든지, 이런 것들이 문제가 되어서 유럽 인권재판소에 가서 판결까지 받은 적이 있습니다. 우리는 영국이나 미국을 민주주의의 산실이라고 배웠잖아요. 그런 나라에서도 그런 문제가 있고, 특히 이른바 '버밍햄 포'라는 사건이 있습니다. 네 명이 18년 동안 억울한 옥살이를 했는데, 나중에 억울하다는 게 밝혀진 거죠. 경찰이 피고한테 유리한 증거는 숨기고, 그래서 유죄판결을 받았는데요. 그것 때문에 영국에서 사법개혁이 일어나고 그랬잖아요. 남미는 말할 것도 없지요. 한 시대가 너무나 극악한, 그리고 세계적 유사성을 띠고 있어요. 방금 말씀하신 그런 형태, 굉장히 유사한 형태들이 세계사를 장식했던 그런 시대가 있었죠. 그런 것들이 사라져가는 단계이긴 하지만, 경계심이 없으면 상당한 정도로 복원될 것이라고 봅니다.

지　이라크 같은 경우를 보면 여전히 고문이나 학살이 자행되고 있는데요. 우리도 북핵 문제나 이런 것들을 확대시키고 위기감을 조성시켜서 분위기를 반전시키고자 하는 그런 세력들이 있지 않습니까?

박　그렇죠. 고문이라는 것이 말하자면 일종의 독버섯 같은 것인데, 독버섯은 언제든지 일어날 수 있는 조건만 생겨나면 번질 수 있다고 봐요. 번질 수 있는 조건, 다시 말해 햇볕이 차단된 음산한 영역에서는 언제나 생길 수 있겠죠. 사르트르가 말했던 '틱킹 밤'이라는 유명한 이론이 있습니다. 시한폭탄이 어딘가에 숨겨져 있는데, 용의자가 한 사람 붙잡혔단 말예요. "이 사람을 고문해야 하느냐"고 할 때 다수는 "수많은 사람의 피해를 없애기 위해서 고문을 해야 한다"고 얘기할 겁니다. 실제로 프랑스 식민지였던 알제리에서는 그런 논쟁이 있었습니다. 실제로 고문을 했고요. 그래도 안 된다고 하는 것이 사르트르의 주장이죠. 고문의 정당성을 만들자고 들면 수없이 만들어질 수 있고, 심지어는 허위로 만들어질 수도 있잖아요. 실제로 고문이라는 게 그런 거잖아요. 어떤 경우에도 고문은 정당화될 수 없다는 결론을 내렸는데요.

그런데 지금 부시의 주장이 그거잖아요, 테러리즘으로부터의 안전판을 위해서 고문도 괜찮다는 거죠. 그런 국민적 여론과 동의가 생겨나니까 관타나모, 아부그라이브 사태도 나오는 거구요. 미국에 데려오지 않고, 고문이 상대적으로 허용되는 나라에 가서 고문하는 거예요. 예전에 고문 장소가 독일에도 있었고, 아제르바이잔에도 있었다는 게 『뉴욕타임스』에 난 적도 있거든요. 이런 상황으로 간다는 거죠. 반인권적 논리와 그것에 영합하는 국민들의 심정적인 동의와 그것을 조장하는 정부 내지는 정치 지도자가 생기면 언제든지 그럴 가능성이 있는데, 그것을 방지하는 것은 건강한 시민정신이라고 저는 최종적으로 보거든요. 그런 면에서 시민의식이 중요하다는 것을 많이 느끼고 있어요. 〈희망제작소〉도 평생교육, 정치의식 교육에 큰 역할을 해야 하지 않을까 생각하고 있습니다.

지　변호사님이 그동안 활동해 오신 것이나 글 쓰신 걸 보면 굉장히 진보적인 가치를 말하는 데 반해 시민운동은 어쩔 수 없이 대중성을 담보해야 하기 때문에 모호한 포지션을 취해야 할 때도 있었을 것 같습니다. 그래서 진보진영에서는 우리 쪽에 더 힘을 실어줬으면 하는 아쉬움을 갖고 있는 것 같은데요.

박　제가 힘을 안 실은 게 어디 있습니까? 저는 사실 저로서는 최선을 다해서, 그건 딴 사람들을 취재해보셔야 하는데, 예를 들어서 〈민중연대〉 박석운 집행위원장이 전화를 하세요. 그럴 때마다 제 나름대로는 회의에 나오라면 회의에 나가고, 진상조사단장을 맡으라고 하면 그걸 맡았고, 나름대로는 그런 일을 했어요. 다만 활동 영역이 제가 그걸 계속 하는 것도 의미가 있다고 보고, 그걸 부정하는 게 아니지만, 제가 새로운 틈새를 만들어가는 거잖아요. 고문을 방지하기 위해서 지금도 있을 수 있는 고문방지 정책, 고문방지 운동을 할 수도 있습니다. 하지만 더 중요한 것은 아까 말씀드린 것처럼 '국민들로 하여금 고문이나 권위주의, 그런 민주주의의 반동에

대한 성찰을 갖게 해서 원천적으로 방파제를 만드는 방법은 뭘까'
하는 걸 고민하는 거잖아요. 시사적인 일에 대해, 국제정세에 대해,
우리 사회의 큰 방향에 대해서 국민들이 진지하고 바른 생각을 할
수 있도록 교육하는 것이 중요하겠다는 생각이 들었습니다. 이건
상대적으로 하는 데가 없잖아요. 이런 걸 제가 하는 게 저를 잘 사
용하는 게 아닌가요? 그쪽은 이미 〈민변〉이라든가 하는 인권단체
가 있고, 거기 보태는 것도 힘이 되겠지만…. 그리고 제가 보태죠,
보태고 있죠. 〈민변〉의 국가보안법 특위 때마다 가고 있고, 좋은
제안도 내고, 다 하고 있습니다. (웃음) 제가 몸이 몇 개면 나눠서 했
으면 좋을 것 같은데요.

지   슈퍼맨 역할을 요구하는 것 같긴 합니다. (웃음)

박   지금도 사실 너무 많이 하고 있어요. 그래서 사실은 지난번에
사법개혁위원회인가 하는데, 대법원에서도 오라고 하고, 청와대에
서도 오라고 했어요, 〈민변〉 쪽에서도 얘기하고. 그래서 위원으로
갔는데, 몇 달을 하다가 제가 독일에 3개월 동안 나가 있게 되어서
여러 번을 못 갔죠. 출석률이 제일 낮다고 무슨 단체가 저를 지목해
서 "그럴 수 있느냐"고 했는데, 저는 그만두려고 했거든요. 여러분
한테 상의했더니 "그러면 안 된다"고 해서 제가 이름이라도 올려뒀
던 건데, 그런 비판을 들으니까 억울하기는 합니다. 제가 거기 이름
하나 올려서 덕 볼 게 없잖아요. 제발 공개적으로 선언하는데, 앞으
로 제가 하고 있는 것만 열심히 하도록 내버려두셨으면 좋겠어요.
억지로 데려다놓고, "왜 여기저기 관여하느냐, 당신은 백화점식으
로 운동하느냐"고 하는데, 전 〈참여연대〉 할 때부터 그랬어요. "운

동은 집중해야 한다, 평화군축 이런 거 절대 하지 마라"고 했어요. 왜냐하면 우리가 벌인 일도 많잖아요. 제가 나오니까 그런 운동도 하던데, 그러면 백화점식 운동을 한다고 비판하거든요. "왜 이 운동은 안하느냐"고 비판하다가 막상 하면 "〈참여연대〉는 온갖 세상 일에 다 간섭하느냐"고 비판하거든요. 이런 게 참 힘들더군요.

지　그렇게 얘기하는 사람들은 신경을 안 써야 되는데, 신경 안 쓸 수는 없겠죠. 사실 이런 저런 모임에서도 많이 찾으니까 시간을 많이 빼앗길 것 같습니다.

박　그래서 외국 나가 있을 때가 제일 좋아요. 그나마도 몇 년에 한 번씩 그런 기회가 있었어요. 작년에는 미국에 6개월 있었고, 재작년에는 독일에 3개월 있었는데요. 그런 것이 그래도 나름대로 제 책을 정리하기도 하고, 재충전도 하고, 밀린 일도 할 수 있게 해요. 미국 있을 때는 고문의 역사를 정리하느라고 힘들었는데, 큰 보람도 있었죠. 그런 때 아니면 언제 그걸 하겠습니까? 그래서 이렇게 들어와 있을 때는 나가야겠다는 생각을 많이 합니다. (웃음)

지　그때 고문을 지휘했던 사람이 지금도 국회의원 등의 공직활동을 하고 있습니다. 이런 문제는 어떻게 정리하고 가야 한다고 보십니까? 이런 문제를 제기하면 또 "과거를 붙잡고…"라면서 어쩌고저쩌고 할 텐데요.

박　그 책 속에 다 써놨어요. 제가 다 분석했습니다. 고문은 지나간 것이 아니죠. 아까 말씀드렸던 우리 경계심의 문제도 있고요. 당장 피해자들이 있어요. 제 친구 중에 두 명의 구씨가 있어요. 한 명은 〈민청학련〉 때 고교 책을 담당했던 친구인데, 나중에 보니까 정신적으로 문제가 생겨서 병원에 가 있었어요. 10년 후에 발병했더군요. 또 위수령인가 그거 반대해서 데모를 했다가 수경사에 잡혀가서 고생했던 친구가 그 후에 대학도 나오고, 고등학교 선생까지 하다가 뒤늦게 발병이 되었습니다. 정신질환이 굉장히 그런 특색이 있거든요. 잠복기가 오래가는 것 같아요. 두 명이 지금 사회활동을 못하거든요. 당장 우리 주변에 그런 사람이 있어요. 〈민청학련〉 고문 피해자 이을호 씨 등도 있는데, 물론 보상을 받은 경우도 있지만, 보상이 되는 겁니까? 지금도 어둠 속에 살아야 하는 피해자들이 곳곳에 있어요. 알려지지 않은 사람이 사실은 더 많아요. 그런 것을 위해서 고문 상처를 치료하는 병동 같은 것을 작게라도 만들어야 해요. 코펜하겐 같은 데 가보면 있거든요. 영국에도 1991년도에 유학하다 보니까 아프리카에서 고문받은 사람들을 초청해서 농장 같은 데서 치유하는 프로그램을 갖고 있더군요. 설령 소수라고 할지라도 정말 억울하고, 과거의 상처 때문에 괴로워하는 사람들을 돌볼 수 있는 사회여야 정말 인도적인 사회라고 생각하거든요.

또 한편으로는 가해자의 책임을 충분히 추궁하지 않았다고 봅니다. 예를 들어 검찰, 안기부, 보안대 같은 수사기관, 경찰, 곳곳에 분실이니 이런 게 많았잖아요. 저는 검찰까지도 그렇다 치고, 법원의 경우에는 이영훈 대법원장님(제가 존경하는 몇 안 되는 법관 가운데 한 분인데)이 광화문 네거리에 나와서 과거의 일을 가지고 정말 백배사죄해야 한다고 생각합니다. 그것은 말하자면 법을 배운 사람의 책임이죠. 많은 사람들이 고문당하고 나중에 검찰에 가서 "검사님, 고문당했습니다" 또는 법원에 가서 "고문당했습니다"라고 말할 수 있는 여지조차 제대로 안 준 그 책임은 면하기 어렵다고 생각합니다. 「부끄러운 자의 이름이여, 판검사」라는 제목을 달았을 정도로 같은 법조인으로서 부끄러워 잠이 안 오더군요. 군사독재라는 게 결코 전두환, 노태우 이런 사람만 한 게 아니잖아요. 그 밑에 하수 인들이 있었던 건데, 그런 사람들이 국회의원을 하고, 법원이나 검찰에 있고, 변호사를 계속 한다는 것은 우리가 아직도 민주화의 도정에 있다고 말할 수 있는 근거가 되겠죠.

지　예컨대 자살을 시도한 사람을 경찰이 경찰서로 데려갔다가 새벽에 내보냈는데, 그 사람이 다시 자살한 사건이 있었거든요. 물론 경찰로서도 어쩔 수 없었겠지만, 시스템을 갖춰놓으면 방지할 수도 있었던 일 같아요. 범죄 피해자들 역시 엄청난 정서적인 피해를 입는데요. 그들을 위한 정신 치료 같은 것도 필요할 것 같은데, 그런 경우처럼 남들이 별로 신경 안 쓰는 사회의 구석구석을 신경 써서 대책들을 연구하고 고민하고자 하는 게 〈희망제작소〉의 목표인 것 같습니다.

박　〈희망제작소〉가 중심을 두고 있는 일은요. 우리가 하고 싶고, 해야 할 일은 너무나 많다고 생각하는데요. 첫째는 사회창안 사업이라는 건데요. 시민들이 자발적으로 생활 현장, 삶의 현장 속에서 내놓는 아이디어들, 정책들을 시민들이 평가하고 시민들이 개선을 해서 우리 사회에 적용 가능한 정책으로 만들어내게 하고, 그걸 우리가 힘을 좀 보태서 실천하도록 하는 이런 사업들을 하자는 겁니다. 저는 충분히 활성화되어 있다고 생각하지는 않아요. 2단계 정도까지는 왔다고 생각합니다. 제가 영국에서 배워온 건데요. 〈사회창안연구소)라는 건데, 영국보다는 이미 우리가 더 활성화되었다고 생각합니다. 저는 여기서 개선해야 할 점이 몇 가지 있다고 생각하거든요. 그렇게 하면 한국 사회에서 또 하나의 민주주의 역사를 쓸 수 있다는 생각이 들어요. 시민들 입장에서는 온갖 아이디어가 다 들어올 수 있기 때문에 국정의 여러 영역을 포괄한다고 생각합니다. 그걸 부지런히 해볼 생각이에요. 두 번째는 특히 그동안 많은 분들이 지적했지만, 노무현 대통령이 지역분권, 지역의 중요성을 착안한 것은 참 굉장한 일이라고 생각하는데요. 다만 그 분의 처방은 부족했죠. 행정수도 이전하고, 기업도시 만드는 것만으로는 안 된다는 겁니다. 훨씬 다양한 소프트웨어가 만들어져야 한다고 봐요. 너무 절박한 문제라고 생각해서 그 두 개에 저희들이 한번 집중해볼 생각이죠. 따로 인권이라든지 구체적인 영역을 설정하고 있지는 않지만, 그게 사실은 많은 부분을 포괄해요. 지역 문제에는 문화라든지 제도라든지 경제 문제가 다 포함되어 있거든요.

{ "끊임없이 새로워지지 않으면 새로운 것이 아니다"

지   조례연구소를 만들었는데요. 지방자치 살리기와 연계가 되는 것 같은데요. 구체적으로 어떻게 운용하실 생각이십니까?

박   저희들은 전략을 어떻게 세우나 하면 저희들이 어떻게 그 일을 다 하겠습니까? 이런 방대한 일을 효율적으로 하는 방식이 이런 거죠. 다른 데서 열심히 잘하고 있는 것을 할 필요는 없잖아요. 예를 들어서 간판 문제도 심각하잖아요. 지방에 가면 너무 심하잖아요. 간판 문제는 다 인식하고 있지만, 달라붙어서 해결하고자 한 집단은 없었다고 봐요. 그래서 간판연구소, 조례연구소도 만들었고요. '한강'도 이번에 발표는 했지만, 공무원들의 입장이라고 봅니다. 한강을 시민적 아이디어로 생태적이고 시민 접근이 가능한 대안적 공원으로 만들어보는 게 중요하다고 생각해요. 이런 것들을 위해 지방재정연구소를 만들고 있습니다. 주민 참여 클리닉 같은 것도 만들려고 해요. 어번 스페이스(도시 공간) 같은 것들을 쭉 만들어서 최고의 전문가들이 하게 한다는 겁니다. 왜냐하면 그 분들이 문제의식이 다 있거든요. 안상수 선생 같은 분은 굉장히 유명한 공공 디자이너이잖아요. 이런 분이 문제의식을 갖고는 있지만, 뭘 어떻게 해야 할지는 사실 모르셨잖아요. 그런데 우리가 하겠다고 하니까 너무 행복해 하시면서 열심히 하세요.

상임고문 하면서 회의를 네다섯 번 했는데, 한 번도 안 빠지고 오셨다고 하더군요. 그 분들이 하시는 것을 우리가 지원하는 거죠. 그것을 사회적으로 해결하거나 실천하는 데는 저나 연구원들이 능력이 있잖아요. 시민운동 했던 사람들이 있고 하니까 이런 전문가와 코디네이터와의 결합을 통해 우리 사회에 실천되지 않았던 아젠다들을 실천해갈 수 있게 만들어가겠다는 겁니다. 예컨대 건축 같은 경우도 건축사협의회 같은 게 있어요. 참 좋은 분들이 모여 있는데, 건축사들만 모여 있으니까 문제가 뭔지는 알지만, 어떻게 풀어야 할지는 모르거든요. 외국을 돌아다녀보니까 건물들이 너무나 개성이 있고 아름다워요. 그런데 한국에 오면 똑같잖아요. 그래서 '동일건물 건축금지법을 만들어야겠구나' 하는 생각까지 했습니다. (웃음) 그건 농담이고, 어떻게 해결할까 했더니 설계비를 보장해주는 방법이 있더군요. 설계비를 별로 안 주니까 같은 걸 붕어빵 찍어내듯이 하는 거예요. 그것을 의무화하거나 장려하는 인센티브를 주면 우리나라 건물이 저마다 새로운 얼굴을 가진 개성 있는 얼굴이 될 거라고 봅니다. 그런 문제점을 법률적으로, 제도적으로 만들어내고 그것을 추진해가는 노하우가 결합되면 한국 사회에서 굉장히 효율적으로 문제를 해결해갈 수 있을 거라고 봅니다. 저희 전략은 그런 겁니다.

지 〈희망제작소〉에서 실시하고 있는 임산부 배려 캠페인 '예비 엄마랍니다'에 대해서 일부 페미니즘 진영에서는 약자에 대한 배려가 아니라 출산 장려책의 일환으로 도입된 것 같아 씁쓸하다는 지적도 있었는데요.

박 보건복지부는 그렇게 생각할지 몰라도 우리는 그건 아니에요. 결과로서 그럴 수는 있다고 생각하는데, 그것보다는 훨씬 더 인간적 배려에서 출발했죠. 그런 거 보면 우리 사회가 다양한 생각을 한다는 생각이 들어요. (웃음) 제가 처음에 그렇게 제안을 하고, 해보자고 얘기했을 때 출산 장려책이라고 생각한 적은 추호도 없거든요. 그런 것까지 찾아내는 것을 보면 우리 사회가 건강하다는 거죠.

지 때론 그런 비판들이 비생산적이라는 생각이 들 때도 있나요.

박 그렇게까지는 생각지 않아요. 뭐든지 비판이라는 건 좋다고 생각합니다. 비판이 많다는 것은 비판이 없는 것에 비하면 훨씬 더 생산적이고, 바른 방향으로 가는 데 도움이 된다고 생각해요. 저는 비판받을 각오가 되어 있고, 그것이 우리를 오히려 건강하게 하고 잘되게 하는 거죠. 관심도 없는 것보다는 그렇게 얘기하는 것이 '그렇게 생각할 수도 있구나. 그런 쪽으로 기울여지지 않도록 해야겠다'는 경종을 울려주는 거죠. '잘했다'고 하는 것은 힘은 되지만, 그런 식의 생각을 하게 만들지는 못하거든요.

지 그 운동의 실효성에 대해서도 논란이 있는 것 같은데요. 여전히 보수적인 부분이 남아 있는 한국 사회에서 예비엄마 딱지를 과연 달고 다니겠느냐 하는 이야기도 있습니다.

박 물론 그게 얼마나 성공할 수 있을지는 모르지만, 저는 언제나 일은 긍정적이고 가능하다는 쪽으로 해석하고 운동을 해왔거든요. 어렵다고만 생각했으면 하나도 이룰 수 있는 게 없었죠. 군사독재 시절에 전두환 앞에서 방망이로 얻어터질 생각 안하고, 감옥 갈 생각 안하고, 경우에 따라서는 목숨을 걸지 않고서 바꿀 수 있다고 생각 안했잖아요. 지금은 목숨 걸 일 없잖아요. 감옥 갈 일 없잖아요. 사람들이 〈아름다운 가게〉 안 될 거라고 하더군요. 남의 물건 안 쓴다는 게 사람들의 의식이었잖아요. 저는 그것에 도전해서 되는 방향으로, 어떻게 하면 사람들의 생각을 바꿀 수 있겠느냐고 해서 인테리어 생각하고, 조명 생각하고, 냄새까지 고민했습니다. 그러다가 '아주 부자나 유명한 사람이나 이런 사람들을 끌어내자. 그런 사람들의 옷을 벗겨내서 전시하자'는 생각을 했죠. 그런 사람들은 성공한 사람들이니까 재수 있다고 생각하지 않겠느냐, 그러면 헌 옷이라도 사지 않겠느냐…, 그래서 그런 행사를 끊임없이 벌였습니다. 세상에 안 된다고 생각하고 주저앉는 사람들은 아무것도 이룰 수 없다고 생각해요. 부닥치면 뭔가 이루어낸다고 생각하거든요.

특히 사회운동에서는 긍정적인 생각이 세상을 바꿔내는 원천이라고 생각합니다.

지 얼마 전 최장집 교수가 "민주화 세력은 노무현 정부와 결별해야 한다"고 말해서 논란이 되었는데요.

박 저는 정치적 비평에는 능하지 않아요. 이렇게 생각합니다. 제가 노무현 대통령 비판을 많이 한 사람이거든요. 그렇다고 노 대통령이 비판만 받을 사람이라고는 생각지 않아요. 기업하는 친구한테 "옛날처럼 돈 받는 일이 없느냐?"고 물어보면 정말 그렇다는 거예요. 후원하는 데 가서 돈 100만 원 내놓는 것, 이런 것은 눈치가 보일 때도 있지만, 옛날 정당처럼 수십억, 수억씩 내는 시대는 어느 정도 지나간 것 같습니다. 지금 이 순간에도 뒤에서 차떼기를 하는지는 모르겠습니다만, 아무튼 그건 엄청난 진전이잖아요. 그게 꼭 노 대통령만이 잘한 것이라기보다는 우리 사회의 큰 흐름이기도 하고, 〈참여연대〉 같은 데서 열심히 운동한 결과이기도 하겠죠. 또 행정개혁이라든지 이런 부분을 찾아보면 많은 부분을 하고 있어요. 노 대통령이 쓸데없는 말을 하거나 그 분 성격, 경제적으로 위축되는 바람에 완전히 민족의 적처럼 되어 있지만, 그런 것은 아니라고 생각해요. 이 단계에서는 그렇게 변호해드리고 싶습니다. 하지만 제가 비판했던 것도 여전히 유효하다고 생각하는데요. 제가 별것도 아닌데, 저도 비판받잖아요. 하물며 대통령은 국정의 책임자로서 비판을 받을 수밖에 없는데, 그런 걸 포용하면서 일을 해나가야 한다고 생각합니다. 누군가가 나를 비판하면 기분 나쁘죠. 그렇지만 '우리 안에 그런 부분이 없나?' 하고 되짚어볼 수 있는 그런 마음을 가진다는 게 중요하거든요, 리더가 될수록. 그런 차원에서 차근차근, 오히려 비판자들을 모셔서 얘기 잘 듣고, 그 가운데 훌륭한 아이디어가 있으면 채용하고 하는 방식으로 국정을 해결해갔다면 훨씬 더 잘되지 않았을까 생각합니다.

지 『신진보리포트』와의 인터뷰에서 "진보진영은 새 시대를 맞이할 준비가 되어 있지 않다"고 하셨는데요.

박 '나날이 새롭게'라는 말이 있잖아요. 과거의 민주화운동 세력이 온 희생을 겪으면서 이루었던 공로, 이런 것은 불변하는 공헌이라고 생각해요. 그런데 그걸 가지고 가만히 있으면 그걸 팔아먹고 사는 게 되잖아요. 끊임없이 자기 혁신과 (시대는 끊임없이 변하는 거니까) 그 시대에 맞는 또 다른 변신과 그 역할에 맞는 실력을 끊임없이 갖춰가야 한다고 생각합니다. 그런데 그런 노력을 게을리한 게 아닌가 생각하고요. 저는 진보라는 측면보다는 어느 누구에게도 해당되는 거라고 생각합니다. 개인에게도 해당하고 집단에게도 해당하는 건데, 시대는 엄청 급변하고 있잖아요. 제가 〈참여연대〉보고도 그런 얘기하는데, 〈참여연대〉가 10년 전에 주장한 게 많이 받아들여졌고, 설령 미진한 게 있더라도 또 새로운 아젠다로 해서 새로운 외피를 입혀서 새로운 방식으로 운동해야지, 똑같은 것으로 하면 서서히 침몰해가는 거죠. 과거의 기득권 같이 되어버리는 겁니다. 저는 "뭐든지 새로워져야 한다, 매년 새로워져야 하고, 매일 새로워져야 한다"고 강조하는데요. 자기 개인의 밥벌이를 위해서 사는 사람이라면 몰라도 공공적 지식인의 입장이라면 당연히 그래야 한다고 생각합니다. 자기의 말과 행동과 역할이 사회에 영향을

미치잖아요. 시민사회 영역에서 많은 사람이 정부 부처로 갔잖아
요. 가는 거야 좋은데, 엄청난 변화를 이뤄내면 다행인데, 별로 그
렇지도 않다면 과거와 다를 바 없는 게 되잖아요. 그만한 실력이 없
으면 낙하산이라는 말을 들을 수밖에 없죠.

지 여당에서 '오픈 프라이머리'를 하게 되면 시민사회 영역에서
의 영입 1순위가 될 듯싶은데요. 얼마 전 "정치를 하게 되면 말려
달라"고 말씀하신 기사를 봤고, "대선 과정에서 어떤 역할을 할지
고민"이라고 하신 말씀에 대해서도 어떤 여지를 남겨둔 게 아닌가
하는 생각을 하는 분들도 계시거든요.

박 그거는요. 제가 이런 얘기를 한 게 전달이 제대로 안된 것 같
은데요. 제가 대선에 직접 참여해서 역할을 하겠다는 뜻이 아니에
요. 대선이라는 것도 중요하잖아요. 과거에 보면 대선이라는 게 지
역감정이나 당리당론 같은 것에 지배당했는데, 가능하면 정책 중심
으로 가는 것이 좋겠다, 그렇다면 예를 들어서 언론의 검증 과정이
라든가 하는 것을 어떻게 하면 좀더 합리화하고 심층적으로 해서
선거 과정을 통해 후보자들은 단련이 되고, 국민들에게는 교육이
되고, 화합의 축제가 되는 이런 걸로 만들어갈 수 있을까 하는 생각
을 한 거죠. 그런 관심은 당연히 누구에게나 있잖아요. 〈희망제작
소〉가 그런 것에 대해서 고민하는 것은 너무나 당연하잖아요. 그런
얘기였어요. 시민단체 출신이 정치에도 적합하다고 한 것을 두고
"(바로) 당신이 그런 생각을 하는 것 아니냐"고 하는데요. (웃음) 시
민운동을 해보니까 공공적 지식인을 양성해내는 훈련 과정이더군
요. 돈이 있습니까? 사람이 있습니까? 오직 명분만 가지고 사람을

모아내고, 돈을 모아내고 해서 사회 현실을 바꿔내는 거잖아요. 그런 사람이 정치권에 가면 잘할 수밖에 없죠. 대부분의 경우에 희생과 헌신에도 능하죠. 그래서 저는 앞으로 우리나라 시민운동가들이 지방 의회도 가고, 군수나 시장도 되고, 국회의원도 되고, 대통령도 되면 좋겠다고 생각합니다. 제가 하는 얘기하고는 전혀 관계없이 어떤 얘기 끝에 그런 얘기가 나왔던 건데요. 그래서 가능하면 인터뷰도 안하고 싶고, 외국으로 가는 방법이 없나 하는 생각도 듭니다. (웃음) 조송하지만 다음 일정 때문에 나가봐야겠는데요.

지　바쁘신데 시간 내주셔서 감사합니다.

(2006년 10월 인터뷰)

조정래

한국현대문학의 '한강'이자 '태백산맥'

몇 장인지 모를 파지를 내가며
『한강』의 첫 장을 썼을 때,
내가 왜 또 이 길을 가려 하는가, 하는
참담함에 부딪혔다.
…

원고지 한 장을 써놓고 느끼는 감정은,
그 끝이 어디인지 모를 캄캄한 터널 속으로
혼자 걸어 들어가는 것과 같은 암담함과 막막함이었다.
그 감당하기 어려운 암담함과 막막함은
되풀이되면서 덜 해지는 것이 아니라
오히려 더해지고 있었다.
첫 번째는 고통과 괴로움을 모르고 당한 것이지만
두 번째부터는 그 온갖 어려움을 또 겪어야 한다는
두려움이 겹쳐지는 탓이었다.

— 조정래, 「『한강』을 마치며」(집필후기) 가운데서

사진 ⓒ 김홍민

● 1943년 전남 승주 선암사에서 태어났다. 1966년 동국대 국문과를 졸업하였으며, 1970년
『현대문학』으로 등단하였다. 단편집 『어떤 전설』 『20년을 비가 내리는 땅』 『황토』 『恨, 그 그늘의 자리』,
중편집 『유형의 땅』, 장편소설 『대장경』 『불놀이』, 대하소설 『태백산맥』 『아리랑』 『한강』 등을
출간하였으며, 현대문학상, 대한민국문학상, 성옥문화상, 동국문학상, 소설문학작품상, 단재문학상,
노신문학상, 광주문화예술상, 만해대상 등을 수상했다.

조정래

● 한국근현대사를 『태백산맥』 『아리랑』 『한강』 32권으로 꿰뚫은 작가 조정래를 만났다. 인간다운 세상을 위해 인간에게 기여할 수 있다면 그보다 더 숭고하고 보람된 일이 없다고 믿고, 진정한 문학, 참된 문학은 역사를 변혁시키고 사회를 변화시킬 수 있다고 믿고 남은 생애를 살고자 하는 작가는 "분단 문학의 최고봉"으로 평가받는 『태백산맥』으로 인해 국가보안법 위반으로 고발당했고, 10년이 지난 지금도 결론은 나지 않았다.

검찰은 당시 350만 부가 팔린 소설을 쓴 작가를 사법처리하기 난감했던지 "학생이나 노동자들이 읽으면 불온서적 소지·탐독으로 의법 조치할 것이며, 일반 독자들이 교양으로 읽는 경우에는 무관하다"는 모호한 발표를 했다. 거의 모든 국민을 독자로 가진 '국민작가'를 단지 생각이 다르다는 이유로 처벌해야 한다고 말하는 사람들은 우리 사회에서 아직도 큰 힘을 가지고 있다.

윤청광 한국출판연구소 이사장은 "역사의식이 가장 투철한 작가를 꼽으라면 나는 단연코 조정래를 첫 손가락에 꼽을 것이다. 그는 초기에 발표한 『대장경』이나 『불놀이』 『유형의 땅』에서도 역사의 소용돌이 속에 함몰된 민초들의 삶을 진지하게 부각시켰다. … 『태백산맥』 『아리랑』에 이어 『한강』으로 조정래는 이제 '한국의 20세기 역사'를 관통하는 한국인의 삶과 한恨, 끈질긴 생명력을 총체적으로 형상화했다. … 3세기쯤 걸려야 이루어질 수 있는 일을 조정래는 오로지 혼자 힘으로 해냈다. 이 위대한 업적은 우리나라 출판사상 전무후무한 사건으로 영원히 기록될 것"이라고 말했다.

시인 이탄은 "작가 조정래, 그는 우리나라 소나무, 그의 마음과 글은 하늘에 이르는 높은 산"이라고 했고, 동화작가 정채봉은 "쑥 내음과 마늘 기운이 누구보다 강한, 조선 솔과 같은 사람"이라고 조정래를 평가했다.

인터뷰는 2004년 12월 28일 서초동 전통찻집 '다솔'에서 한 시간에 걸쳐 이루어졌는데, 그는 수만 장의 원고를 직접 손으로 쓰는 고된 작업으로 인해 얻은 직업병 치료를 위해 틈만 나면 손에 쥐고 굴린다는 가래를 한 시간 내내 굴리고 있었다.

"분단현실에서 일어난 우스꽝스런 사건"

지승호(이하 **지**)　1000만 이상의 독자를 가진 작가에 대한 이적성 시비가 아직도 끊이지 않고 있는데요. 그 점에 대해서 어떻게 생각하십니까?

조정래(이하 **조**)　제가 국가보안법 위반 혐의로 고발당한 게 1994년 4월이에요. 지금까지 10년이 넘어가고 있죠. 국가보안법 폐지 논란이 시작되니까 최근에 검찰에서 금년 내에 해결하겠다고 했는데, 금년이 며칠 남지도 않았죠. 결과가 어떻게 될지는 두고 봐야 할 일이고, 이런 현상은 우리의 분단 현실을 상징적으로 보여주는 겁니다. 20세기 문명사회 속에서 분단된 곳이 우리 한반도가 유일하고, 작가를 이러한 법으로 인신구속하고, 작품집 판매를 못하도록 탄압을 가

하고자 하는 음모가 이루어진 것도 세계 최초일 겁니다. 한마디로 분단현실 속에서 일어날 수밖에 없는 우스꽝스러운 사건입니다.

지　그동안 숱한 협박을 받아오셨다고 들었습니다. 보통사람들은 이루 헤아리기 어려운 고통 속에서 생활해 오셨을 텐데요. 협박을 하는 그 분들도 역사의 상처를 받은 분들이고, 분단과 국가주의의 피해자라고 볼 수 있지 않겠습니까? 그 분들이 계속 고발을 하는 것도 그 분들 나름대로는 상처를 받은 것 때문일 거구요. 거기에 대해 "학생이나 노동자들이 읽으면 불온서적 소지·탐독으로 의법 조치할 것이며, 일반 독자들이 교양으로 읽는 경우에는 무관하다"고 했던 검찰의 발표는 그 분들의 분노를 의식한 곤혹스러운 결정이었다고 보이는데요. 그런 상처들을 치유하고 극복하기 위해서는 어떻게 해야 한다고 보십니까?

조　나를 고발한 사람들은 자칭 반공주의자들이죠. 반공주의 세력이라고 스스로들 호칭을 해요. 그런데 반공주의라는 것은 분단 현실 속에서 유일무이한 국가체제 수호의 한 방법이었고, 또 그들은 그걸 내세움으로써 자기 정당성을 끝없이 사회와 국가에 대해 강요하다시피 했던 거죠. 그들이 6.25나 월남전 등으로 인해 상처 입은 것은 사실입니다. 그렇다고 해서 끝없이 반공주의만 내세운다면 우리 민족의 비원이자 숙원인 통일을 언제 이뤄가겠어요? 영원히 통일하지 말자는 소리거든요. 작가는 그 반공주의를 넘어서서 민족통일에 기여하기 위해서 『태백산맥』을 썼단 말이에요. 서로 용서할 것은 용서하고, 이해할 것은 이해해야 한다고 『태백산맥』에서 얘기하고 있는 겁니다. 그런데 그들은 자기들이 상처를 입었다고 하는 사적 감정 같은 걸 가지고, 통일을 염원하는 작가를 또 상처 입혀 버렸어요. 그건 그들이 사적인 입장을 넘어서서 그 언젠가 통일이 되었을 때 자기들의 행위가 얼마나 반통일적이며 반민족적인 것인가를 알게 될 거란 말이에요. 그런데 거기까지는 생각하지 못해요. 검찰도 10년 이상 이 사건을 끌어왔던 것은 반공주의자들의 정당성도 중요하지만, 반공주의를 넘어서서 통일에 기여하고자 하는 작가의 정당성도 중요하다고 생각했기 때문에 기소하지 못한 거란 말입니다. 또 검찰이 기소하지 못한 것은 이미 검찰이 그렇게 옹색스러운 말을 했던 그 당시에 책이 350만 부 이상 판매되고 있었어요. 이런 독자들의 힘이 옛날 반공주의 일변도의 현실을 용납하지 않았던 겁니다. 또 하나 중요한 것은 돈을 주고 산 사람만 그렇지 대여점이나 대학 도서관에서 빌려 읽은 독자까지 생각한다면 그 숫자는 엄청난 거죠. 그런 점을 감안해서 검찰에서 기소하지 못한 건데, 검찰의 고뇌도 이해할 수 있어요. 고통스러웠을 겁니다. 이걸 해결하는 방법은 나를 고발한 사람들이, 지금이라도 늦지 않았으니까 민족의 미래를 바라보고 이성을 회복해서 그 고발을 취소하는 겁니다.

지 『태백산맥』에서 빨치산을 인간으로 묘사했다는 이유로 '빨갱이'라고 덧칠을 당하고 사시지 않았습니까? 예전에 『한국논단』이라는 잡지에서는 「태백산맥과 조정래를 구속하라」는 기사를 싣기도 했는데요. 『오마이뉴스』 인터뷰에서 "『월간조선』과 반공주의자들은 북한에 대해 거짓말을 하고 있다. 흔히 말하는 체제경쟁, 완전히 끝났다. 그런데도 북한이 곧 쳐내려올 위협이 있다는 등 시대착오적으로 정신병자들처럼 떠들어내는 것이 우리사회의 비극이고 불행이고 슬픔이다. 언론이 거짓말하고, 과장되게 국민을 속이는 것은 민족의 반역"이라고 말씀하셨고요. 얼마 전에 김정일 국방위원장이 "우리는 남침할 능력도 의지도 없다"는 취지의 발언을 하기도 했습니다. 그런데도 안보상업주의라고 할까, 계속 위기를 조장하는 세력이 있는데요. 그들에게 제 몫을 찾아주기 위해서는 어떻게 해야 한다고 생각하십니까?

조 문제는 반공이라는 것이 분단현실 속에서 기득권이 되어버렸어요. 그들은 반공이라는 것이 없어지면 자기 기득권이 해체되기 때문에 불안 초조한 겁니다. 남북이 세계를 향해서 두 개의 독립된 국가로서 UN에 가입했습니다. 그리고 김대중 대통령과 김정일 국방위원장이 세계를 향해서 6.15 공동선언을 했습니다. 그 6.15 공동선언의 의미가 뭐냐 하면, 갈등과 충돌을 일으켰던 분단의 역사를 화해와 협력을 바탕으로 한 통일의 역사로 대전환시킨 겁니다. 그러면 우리는 일방통행식의 반공주의를 그때 해체하거나 없앴어야 했어요. 그리고 민족이 서로 화합해서 신뢰를 갖고 서로 돕고 이해하면서 통일해가려고 노력해야죠. 그런 역사의 대전환과 같은 물줄기를 억지로 뒤집으려고 하는 몸부림들이 보수 언론의 작태예요. 시대착오적이죠. 그리고 국민에게 부끄러운 줄 알아야 해요. 지금도 반공을 내세워서 기득권을 고수하려고 하는 그 작태가 국민들에게 얼마나 조롱당하고 불신당하고 있는지 빨리 깨달아야 합니다.

지 예전 6.25 때만 하더라도 일부 기득권들은 자기 자식들은 유학을 보내고, 전쟁이 났을 때 먼저 남쪽으로 피난을 가지 않았습니까? 자기들의 안위를 위해서 살아왔는데, 정신은 그때나 지금이나 달라지지 않은 것으로 보입니다. 그런데 지금 만약 전쟁이 나게 되면 그때보다 훨씬 더 많은 희생을 초래하고, 자신들도 살아남기 힘들 것으로 보이는데요. 아직도 그 사람들이 정신 못 차리는 이유는 뭐라고 생각하십니까? (웃음)

조　결국 반공주의자들의 절대 다수가 친미주의자들이죠. 물론 친미가 나쁜 것은 아닙니다. 그러나 그것이 이성적으로 판단되어야만 하는 것인데, 그 이성적 판단의 과정이 없어요. 미국이 북한을 핵무기 때문에 선제공격하겠다고 얘기합니다. 그런데 그것은 민족적 입장에서 볼 때 절대 옳지 않잖아요. 왜냐하면 6.25 단 3년 동안 남북한 전부 군인 포함해서 민간인까지 300만 명이 넘게 죽었습니다. 월남 전쟁이 8년인데, 170만 정도 죽었습니다. 6.25가 얼마나 무서운 전쟁인지 입증하지 않습니까? 그런데 6.25에 비해서 남북한 병력이 10배로 늘어났고, 화력은 100배로 증가되었습니다. 미국이 만약 선제공격을 하면 북한이 가만히 있겠습니까? 그러면 또 남한이 가만히 있겠어요? 보유 화력을 다 사용할 겁니다. 그러면 7000만 우리 민족이 얼마나 죽겠습니까? 그것이 부시 발언의 위험성이에요. 왜 그런 걸 생각하지 않느냐는 말입니다. 미국이 세니까 무조건 우리가 승리할 거라고만 생각합니까? 이런 바보 멍텅구리 같은 생각이 어디 있어요? 천치도 그런 생각 안합니다. 친미주의자들의 미국 맹신주의는 민족의 참화 같은 것을 보지도 못하는 몰지각에서 비롯한 것이라고요.

지　이철우 의원 사건과 관련해서 "스스로 정당이길 포기하고, 스스로 역사의 무덤 속으로 들어가고 있다"고 한나라당을 거세게 비난하셨는데요. 박근혜 대표한테는 '유신공주'라는 직설적인 표현도 쓰셨는데, 존경받는 작가로서 정치에 대해 그렇게 발언하는 것이 부담스러우실 텐데요.

조 　정치에 직접 가담하면 작가이기를 포기하는 것입니다. 그러나 정치를 바라보고 비판하는 것은 작가의 의무입니다. 그리고 국민이 직접 참여해서 국회의원을 뽑는 민주국가에서 모든 국민들은 정치에 대해서 마음 놓고 비판할 수 있어야 합니다. 그것이 보장되어야만 민주국가죠. 지금 국가보안법 폐지를 놓고 한나라당이 무조건 반대하기 때문에 작가인 나로서는 그런 비판을 하는 거죠. 여당이 대안을 내놓지 않았으면 무조건 반대할 수도 있어요. 그러나 국가보안법 없애고 형법을 강화하면 국가 안위에 아무런 지장도 없다고, 대안을 내놓았습니다. 그러면 야당은 어떻게 해야 합니까? 거기에 대해서 대안을 내놓아야 하지 않습니까? 그래야 건전한 야당이죠. 그 부분이 없기 때문에 작가가 이렇게 심하다고 느껴지는 비판을 안 할 수가 없는 겁니다. 작가가 그런 비판을 하는 것 자체가 우리 사회의 비극이에요. 정치인들이 정치를 잘하면 작가가 그런 말할 필요가 없잖아요. 그리고 국민이 뽑은 현직 국회의원을 아무런 근거도 없이 간첩으로 암약해왔다고 몰아가는 게 말이나 됩니까? 지금이 어느 시대입니까? 유신독재 시대입니까? 아니잖아요. 그렇게 국민을 모독하는 정당은 이미 정당일 수가 없는 거죠.

지 　'유신공주'라는 표현도 하셨는데….

조 　그건 제가 한 말이 아니라 사회에서 떠도는 별명을 붙여줬어요. 그 별명을 다시 얘기한 겁니다. 제가 한 게 아니에요. 세상사람들이 얼마나 예민하게 사물에 대해 판단하는지 극적으로 보여준 게 그 별명입니다.

{ "건강한 타협을 이끌어내는 것이 바로 정치"

지 박근혜 씨가 한나라당 대표가 될 수 있었던 것도 박정희 신드롬이나 "박정희 전 대통령은 우리를 잘살게 해준 분"이라고 생각하는 국민들 때문일 텐데요.

조 지금 박정희 대통령은 흔한 말로 '동전의 양면'이라고 할 수 있을 겁니다. 공인은 역사에서 비판받을 수도 있습니다. 평가받을 수 있는 공인의 삶은 그 누구나 음과 양이 있을 수가 있어요. 그런데 박정희 대통령처럼 극명하게 음양이 대조되는 사람이 없겠죠. 친일한 것 잘못됐고, 유신독재 잘못됐죠. 그런데 이 양반이 경제 발전의 초석을 놓았지 않습니까? 국민 모두가 전후의 가난 속에서 허덕이면서 잘살기를 갈망할 때 그 국민 전체의 뜻을 한데 모아서 경제 발전의 기치를 들어 올린 것은 결코 무시할 수 없습니다. 무시해서는 안 되죠. 저는 인정할 것은 인정하고, 비판할 것은 비판해야한다는 입장인데, 불행하게도 박정희 추종 세력들은 모든 경제 발전의 공이 박정희에게 있다고 미화시키는데, 그렇지 않다고 말하는게 제 소설 『한강』입니다. 저는 거기서 박정희 공 인정했습니다. 그렇지만 그것만이 아니라 국민 모두가 함께 노력해서 된 것이라는 이야기를 해놨습니다. 몰지각한 국민들이 아버지의 후광을 박근혜 대표에게 입혀준 것 자체는 나쁘다고 생각하지 않습니다. 그러나 그 후광을 입고 한 당의 대표가 됐다면 대표답게 역사를 넓게 바라보고, 건설적 대안을 마련할 수 있어야죠. 건강한 타협을 이끌어내는 것이 바로 정치입니다. 타협이 나쁜 것만은 아니에요.

지　정치개혁이나 변화를 바라는 많은 국민들이 한나라당과 열린우리당 지도부가 4대 개혁입법을 둘러싸고 타협하려는 듯한 태도를 보이는 데 대해 실망하고 있지 않습니까?

조　타협은 이미 끝났잖아요. 아무 결실 없이 끝났으니까 그 얘기는 할 필요 없죠.

지　그런 태도 때문에 앞으로도 열린우리당 지도부에 대해 큰 기대를 걸 수 없는 거 아니냐는 우려가 있는데요.

조　타협이라는 얘기를 했는데… 국가보안법은 마땅히 없어져야 할 악법입니다. 지난 우리 역사 속에서 국가보안법의 피해를 당한 사람이 한둘입니까? 그것이 국가안보가 아니라 정권안보가 되어서 많은 죄 없는 국민들이 고문당하거나 죽지 않았습니까? 그러니까 없애는 건 너무 당연한데 상대 보수 정당이 그걸 반대한다면 단계적으로 대체입법을 하든지, 뭘 해서 한 단계 더 걸러 갈 수 있는 방법이 있긴 있어요. 그걸 나쁘다고 생각하면 안 되죠. 사회라는 것이 일순간에 뒤바뀔 수 없는 부분이 있으니까… 역사는 단계적으로 발전하는 것이니까요. 너무 서둘러서 모든 것들을 다 자기가 주장하는 대로 되길 바라는 것 자체도 어떻게 보면 독재적 발상일 수 있어요. 서로가 마음들을 넓게 가지고, 발전에 기여할 수 있도록 지혜를 모아야 합니다. 그것이 우리나라가 살 수 있는 길이에요. 너무 성급하게들 생각하면 안 됩니다. 그리고 중요한 것은 참여정부가 들어서서 4대 개혁입법이라는 것을 발의해서 이렇게 격렬한 토론을 몇 개월씩 하고 이러는 것은 좋은 태도입니다. 그리고 4대 개혁입법은 이 정부가 굉장히 잘 선택한 것이고, 이렇게 선택해서 완벽하게 이룰 수 없더라도 절반만 이루어져도 그것은 커다란 역사 발전이고 민주주의 발전이라고 생각합니다.

지　　"민생이 어려운데, 무슨 국보법 폐지 논쟁이냐? 도대체 생활인에게 국보법이 방해되는 게 뭐가 있냐? 몇 사람한테만 적용되는 일에 너무 매달리는 거 아니냐"고 말하는 사람들도 많지 않습니까?

조　　지금 참여정부의 불행은 그겁니다. 하나의 정권이 역사적 과제로 선택한 4대입법은 아주 잘한 겁니다. 그런데 불행하게도 경제 불황이라는 것이 닥쳐서 그 문제에 대한 필요에 의문을 갖게 하는 것입니다. 경제 불황이 돈이 있는 사람에게는 상관없지만, 서민들에게는 생존권에 위협이 되는 부분이 있잖아요. 그런 사람들에게 4대 개혁입법이라고 하는 것은 추상일 수가 있어요. 그러나 한 가지 명확한 것은 오늘의 경제 불황은 참여정부가 만든 게 아닙니다. 김대중 정권에서 카드 남발로 빚어진 가계부채가 500조가 되어버린 그 여파가 후유증으로 밀어닥친 것인데, 지금 대통령이 새해 최우선 정책으로 경제 문제를 내세우고 있지 않습니까? 그러니까 앞으로 3년 남았으니까 시간 충분하고, 우리 국민이 굉장히 강한 정신력을 가지고 있으니까 이 경제 불황은 해결될 겁니다. 어떤 것이 옳다고 이분법적으로 선택하면 안 됩니다. 경제 문제를 해결하면서 4대 개혁입법을 동시에 가는, 개혁과 안정을 동시에 추구한다는 그것을 국민들은 기다리고, 임기를 보장한 대통령이 하는 일을 인내심 있게 참고 합심해야 할 필요가 있는 거죠, 새해에는.

지　KBS 라디오와의 인터뷰에서 "노무현 참여정부가 너무 많은 역사적인 책무를 끌어안고 지금 가고 있는 것인데, 이것은 전 정권들이 전혀 하지 않았기 때문에 한꺼번에 하려고 하는 짐을 진 것"이라고 우호적인 평가를 내리셨는데요. 보수적인 분들은 참여정부가 나라를 분열시키고, 혼란에 빠뜨렸고, 잘한 게 없다고 비판하고 있지 않습니까? 참여정부의 역사적 의미를 어떻게 평가하십니까?

조　내 생각에는 민주화라는 국가적·사회적 업적으로 대통령이 된 사람이 둘인데, 김영삼 대통령과 김대중 대통령이에요. 김영삼 대통령은 '역사 바로 세우기'를 슬로건으로 내세웠어요. 그런데 역사를 바로 세우려면 그때 친일파 문제를 해결했어야죠. 하지만 거론도 안하고 지나갔습니다. 아무 공적이 없어요. 또 국가보안법으로 인해 빨갱이로 몰려 사형선고까지 받았던 김대중 대통령도 민주화에 공헌한 업적 때문에 대통령이 됐습니다. 대통령이 될 때 공약으로 국가보안법 없애겠다고 했습니다. 그런데 발의도 안하고 정권이 끝나버렸어요. 이건 직무유기라는 거죠. 그러다보니까 1980년대 가투를 했던 노무현이라는 사람이 대통령이 됐어요. 이 사람은 대통령 되고 나서 그러한 역사적 문제에 대해서 전임 대통령들과 다르게 해결하려고 덤벼들었어요. 그래서 4대 개혁입법이라는 것을 추진해오면서 보수 세력으로부터 엄청난 저항을 받고 있는 것인데, 전 정권에서 직무유기한 부분까지를 떠안고 해결하려고 하니까 저항이 그만큼 거세고, 그 짐이 그만큼 무거운 거예요.

그러한 측면에서 내가 그런 발언을 한 것이고, 역대 대통령 중에서 이만큼 민주화에 대해서 현실적으로 국민에게 보여준 사람이 없어요. 검찰 중립이 큰 문제였지 않습니까? 그거 대통령 권한에서 손 놨잖아요. 국가정보원이라는 거 손 놨잖아요. 당을 권력의 손에서 놨잖아요. 이렇게 실질적으로 민주국가의 대통령이 해야 할 자세를 보여준 사람이 처음이에요. 그래서 저는 현 정권과 대통령에 대해서 객관적으로 평가하고 있는 것입니다. 지금까지 4대 입법을 놓고 국회에서 계속해서 추악한 싸움처럼 느껴져 버릴 정도로 격렬한 대립이 된 것을 두고, '사회혼란'이니 '국론분열'이니 떠드는 사람들이야말로 그 의미를 호도하고 왜곡시키면서 자기 기득권을 지키기 위해서 거짓말하고 있는 것입니다. 그들이야말로 분열을 획책하고 과대하게 불안을 조장하는 당사자들입니다. 국민들이 거기에 속으면 안 됩니다. 지금은 올바른 역사, 참된 민주주의를 향해 가고 있는 필연적인 통과의례를 치르고 있는 겁니다. 이런 고통 없이는 올바른 우리 민족의 미래가 열리지 않습니다. 어떤 정권이 오든 간에 반드시 이 고통의 과정을 겪어야 합니다. 아직 기득권 세력이 엄존하고 있으니까.

지　김영삼 정권이나 김대중 정권이 개혁에 실패했던 부분도 자신들의 의지가 약했다고 볼 수도 있지만, 저항을 너무 의식했다고 볼 수도 있지 않습니까?

조　아니죠. 그 사람들은 정치를 무사안일하게 하고 싶었던 것이에요. 어려움이 있더라도 국민이 정권을 줬으면 국가와 민족의 미래를 위해서 한 가닥씩이라도 해결할 것은 했어야 합니다.

"화해와 협력의 정신은 내가 먼저 손을 내미는 것"

지　국가보안법을 폐지하자는 주장을 친북적이라고 얘기하거나, 그것이 북한에 대한 무장해제라고 생각하거나, 시기상조라고 주장하는 사람들에게 해주고 싶은 말씀은 없으십니까?

조　그게 바로 반공주의자들이 내세우고 있는 논리 아닌 논리입니다. 그들(북한)을 탓할 게 아니고, 국가보안법 없애고 형법을 강화하면 그들도 달라지는 것 아닙니까? 왜 그들이 먼저 해야만 우리가 한다고 말합니까? 그건 화해와 협력의 정신이 아니잖아요. 그렇죠? 그리고 우리의 적은 자꾸 북한이라고 말하는데, 6.15 공동선언을 통해서 그들은 적이 아니고, 서로 대화해야 할 상대라는 걸 만천하에 공언을 했어요. 형법을 강화하는 조치는 북한만을 대상으로 삼을 것이 아니고, 그 어떤 나라의 어떤 자들이든지 우리의 국가 안위를 위협하는 자들 모두를 적으로 간주하여 그 대상으로 삼아야 할 것입니다. 왜 적의 개념을 자꾸 북한으로만 제한하느냐는 말이죠.

지　예전에 고종석 선생이 『한국일보』에서 「환멸을 견디는 법」이라는 사설을 통해 "노무현 대통령과 유시민 의원의 행보에 대한 환멸을 한나라당 허태열 의원과 전여옥 대변인에 기대서야 겨우 다독일 수 있다"고 표현했는데요. 그만큼 상대적인 차이일 뿐 개혁이나 진보에서 결정적인 차이를 가지고 있지 못하다는 비판들도 있는데요. 진보 진영에서는 파병이나 노동 문제 등을 들어서 비판을 많이 하고 있지 않습니까?

조　우리가 하나의 사물에 대해서, 하나의 정권에 대해서 총체적으로 바라보고 평가를 해야지, 사안 하나 하나만 갖다놓고 전체를 말하는 것처럼 하면 그 자체가 왜곡이죠. 이라크 파병의 경우 미국과의 관계 속에서 정책결정권자가 굉장히 힘들었을 거예요. 하지만 월남 파병과 이라크 파병은 다릅니다. 월남 파병 시에는 바로 전투병이 가서 자주독립을 이루고 싶어 하는, 해방을 쟁취하고 싶어 하는 다른 나라 국민들을 쏴 죽였어요. 그건 범죄입니다. 그런데 이번에 이라크에 파견한 부대는 전투부대가 아니에요. 재건건설부대 아닙니까? 여기에서 차이점을 봐야 하고, 한 국가를 이끌어가는 대통령과 정권이 국제관계 속에서 피할 수 없는 어느 부분이 있다면 그것도 이해해야 하는 것입니다. 단순히 파병한 사실 자체만 가지고 무조건 비난만 일삼는 것은 문제를 해결하는 방식이 못됩니다. 파병, 물론 옳지 않아요. 다 압니다. 하지만 피치 못하는 정치적 판단 부분을 이해해야 지식인의 판단이지, 그걸 단순논리로 이야기를 해서 실망했다든가 이런 식으로 매도하면 그건 논리가 아니에요.

지　이라크 무장 세력들이 자이툰 부대에 대해서 테러 위협을 가하고 있고요. 만약 테러가 발생한다면 상황이 매우 급변할 것 같은데요.

조　테러 위협을 저쪽에서 했죠. 이라크 문제는 미국의 진보적인 학자로서 세계의 신뢰를 받고 있는 촘스키가 다 이야기해 놓았습니다. 잘못된 침공이었고, 빨리 미국은 이라크에서 물러나야 한다고 말했습니다. 저도 거기에 전적으로 동의합니다. 지금 이라크에서 상상 이상의 저항을 줄기차게 하는데, 미국은 단순하게 후세인만 몰아내면 된다고 생각했습니다. 그런데 그것이 안 되는 것이 바로 종교, 이슬람교로 뭉쳐 있는 아랍권의 존재 이유 때문입니다. 그것을 미국이 간과한 것이고, 그들(아랍인들)은 후세인 정권의 붕괴 차원을 넘어서 이슬람 정신이 송두리째 유린당하고 자신들의 자존심이 짓밟히고 있다고 생각하기 때문에 저항하는 겁니다. 그들이 자존심을 회복하기 위해 자이툰 부대에도 테러를 가하겠다고 공언할 수 있습니다. 그러나 그들에게도 이성이 있습니다. 총을 들고 싸우지 않는, 건설하기 위해서 가 있는 부대에 무작정 테러를 가하지는 않을 겁니다. 저는 그들의 이성을 믿고, 우리 군인들이 가서 성실하게 이라크 건설에 노력한다면 그들도 그 진정성을 충분히 이해하고 납득하리라고 생각합니다. 만약 그들이 (선의로 파견된) 건설부대를 테러하게 되면 국제사회의 거센 비난에 직면할 텐데, 그들이 그렇게 어리석다고는 생각지 않습니다. 그들에게도 전략이 있고, 국제사회를 향해서 자기네들의 존재를 정당하게 부각시키고 인정받아야 할 필요가 있는데, 함부로 막 하겠습니까?

지　요번에 노무현 대통령이 외국 순방을 하고 돌아오는 길에 아르빌을 전격 방문했는데, 거기에 대해서도 논란이 있지 않았습니까?

조　저는 굉장히 잘했다고 생각합니다. 왜냐하면 대통령에게는 국가와 국민의 안정과 생명을 지키고 수호해야 하는 막중한 책임이 있습니다. 이라크 파병이 비록 잘못된 결정이었더라도 이미 우리 젊은이들이 가 있습니다. 매일 불안에 떨면서 혹독한 더위 속에서 고생하고 있습니다. 대통령이 그곳을 방문하는 것은 용기 있는 결단이고, 국민 전체를 향해서 국민의 생명에 대해서 최소한 책임을

지는 태도를 보여준 것이에요. 그 병사들이 뭐라고 했습니까. "대통령을 만난 것이 로또 복권 일등 당첨된 것보다 더 좋다"고 했는데, 그 얼마나 감동적인 표현입니까? 잘한 거죠. 대통령은 그렇게 정치해야 합니다. 그걸 헐뜯고 싶은 쪽에서는 '정치 쇼'라고 비하할 수 있겠죠. 어차피 인생은 쇼예요. 쇼인데, 그것이 건강하고 바람직한 쇼냐, 아니면 거짓되고 나쁜 쇼냐 하는 차이가 있을 뿐입니다.

지　탄핵 직후『서울신문』에 "역사를 뒤엎은 다수의 폭거"라는 제목의 글을 쓰셨는데요. 대통령 탄핵이 결정되었을 때 어떤 생각이 드셨습니까?

조　있을 수 없는 일이죠. 두 가지 이유 때문에 그렇습니다. 국민 전체의 뜻을 모아서 공명한 선거를 했습니다. 그래서 뽑은 대통령이에요. 임기가 보장되어 있습니다. 그런데 그 대통령은 탄핵을 받을 만큼 잘못한 게 아무것도 없어요. 두 번째, 탄핵 문제가 나왔을 때 국민 여론조사에서 70퍼센트가 탄핵을 반대했습니다. 국회는 뭡니까? 국민의 뜻을 받들라고 국민이 뽑아준 사람들입니다. 그들이 국민의 뜻을 저버렸어요. 그래서 결국은 탄핵이 무효화되지 않았습니까? 그래서 우리는 국회의원들이 저지른 횡포에 대해서 분노하는 겁니다. 국가 발전을 6개월 이상 정체시켜 버렸어요. 이 죄 적지 않죠. 그렇죠?

{ "친일파 청산을 해내야 미래도 있다"

지 『아리랑』『태백산맥』『한강』을 드라마로 만들 계획은 없습니까?

조 지금 『한강』은 어느 방송국에서 준비하고 있고, 『아리랑』은 2005년 광복 60주년을 맞아 다른 방송국에서 검토하고 있는 상황입니다. (이 책을 발간한 시점인 2006년 11월까지도 『아리랑』과 『한강』은 드라마화되지 않았다. 공중파 방송에서 조정래의 작품을 드라마화하는 것이 아직도 쉽지 않은 일인가보다.)

지 언제쯤 방영됩니까?

조 지금 준비하고 있으니 몇 개월 걸리겠죠. 워낙 긴 이야기니까.

지 『태백산맥』이 영화로 만들어지는 과정에서 굉장히 협박을 많이 받으셨다고 하던데요. 아무래도 드라마라면 훨씬 더 파괴력이 큰 매체를 통해 보여주기 때문에 (더 심한 협박에 시달릴 것 같은데요).

조 『태백산맥』이 아니고, 『한강』과 『아리랑』이니까 크게 상관없겠죠. 『태백산맥』이라면 또 문제가 되겠지만…, 그게 아니니까 그런 걱정은 안 해도 되겠죠.

지 삼일절에 성조기를 흔들면서 대규모 시위를 벌이고, 국가보안법 폐지 반대 집회를 여는 일부 보수적인 기독교계의 움직임에 대해서는 어떻게 생각하십니까?

조 그거 괜찮아요. 자유민주국가는 다양성의 사회이기 때문에 이릴 수도 있고 저럴 수도 있어요. 괜찮아요. 다만 그것이 우리 사회 성원으로서, 민족공동체를 엮어나가는 성원으로서 얼마만큼 국익에 도움이 되고, 민족의 삶에 도움이 되는가 하는 판단만 있으면 되는 것이고, 발언은 얼마든지 자유롭게 할 수 있어야 해요.

지　지금 우리 역사가 굴절되고 왜곡된 여러 가지 이유 중 하나가 청산되지 못한 친일파 문제도 있을 텐데요. "『한강』을 쓰면서 나는 백낙준, 김활란 등 실명을 거론했다. 명예훼손으로 고발당할 각오로 쓴 것"이라고 하셨는데, 과거사 청산을 어떻게 해야 한다고 보십니까?

조　친일파 청산은 반드시 해야죠. 너무 늦었지만 해야 하고요. 우리 사회의 양심과 도덕과 사회질서가 제대로 서지 않고 붕괴상태에 가버렸던 것은 친일파를 청산하지 못했기 때문에 그렇습니다. 역사적으로 엄연히 잘못한 자들이 벌을 받아야 하는데, 오히려 그들이 새로운 나라의 기득권 세력이 되어서 이 나라를 이끌어왔으니 시쳇말로 한탕주의, 앞으로 나서는 놈만 병신, 양심을 가진 놈만 바보, 그런 식의 반사회적이고 비인간적인 가치관이 횡행했잖아요. 요즘 젊은이들을 상대로 여론조사를 하면 출생(부모)이나 출신(학벌) 배경과 같은 연줄이 한 사람의 인생을 좌우한다고 70퍼센트가 대답하는 걸 보고, 참혹함을 느낍니다. 개인의 능력이 중시되어야 하는 게 민주사회인데, 젊은이들이 그렇게 생각한다면 우리 사회가 그만큼 병들어 있고, 편법으로만 운영되어 왔다는 것을 증명하는 것 아닙니까? 바로 그것이 친일파 문제에서 비롯된 것입니다. 사회의 기본이 되고, 민족의 미래가 올바르게 가려면 친일파는 반드시 청산해야죠. 그런데 지금 하자는 게 반민특위 때처럼 처벌을 하자는 것이 아니고, 그들의 죄과를 제대로 기록하자고 하는 것뿐인데도 이렇게 극렬하게 반대하는 것은 정말 잘못된, 역사를 거꾸로 돌리는 일종의 민족반역행위입니다. 그 사람들, 자숙해야 해요.

지 개혁은 비정상적으로 기득권을 갖고 있는 사람들에게 자기 몫을 찾아주는 일이기도 할 텐데요. 그러다보면 극렬한 저항이 따르지 않습니까? 그래서 때로는 그 중에서 대화가 가능한 보수들과 타협을 해야 하는 경우도 있지 않습니까? 거기에 대해 원칙주의자들은 반대를 하기도 하구요. 그런 부분들을 어떻게 풀어가야 한다고 보십니까?

조 지금 친일파 청산 문제를 놓고 보면 자식들까지도 단죄가 되는 것이냐고 목소리를 높입니다. 그런 적 한 번도 없어요. 그 실례로 박근혜 대표가 지금 한 당의 대표를 하고 있지 않습니까? 신기남 의원이 열린우리당 의장을 그만두게 된 이유는 자기 아버지가 친일을 했는데, 그것을 알면서 아니라고 거짓말을 했단 말이죠. 그 거짓말에 대한 책임을 진 것뿐이에요. 이미경 의원은 아버지가 그렇게 했다고 시인했어요. 그대로 문광위원 잘하고 있어요. 우리는 반공법·국가보안법 때문에, 아버지가 좌익이라는 것 때문에 그 아들까지 연좌제로 평생을 망쳐버린 역사를 가지고 있습니다. 그런 연좌제의 횡포와 비인간성을 경험했기 때문에 친일파 문제 가지고 자식들까지 욕보이자는 거 절대 아니지 않습니까? 그 대목을 칼럼으로도 썼습니다, "그래서는 안 된다"고. 그런데 그 자식들은 자기들이 '망신을 산다'는 이유 때문에 극렬하게 반대하는데, 그것은 정말 역사의 반역입니다. 자기 아버지가 그랬다는 걸 솔직하게 시인함으로써 오히려 사회적으로 용서받을 수 있어요. 그게 용기예요. 그저 '역사적 사실'을 시인하면 되는 것이지, 사죄하라고 하는 것도 아니고, 직장에서 내쫓기거나 어떤 현실적인 불이익을 받는 것도 아니잖아요. 그런데 과대하게 확대해석을 해서 사회가 만들지도 않은 이야기를 풀어내 가지고, 국민들을 오도해 나가느냐는 말이죠. 그건 안 되죠.

지　　홍석현 『중앙일보』 회장을 주미대사로 임명한 것에 대해서는 어떻게 생각하십니까?

조　　참여정부 조직이 너무 운동권 세력 중심으로 짜여서 잘못되었다는 비판을 받고 있습니다. 2년 동안 해오면서 잘한 것도 있고 시행착오도 있었습니다. 그리고 건전하고 건강한 보수가 이 땅에 분명히 존재합니다. 나라를 위해서 무엇을 해야 할까를 신중하게 생각하는 사람들이 있습니다. 참여정부가 앞으로 남은 임기 동안 그 사람들을 넓게 포용해서 더 큰 정치를 해나가기를 바라고, 그런 측면에서 홍석현 회장을 주미대사로 임명한 것은 잘했다고 봅니다. 그 사람 외국유학도 했고, 실력도 제대로 갖춘 사람이고, 능력 있습니다. 그러한 건강한 보수들을 끌어안고 함께 나라를 이끌어가는 게 대통령의 임무예요. 대통령 당선되었을 때는 진보 세력이 당선시켜 줬을지는 몰라도 대통령이 된 다음에는 내 편 네 편이 없어야 하는 대한민국의 대통령이에요. 반대했던 사람들까지 다 국민입니다. 포용해야죠.

지   예전 『말』지 인터뷰에선가 "상표보다 내실을 더 중시해야 한다"고 하신 것과 통하는 말씀 같은데요. 박태준 회장을 높이 평가한 것에 대해 어떤 분이 「『말』지와 『태백산맥』을 쓰레기통에 버린 이유」라는 글로 반감을 표하기도 했습니다. 그런 행동에 대해서는 어떤 생각이 드십니까?

조   사물을 포괄적 · 총체적으로 판단해야 하는데, 단선적 · 편파적으로 판단하는 이분법적 논리가 횡행해온 것이 지난 100년간의 교육입니다. 그것도 우리 사회가 군부독재를 겪다 보니까 사람들이 강파르게 일면만 보는 부분이 있는데, 그래서는 우리 사회 전체를 보기 어렵죠. 박태준 포스코 명예회장 같은 분들은 우리 현대사에서 보기 드물게 양심적 · 도덕적이고, 나라의 장래를 진심으로 고민하는 편입니다. 그런 분들을 제대로 평가해야만 우리 사회가 건강해지겠죠. 내 작품을 쓰레기통에 넣었다는 글 봤어요. 그러나 그 사람들이 그렇게 극단적으로 해서는, 극단적으로 국민을 핍박하면서 독재를 해왔던 그런 세력과 뭐가 달라요? 그래서는 안 되죠. 균형을 잡아야 합니다.

지   작가들에게 작품은 자식과 같은 의미가 있을 텐데요. 선생님께서는 훨씬 더 절실하실 것 같습니다. '글 감옥'이라고 표현할 정도로 고통스러운 과정을 통해 낳은 작품인 만큼 그 책이 그런 대접을 받았을 때 고통스러우셨을 것 같은데요.

조   제가 고발당하기 전에 1986~7년경부터 온갖 공갈협박을 받았어요. 심야에 "죽여버린다" "집을 폭파시켜 버린다"는 따위의 공갈협박을 받아오다가 1994년도에 고발까지 당했는데요. 그러한 고통은 분단시대의 작가로서 어쩔 수 없이 겪어야 하는 아픔이라고 생각합니다. 그런 고통 없이 어떻게 반공주의 일변도로 치달아온 사회 속에서 통일에 기여하는 작품을 쓸 수가 있겠어요?

지　작품을 구상하고 집필하러 들어가실 때 "감옥에 들어가는 것처럼 고통스럽다"고 표현하셨는데요. 선생님에게 문학은 어떤 의미인가요?

조　인간다운 세상을 만드는 데 문학이 기여해야 한다고 믿고 있는 사람이고, 참된 문학은 사회를 변화시키고, 역사를 개혁할 수 있다고 믿고 있습니다. 특히 우리나라처럼 이렇게 분단된 모순의 역사에 처해 있는 상황에서는 작가가 그 정도의 의지력과 작가의식을 가져야만 독자에게 감동을 주는 작품을 쓰지 않을까, 그렇게 생각해왔기 때문에 제게 문학은 인간의 존엄을 가장 높고 크게 세울 수 있는 것이라고 생각하죠.

지　'글 감옥'이라는 말과 연결될 것 같은데요. 숱한 고통 가운데서도 그 엄청난 작업들을 치열하게 수행할 수 있었던 동력은 뭐라고 생각하십니까? 어떤 분이 평가하시기를 "3세기에 걸쳐 해낼 수 있는 일을 조정래 혼자서 해냈다"고 하기도 했는데, 박경리 선생이 『토지』를 25년에 걸쳐 쓰셨고, 황석영 선생이 『장길산』을 16년간 쓰신 것에 비해 굉장히 빠른 속도로 작품을 발표해오셨는데요.

조　제가 마흔에 『태백산맥』으로 시작해서 『아리랑』을 거쳐 『한강』 끝내고 나니까 예순이었어요. 딱 20년 걸렸습니다. 내 장년의 세월이 세 권의 대하소설로 끝난 것인데, 저한테 생존의 가장 의미 있는 것, 그리고 이런 척박한 역사의 땅에서 태어나 가장 의미 있는 일, 그리고 지식인으로서 이 시대를 살아가면서 반드시 해야 되는 일, 그런 것들이 총체적으로 뭉쳐져서 그 세월을 겪고, 32권을 써내게 한 것인데요. 그래서 글 쓰는 동안 술 한 잔도 안 먹고, 사회와 완전 단절하는 상태로, 강연이라든가 작품 심사 활동 같은 것도 일체 외면하고, 글에만 매달리게 된 것입니다. 제가 만약 우리나라 같은 이런 역사의 땅에 태어나지 않고, 다른 나라에 태어났다면 그런 소설 쓰지 않았겠죠. 쓸 거리도 없었을 것이고.

{ "자신감을 회복하고, 뭔가 새롭게 시작하는 정신이 필요하다"

지 『태백산맥』『아리랑』『한강』을 조정래의 한국근현대사 3부작이라고 얘기하는데요. 그 작품들을 통해 한국 역사에 대해 가장 말씀하시고 싶었던 대목은 어떤 건가요?

조 3부작이라고 하지만 제목이 저마다 다르고, 시대가 다르고, 주인공들이 다르니까 저마다 독립된 작품이죠. 이 세 작품에는 공통점이 세 가지 있어요. 첫째는 친일파 문제를 다루고 있다는 것입니다. 친일파 문제는 『태백산맥』의 첫머리부터 나오기 시작해서 『아리랑』은 물론이고 『한강』의 마지막까지 나와요. 친일파가 왜 나쁜가 하는 것을 줄기차게 규명했습니다. 둘째는 민중의 이야기라는 겁니다. 역사의 거대한 수레바퀴를 돌리고 있는 동력은 바로 민중이라는 이야기를 (이를 흔히 민중사관民衆史觀이라고 하는 모양인데

요) 구체적인 사실을 통해서 실체로 보여주고자 했던 겁니다. 셋째
는 우리의 민족적 존엄을 다루고 있다는 것입니다. 그것을 살려내
려고 했어요. 그래서『아리랑』『태백산맥』이 일본 · 프랑스에서 번
역 · 출간되었는데, 그 서평들이 뭐냐 하면 "이것은 단순히 6.25 전
쟁이거나 어떤 식민지 핍박만을 말하는 것이 아니다. 이것은 한국
을 이해하는 총체적인 백과사전이다. 풍습을 비롯한 한민족 고유의
문화 등을 담고 있고, 거대강국들이 약소국들을 향해 저지른 인류
적 범죄가 무엇인가를 읽게 된다"는 것이었어요. 저는 일련의 제
작품들을 통해서 강대국들의 횡포를 계속 이야기했어요. 결국 우리
민족의 이야기이면서 세계적 보편성을 확보하고 있는 게 바로 그
대목이죠.

지　『한강』 작가 후기에서, 우리 현대사를 한마디로 압축하여 "분
단의 강화 속에서 경제 발전을 이룩해 낸 시대"라고 표현하셨는데
요. 지금은 그걸 극복해내고, 바꿔나가야 할 텐데요.

조　그러니까 분단이 강화되어온 것은 6.15 선언 직전까지예요.
6.15 선언을 통해서 우리는 화해와 협력을 하겠다고 말했어요. 그
리고 평화통일을 하겠다고 세계를 향해서 공언을 했어요. 그러므로
그 분단강화를 풀어내야 하겠죠. 긴장을 완화시키면서 상호신뢰를
쌓아나가는 일을 계속해야겠죠. 그리고 분단을 강화했다는 말에 대
해 대중들이 확실하게 증거를 못 잡고 있는데,『한강』에서 그들이
그것을 어떻게 강화했는가를 여실하게 보여주고 있다는 말이죠. 그
걸 보면서 비로소 총풍 · 세풍 사건이 무엇인지를 독자들이 알게 되
어 있어요. 적대적 상호의존관계, 서로가 서로를 욕함으로서 남쪽

은 국민을 속이고, 북쪽은 인민을 속이고, 자기들 독재를 합리화시키고 강화했다는 것입니다. 바로 그것이 분단강화라는 것이죠.

지　북한의 강경파와 미국의 네오콘 역시 그런 적대적 공생관계가 아닌가 하는 생각이 드는데요. 그런 상황에서 우린 어떤 태도를 취해야 한다고 보십니까?

조　그 대목도 참 중요한 부분입니다. 지난번에 우리 대통령이 LA에 가서, 부시를 에워싸고 있는 대북강경파들이 놀랄 정도로 단호한 발언을 했다는 말이죠—"북한의 입장도 일리가 있다. 우리는 평화적으로 핵 문제를 풀려고 하는데, 우리 입장에 대해서 미국은 고려해야 할 것이다." 그랬더니 또 보수 반공 세력들이 얼마나 대통령을 비난했습니까? "(감히) 미국에게 어떻게 그렇게 할 수 있느냐"고. 그런데 미국 대통령 부시가 뜻밖에도 "한국의 입장을 충분히 이해한다. 받아들이겠다"고 하면서 6자회담을 하겠다고 하지 않습니까? 이런 거예요. 당당하게 할 말은 하자는 거죠. 지금 우리는 전후의 폐허 속에서 미국의 원조를 무조건 받아먹던 나라가 아닙니다. 전 세계 200여 나라 중에서 11번째의 경제력을 가지고 있는 나라입니다. 상황이 바뀌었어요. 할 말 해야죠. 그리고 제일 중요한 것은 이 땅에서 다시는 전쟁이 일어나서는 안돼요. 평화예요. 북한은 지금 강력한 경제 제재를 받고 있는 등 고립되어 있습니다. 가장 가까운 친구로 여겨온 중국도 개혁하면서 그들을 버렸고, 러시아는 소련 망하면서 손도 못 대고 있죠. 이래서 고립되어 있다는 말이죠. 이걸 풀려면 결국은 핵을 포기할 거예요. 다만 이걸 포기하면서 상대적으로 얻어야 할 게 있잖아요. 시간이 좀 걸릴 뿐이니까 그 부분

에 대해서도 인내력을 가지고 협상을 해야 할 것이고, 우리가 주도
권을 잡고 평화적인 해결을 하는 것에 대해 미국도 이해하고 따라
와야 하는 그런 거죠.

지 대한민국의 현주소를 압축적으로 보여준 사건이 밀양 고교생
집단강간사건인 것 같은데요. 가해자 부모들이 오히려 피해자 측을
협박하고, 한 경찰이 "밀양 망신을 다 시켰다"면서 피해자를 몰아
붙여 국민들의 분노를 샀었는데요. 그게 승자가 독식해온 역사, 물
신주의, 여성 비하 같은 것이 압축적으로 들어 있는 사건인데, 그걸
극복하려면 어떻게 해야 한다고 보십니까?

조 이번에 핸드폰 입시부정사건과 함께 집단 성폭행이 10대가 저
지른 사회적 범죄로 큰 충격을 주었는데, 불행한 사태지만 이런 걸
거울삼아서 부모들이 자식들과 좀더 내면적이고 정신적인 대화를
해야 합니다. 성적 일변도로 계속 몰아붙이니까 성적 1, 2점이 인생
을 좌우한다는 식으로 교육이 잘못되다보니까 세계가 경악하는 최
첨단 과학기재를 이용한 부정사건이 터지고, 또 성적제일주의로 나
가다보니까 애들을 사람 취급을 안 하게 되고, 아이들은 그에 따른
열패감 때문에 끔찍한 성폭행 저질러버린 거 아닙니까? 사람 교육
부터 제대로 시켜야 하는 거죠. 기성세대가 전적으로 책임을 져야
하는 사건들입니다. 더 노력해야 되요.

지 혹시 새 작품을 쓰고 계시다면, 어떤 내용인가요?
조 사회주의 몰락에 대해서. '왜 사회주의는 몰락했는가?' 60억
인구 가운데 거의 절반인 30억 인구의 삶을 책임졌던 게 사회주의

아닙니까? 20세기 거대한 실험이 자본주의와 사회주의인데, 왜 사회주의가 몰락했는가에 대해서 역사학·사회학적인 규명이 안 되고 있어요, 15년이 지났는데도. 그걸 소설로 풀어가고 있는 거예요.

지　사회주의가 몰락한 이유가 뭐라고 생각하십니까? (웃음)
조　그건 말하면 안 되지. (웃음) 그걸 어떻게 한마디로 말해. 소설 한 권을 다 읽어야 해결이 나지. 그렇다고 내가 다 규명할 수 있는 것도 아닐 것이고.

지　분량은 어느 정도인가요?
조　장편 소설 한 권 정도인데, 내년쯤에나 책이 나오겠지.

지　끝으로 해주실 말씀은 없으십니까?
조　지금 외국 경제 전문가들이 한국을 진단할 때 "한국 경제의 기초체력은 튼튼하다"고 말합니다. 예를 들면 "가전산업, 자동차산업, 조선산업, 거기다 IT 산업까지 하면 굉장히 튼튼하다. 그런데 한국 사람들이 10년 전에 가지고 있던 자신감이 많이 상실되어 있다. 자신감 회복이 시급하다"고 진단하고 있단 말이죠. 저는 2년 전에 있었던 월드컵의 의미를 굉장히 크게 생각하고 있습니다. 우리가 4강에 들었다는 의미가 아니에요. 4강 그까짓 거 아무것도 아니죠. 1등 못했으면 4강 그것 별거 아니라고요. 그때 모였던 사람들이 600만 명이에요. 그들이 모두 자발적으로 모여서 응원을 했어요. 그런데 단 한 건의 불상사가 없었습니다. 브라질 삼바축제 20~30만 명이 모여서 하는데도 압사사건 등이 100~200건 나온다고요. 우리에겐 그런 불상사가 하나도 없었어요. 이것은 질서의식입니다. 문화국민의 질서의식을 보여준 거예요. 그들이 그 더운데 돌아가면서 어떻게 했어요? 자기들이 버린 쓰레기 다 청소하고 갔어요. 이건 자기 스스로에 대한 책임을 지는 문화의식의 최첨단을 보여준 겁니다. 전 세계가 놀랐어요. 많이 모인 것도 놀랍지만, 그들이 보여준 질서의식, 국민이 보여준 응집력, 자발성, 그리고 높은 민주사회 질서의식. 고도의 문화적 자존심… 이런 것들을 한꺼번에 다 보여준 거예요. 거기에 모인 사람들 90퍼센트가 20대의 피 끓는 젊은이들이었어요. 그들이 그렇게 한 것은 우리나라 국민이 가지고 있는 건강성을 입증하는 거예요. 그런 순발력 참 대단한 힘이에요. 그런 것들이 뭉쳐지면 2만 달러 시대로 가는 제2의 경제 도약이 이루어질 수 있으니까 자신감을 회복하고, 뭔가 새롭게 시작하는 정신을 갖자고 하는 게 우리 모두가 가지고 있는 기대죠.

지　참여정부에 대한 평가나 조언 같은 것을 말씀하신다면요?

조　참여정부가 조급성을 버려야 해요. 그리고 이 정권이 구상했던 것을 모두 다 이루려고 하는 과욕을 버려야 해요. 지금 전반기에서 시행착오를 겪을 만큼 겪었고, 검증받을 만큼 받았어요. 2005년부터는 그걸 토대로 해서 보다 더 실질적으로 나라살림을 책임 맡아서 할 수 있는 시기가 됐으니까 좀더 느긋한 마음으로 여유 있게 나라 전체의 살림살이를 이끌어나가도록 자세 조정을 할 필요가 있습니다. 잘 해나가리라고 믿어요.

마광수

'근엄한' 사회의 위선을 조롱한 자유정신 선동가

I miss you, I miss sex

I am dying to kiss your vulva

I wanna be loved by you

I am a crazy horse

You are a totally insane angel

We are all alone

I see your fingernails

Tinted with different colors

Kiss me, Hold me, Take me

Let's go to Rose Inn

I wanna be a sexy brute

Let me hear your body talking

I wanna be your human pet

- 마광수, 「Let's Make Love」, 『마광쉬즘』(인물과 사상사, 2006)

(영어를 숭배하는 한국사람들을 생각하며···)

● 1951년 서울에서 태어나 연세대 국문학과를 졸업했다. 연세대 국문학과 교수로 재직하던 그는 시대를 앞선 문제의식 표출로 세상의 주목을 끌었다. 1992년 소설 『즐거운 사라』 필화사건으로 해직된 후 6년간 숱한 시련을 겪은 끝에 사면복권되어 현재 연세대 국문학과 교수로 다시 재직하고 있다. 시집 『가자 장미여관으로』 『사랑의 슬픔』 등, 문학이론서 『상징시학』 등, 소설 『권태』 『광마일기』 『불안』 등, 문화비평서 『사라를 위한 변명』 등, 에세이집 『나는 야한 여자가 좋다』 『운명』 『마광쉬즘』 등의 작품이 있다.

마광수

● 2005년 1월 7일 오후 3시, 마광수 교수를 동부이촌동 자택에서 약 1시간 30분 동안 만났다. 근황과 그 동안 마 교수를 둘러싼 논란에 대한 입장을 들어보았다. 이른바 '『즐거운 사라』 사건' 으로 40대를 고통 속에서 보내고, 그 이후 한동안 극심한 우울증 등으로 시달린 마 교수는 최근 판화전과 산문집 출간을 준비하면서, 학부 강의를 통해 즐거움을 얻으려는 등 회복하는 모습을 보여주어 감사한 마음이 들었다.

정혜신 박사는 당시 마광수 교수의 구속에 대해 "20세기 대한민국의 문화적 후진성과 야만성을 대표하는 역사적 사건으로 기록될 것"이라고 평했는데, 그 사건에 대한 우리 사회의 태도는 우리나라의 문화적 똘레랑스(관용)의 척도를 보는 듯해서 씁쓸하기만 했다.

마 교수는 "아직 우리 사회에서는 좌파 이데올로기, 성 이데올로기 그 두 가지에 대해서만은 못 참아주는 그런 보수 세력이 너무 많다"고 말했는데, 개인보다 국가를 더 우위에 둔다고 점에서, 개인의 생각을 공권력을 통한 처벌의 대상으로 통제하려 했다는 점에서 마광수 사건과 송두율 사건, 조정래에 대한 일부 시민단체의 고발은 일맥상통한다고 볼 수 있다.

마 교수는 자신이 주장하는 '야한 정신' 은 "정신보다는 육체에, 과거보다는 미래에, 국수주의보다는 세계적인 보편성에, 집단보다는 개인에, 관념보다는 감성에, 명분보다는 실리에, 교조주의보다는 다원주의에 가치를 두는 세계관"이라고 말한 바 있다.

{ "가장 큰 문제는 우리 사회의 이중성"

지승호(이하 **지**)　요즘 건강은 어떠신가요?

마광수(이하 **마**)　당뇨가 생겨가지고 굉장히 피곤해요. 그래서 술도 못 먹고, 담배도 자꾸만 줄여야 되는데, 잘 안되네요. 하루 두 갑 반 정도 피우거든요, 의사는 끊으라고 하는데. 늙어가지고 머리도 빨리 빠지고 허해지고 그러네요.

지　1월 25일 이목일 선생님과 거제예술회관에서 판화전을 여시는 것으로 알고 있습니다. "『즐거운 사라』 사건으로 구속되고, 대학에서 쫓겨났던 1992년에도 그림만 그리면서 살았다"고 하셨는데요.

마　그때도 개인전을 한 번 했죠. '사라' 사건이 1992년 말에 터지고, 학교 강의 못하게 되니까 1993년 일 년 동안 그림만 그렸어요. 그래서 1994년에 다도화랑에서 개인전을 열었죠. 그전에도 '4인의 에로틱 아트전'이라고 1991년에 이목일 씨 등이랑 했었지요. 이번 전시회는 이목일 씨가 다 작업을 해줘서 가능한 거거든요. 판화 작업은 복잡합니다. 또 서울은 대관료도 비싸고, 그런데 거기는 시청에서 돈을 줘서 할 수 있게 됐죠.

지　"이번에도 미술로 재기를 시작합니다. 힘들 때마다 이상하게 미술에서 힘을 얻었습니다"라고 하셨는데, 문학으로 인한 상처 때문에 그런 건가요?

마　많이 그랬죠. 예를 들면 재작년에 끝낸 『문화일보』 연재소설 「별것도 아닌 인생이」의 삽화를 제가 매일 직접 그렸죠. 그것도 중간에 하도 야하다고 경고를 하고 그래서 출판을 미루고 있어요.

지　그래도 지금은 상황이 많이 변하지 않았을까요?

마　아니에요. 장정일 사건 최종심이 2000년에 있었는데, 그것도 유죄 판결이 났고, 저하고 같이 전시회 하는 이목일 씨가 재작년에 누드 퍼포먼스를 했다고 해서 (집행유예가 나오긴 했지만) 유죄 판결이 났습니다. 시나브로 그래요. 제가 『문화일보』에 연재할 때 간행물윤리위원회 같은 데서 경고 조치를 하고, 심지어 검찰에서 신문사에 연락을 하고, 이래가지고 중간에 내용이 뒤죽박죽이 되고 그랬죠. 신문사에서 겁을 내고 그랬습니다. 써둔 장편소설이 3개나 되는데, 그게 다 연재할 때 경고를 받거나 중단되고 이런 것들이라 출판을 못하고 있어요. 그래서 최근에 낸 게 다 이론서들이죠. 『문

학과 성』『카타르시스란 무엇인가?』『시학』 그리고 딱딱한 책으로
『인간』 그런 것들만 냈죠.

지　섹스에 대해 도덕을 앞세워 사회적으로 마녀사냥을 하는 것을
'모럴 테러리즘'이라고 지적하셨는데요. '성적 매카시즘'이라고도
하셨고요. 지금 한국 사회의 성 담론에 대해서는 어떻게 생각하십
니까? 교수님이 고초를 겪으실 때에 비해 어떤 변화가 있다고 보십
니까?

마　대중들은 변했어요. 우선 인터넷 때문이죠.『즐거운 사라』같
은 것도 누가 그랬는지 인터넷에 다 올려놓았더라고요. 볼 사람은
다 보는 거죠. (웃음)『별것도 아닌 인생이』도 인터넷에 다 들어가
있고요. 그거 말고도 '야설'이라고 해서 집어넣어놓은 글들 뽑아보
니까 무지 야해요. 그런 건 또 넘어가고, 표출되는 것만 본보기로
삼는 거죠. 이목일 씨 걸린 것만 해도 그래요. 요새 누드 사진 같은
건 일상화되었는데, 퍼포먼스라고 해서 입건하고… 이런 걸 보면
아직도 원칙이 없는 거죠. 지금은 청소년보호법이라는 게 생겨가지
고 더 적발하기가 쉽게 됐어요.

지　사실 따지고 보면『즐거운 사라』나 그런 것보다 훨씬 더 외설
스럽고 위험한 책들도 많고, 인터넷에 보면 온갖 음란한 영상들이
범람하고 있는데요.

마　그럼요. 이제는 SM클럽(Saddism & Masochism Club, 변태성욕자를 위
한 클럽−편집자)조차 생기고…. (웃음)

지　선생님 책에 도덕주의자들이 그렇게 민감한 반응을 보였던 이유는 뭐라고 생각하십니까?

마　글쎄… 그게 이중성 때문에 그런 것 같아요. 지금 유럽 같은 경우는 '사라 사건' 같은 건 상상도 못하거든요. 그리고 미국도 굉장히 보수적인 나라인데도 동성애 같은 걸 합법화하는 주가 늘어나고 있어요. 미국도 포르노에 대해서 관대하고, 수정 헌법 1조가 "표현의 자유를 절대보장"하고 있으니까 회교 국가 다음으로 우리나라가 제일 심한 거죠. 『즐거운 사라』처럼 구속까지 간 것은 역사상 처음이거든요. 『차탈레 부인의 사랑』이나 『북회귀선』이 문제가 되긴 했지만 다 불구속이었고, 결국 무죄가 됐죠. 특히 제가 느낀 건 문단의 이중적 엄숙주의랄까, 봉건유교윤리, 수구윤리 하고 미국의 퓨리타니즘(Puritanism, 청교도주의─편집자) 이런 게 결합되어 가지고 우선 문화인들 즉 교수라든가 지식인들 자체가 성 담론에 대해서 자유롭지가 못해요. 그래서 저 같은 경우는 학교에서도 재임용 탈락시키라고 후배 교수들이 주장한 적이 있어서 제가 충격을 받았죠. 그래서 울화병으로 2년 휴직하고, 다시 나갔다가 또 사표 냈는데요. 학교에서 반려해서 나가고는 있는데, 분위기가 안 좋죠. 그냥 제가 가만히 교수로만 있었으면 지금은 아주 왕고참이고 중견인데요. (웃음) 그동안에 이론서는 꽤 냈거든요. 『성애론』을 비롯하여 『자유에의 용기』『운명』 등 점잖은(?) 책을 많이 냈는데도 인정해주지 않는 것 같아요. 차가운 감자라고나 할까요.

지　그런 태도들 때문에 인간적인 배신감을 많이 느끼셨을 것 같은데요. 조정래 선생도 『태백산맥』으로 고발당했을 때 "『태백산맥』은 분단문학의 결정판”이라고 칭송했던 사람들까지 등을 돌리는 걸 보고 충격을 받았다고 하셨는데요.

마 그렇죠. 제 경우는 동료교수들이 다 제 후배들이고 제가 교수시켜준 사람들도 있고, 그런데 그렇게까지 나오는 것을 보고 너무 충격을 받았죠. 그러니까 제가 성 심리 문학을 한 것이 우리나라에서 최초인데, 이미 1984년에 이론서로『심리주의 비평의 이해』라는 걸 냈습니다. 그게 프로이트 식으로 문학 분석을 하는 거거든요. 최근에 펴낸『문학과 성』도 섹스 중심의 정신분석비평이죠. 그런데 그런 걸 하는 사람이 학계에 아무도 없어요. 그리고 지금도 그런 이론서로는 앞에서 말한 두 권의 제 책밖에 없어요. 문단이든 학계든 간에 심리주의 비평, 특히 성욕 중심의 심리주의 비평에 대해서는 완전히 외면하고 있는 거죠. 이건 외국하고 굉장히 차이가 있는 겁니다. 우리는 리얼리즘, 민족주의… 이런 것을 해야 이른바 문단권력을 잡을 수 있죠.

지 서강대 정치학과 강정인 교수가 “일찍이 마광수 교수를 옹호했어야 합니다. 그는 엄숙한 보수주의자들이 아닌 게으른 좌파에 의한 희생양입니다. 표현의 자유를 위해 싸운 한 자유주의자를 돕지 않고 이제 와서 송두율 교수를 돕겠다는 것은 뒤늦은 이기주의일 뿐입니다”라고 했는데, 사이비 자유주의자로 매도했던 일부 좌파들에 대한 섭섭함은 없으십니까?

마 최근에『마광수 살리기』라는 책이 나왔어요. 거기에 강준만 교수니, 김성수 등 여러 사람들 평이 들어가 있는데, 거기서도 많이 지적한 게 그겁니다. 강준만 교수가「마광수가 진보주의자와 같은

배에 탔다」는 소제목을 붙였는데, 진보주의자들이 욕했단 말이에
요. 지금도 마찬가지예요. 그게 이상한 거지. 서양의 진보주의는 반
드시 히피즘이라든가 프리섹스라든가 성해방운동 이런 거 하고 같
이 오거든요. 그런데 우리는 진보주의자들이 엄숙한 선비상, 이런
것만 내세우고 좌파 활동을 했기 때문에 거부감이 많은 것 같습니
다. 특히 좌파 페미니스트들, 그런 분들도 일종의 성 알레르기가 너
무 심하기 때문에 그 문제에 대해서는 언급을 안 하려고 그럽니다.
굉장히 비겁하다고 할까요? 이중적이라고 할까요? 그런 경향이 아
주 심하죠.

지 지금 페미니스트들도 얘기하셨는데요. 우리 사회가 성적인 부
분에 대해서 굉장히 민감하지 않습니까?

마 서구에서는 페미니스트들이 달라지고 있어요. 예를 들면 옛날
만 해도 "포르노는 강간이다" 하는 식으로 내세우고 그랬죠. 우리
나라 페미니스트들도 그랬고요. 제가 『나는 야한 여자가 좋다』를
냈을 때부터 페미니스트들의 공격이 굉장히 심했거든요. 그런데 서
구에서는 여성용 포르노 같은 것도 나오고, 미국에서는 예전에 『플
레이걸』이라는 잡지도 나오고, 그러면서 '단순히 성을 반대하는 것
이 여성의 자유는 아니다. 여성이 남자를 강간할 수도 있고, 여성의
요구에 의해서 섹스를 할 수도 있다'는 쪽으로 생각의 변화가 많이
일어나고 있습니다. 그런데 우리나라에서는 아직도 성을 전부 남성
주도의 성으로만 봐가지고 '여자의 성은 즐기는 것이 아니라 오직
착취당할 뿐'이라고 생각해서 여성들이 갖고 있는 성의 행복권 같
은 것에 대해서는 굉장히 무심하죠.

{ "자유가 너희를 진리케 하리라"

지　학교 문제는 어떻게 됐습니까?

마　사표를 냈는데, 반려를 해서 학교에 나가고는 있어요. 그런데 대학원 강의도 안 주고 해서 학부 강의만 하고 있어요. 제자도 못 키우고 그러죠. (웃음) 지금 제 제자가 국문과 교수가 되어 있는데, 지금 완전히 소외당하고 있죠.

지　지금 갖고 계신 원고를 발표하지 못하고 계시다고 말씀하셨는데요.

마　하도 그때 후유증이 커가지고, 또 『문화일보』 연재할 때 보니까 똑같더라고요. 달라진 줄 알았는데, 계속 경고 들어오고, 중간에 고치자고 해서 플롯을 고치다 보니까 작품도 엉망이 되어버리고, 장정일 씨 사건이라든가 이런 걸 보면, 특히 저한테는 더 그래요. 『즐거운 사라』 같은 경우 잡지에 연재할 땐 경고도 없었거든요. 그런데 이제 『나는 야한 여자가 좋다』 『권태』 『가자 장미여관으로』 『광마일기』 같은 작품이 베스트셀러가 되면서 경고 조치를 다 받았거든요. 그러다가 『즐거운 사라』가 단행본으로 나와서 반응이 폭발적이었습니다. 한 달 정도 팔리다가 판금 조치를 당했는데도 8만 부가 나갔어요. 본때 보이기라는 게 맞고, 권위주의의 결과죠. 『문화일보』 보도에 따르면 그때 현승종 총리가 지시한 것이고, 이건개 서울지검장이 지휘를 해서 김진태 검사한테 시켜서 한 것이라고 하더라고요. 나중에 나온 기사인데, 그런 걸 보더라도 어느 날 갑자기 상명하복 식으로 이루어진 수사죠. 전격구속 이런 게 그 이후로는 없었어요, 장정일도 불구속기소였거든요. 그때 구속적부심 청구도 했는데 기각되고, 보석을 청구했는데도 기각되고, 이게 국가적 사건이기 때문에 기각할 수밖에 없다고 하더라고요. 유림儒林에서는 "마광수는 체제전복적 인물"이라고 발표하고, 이문열 씨 같은 사람은 "잘 잡아갔다. 구역질이 난다"고 하기도 하고.

지　문단에서의 자신의 처지를 '차가운 감자'에 비유하셨는데요. 한국 문단이 좀 폐쇄적인 경향이 있지 않습니까? 이문열 씨는 "그가 어떤 공인된 절차를 거쳐 우리 소설 문단에 데뷔했는지 기억나지 않기 때문에 마광수를 소설가로 부를 수 없다"는 얘기한 적이 있는데요.

마　시詩는 제가 공식 절차를 거쳐 데뷔했지만, 소설은 신춘문예 당선 같은 거 없이 『문학사상』에 「권태」라는 장편소설을 연재했거든요. 그때 제 인기가 한창 때니까 『문학사상』에서 상업적 욕심에서 연재시킨 거죠. (웃음) 말하자면 문예지 당선이나 추천도 없이 소설을 썼다는 건데, 말이 안 되는 거죠. 요새는 인터넷 소설 같은 게 데뷔 절차를 거치고 하나요? 아무나 쓰는 거죠. 귀여니도 그렇고, 일반 소설도 그래요. 하일지 씨 같은 경우도 신춘문예 거치지 않고 『경마장 가는 길』 써서 데뷔했잖아요.

지　『해리포터』를 쓴 작가도 그런 셈인데요. (웃음) 구속되었을 때 제자들이 『마광수는 옳다』라는 책을 냈는데요.

마　아주 힘이 됐죠. 700여 쪽이나 되는 책인데, 아주 고마운 일이죠.

지   책을 통해 "마광수 교수를 인도와도 바꾸지 않겠다"는 표현까지 하면서 옹호했는데요. 필화로 인해 구속된 사람은 많지만, 그렇게 책까지 펴내가면서 옹호하는 경우는 없었는데요. 그렇게 제자들에게 사랑받은 이유는 무엇이라고 생각하십니까?

마   지금도 그렇고 학생들은 다 좋아해요. 선생들이 문제지. (웃음) 제가 교수가 된 게 1979년인데 홍익대에서 시작해서 5년 있다가 1984년에 연세대로 갔는데요. 홍대에서부터 굉장히 인기가 좋았어요, 강의실이 미어터지고. 요새는 수강제한제도가 있으니까 그렇지만, 제한제도 없을 때는 한 강좌에 1500명씩 들어오고 그랬거든요. 그래서 강당에서 수업을 하기도 했습니다. 다른 분들이 굉장히 엄숙주의적이고 아카데믹한 강의만 하니까 그랬던 것 같아요. 제가 만날 학생들한테 얘기하는 게 "자유가 너희를 진리케 하리라"는 거거든요. 연세대 교훈校訓은 "진리가 너희를 자유케 하리라"는 거거든요. 그게 성경에 있는 말인데, 진리라는 게 잘못하면 도그마가 되고, 마녀재판이 되고 그러잖아요. 그게 하나의 이데올로기로 굳어지면 엄청난 폭력을 발휘할 수도 있습니다. 그래서 자유가 선행되어야 한다고 해서 자유에 관한 글을 많이 썼죠. 『자유에의 용기』라는 에세이집도 냈고, 그런 자유정신을 유포한 게 인상이 깊었다고 지금까지 제자들이 많이 얘기해요. 그때는 지금보다 훨씬 더 억압되어 있던 시절이니까(그리고 보면 마 교수는 '자유정신 불법 유포 죄'로 감방에 간 거다—편집자).

지   강의를 통해 제자들을 만나면서 힘을 많이 얻으시는 것 같은데요. "마 교수라는 직함 자체가 하나의 별명이 될 정도로 선풍적

인기를 끌고 있는 마광수 교수의 문학 강의"라는 표현도 있던데요.

마　『마광수 살리기』에 제 제자가 교수가 되어서 글을 썼는데, "도
저한 자유주의자"라는 표현을 썼어요. 자유, 특히 표현의 자유 같
은 걸 살리기 위해서 학생들 리포트라든가 시험을 볼 때도 아주 자
유롭게 자기의 성적性的 망상 같은 걸 써내라고 그랬거든요. 묘하게
아주 옛날부터 그런 게 많은 환영을 받았어요. 그땐 인터넷도 없고
그럴 땐데도 써낸 리포트라든가 답안지를 보면 저도 깜짝 놀랄 정
도로 이른바 야한 내용들이 많았고, 거기서 제가 많이 배웠습니다.
『즐거운 사라』 같은 경우도 주인공이 여대생인데, 심리묘사 같은
건 제가 학생들한테 많이 주워들은 거예요. 학생들이 겉으로는 굉
장히 점잖지만 속으로는 굉장히 자유를 꿈꾼다는 것을 알 수 있었
죠. 지금도 그렇고요.

지　준비하시는 작품 내용은 어떤 겁니까?

마　『광마잡담』이라는 산문집하고, 소설 세 개 중에서 제일 안 야
한 거가 하나 있어요. (웃음) 우선 산문집부터 내려고 해요. 또 시집
을 낸 지가 5년이나 돼서 시집을 하나 내려고 그러죠.

지　선생님에 대한 여러 가지 공격들이 한국 사회의 왕따현상하고
맞물리는 것 같거든요. 약해보이는 사람에 대한 공격이나 성 문제
에 대한 터부 같은 것들이 겹쳐져서….

마　제가 깜짝 놀랐던 게 1989에 낸 『나는 야한 여자가 좋다』가 지
금 보면 아무것도 아닌 에세이집인데, 국문과 노교수들이 교수회의
소집해서 저를 가운데 앉혀놓고 인민재판을 했다고요. 교수의 품위

를 떨어뜨렸다고 해서 그 다음 한 학기 강의를 못했죠. 일종의 린치죠. 학칙에도 없는 제재였습니다. 그때 학생들이 들고 일어나서 6개월 만에 다시 강의를 할 수 있었지만, 그때도 쇼크를 먹었어요. 그건 야한 소설도 아니고 그저 에세이집인데, 오직 성에 관한 얘기를 했다는 이유만으로. 그때도 여성학계에서 반발이 심했죠. 이화여대 신문어다가 "혼전 섹스는 오럴 섹스가 좋다"는 글을 썼는데, 좋은 뜻으로 쓴 거거든요. "임신을 방지해준다"는 토를 붙였는데도 불구하고, 그거 갖고 물고 늘어지고 하는 일들이 많이 벌어졌었죠. 많이 외롭죠. 지금도 인터넷 말고는 젊은 작가들도 성에 치중하는 작품을 쓰지 않아요, 장정일 씨 빼고는. 그런데 장정일 씨도 지금은 겁먹어서 뭇쓰고 있잖아요, (엉뚱하게) 『삼국지』나 쓰고 있고. (웃음)

지　그게 문화적 손실인 것 같은데요. "우리가 정치적 민주화에 비해 문화적 민주화가 뒤졌다"는 지적을 하셨는데요.

마　문화독재라고 만날 얘기했죠.

지　정치적인 민주화는 상당히 진전되어가고 있는데요.

마　그럼요. 지금은 대통령 욕해도 되고 그건 좋은데, 이상하게 문화에 대해서만은 표현의 자유가 범국민적으로 합의가 안 돼요, 자유에 대한 것도. (점잖으신 분들이) 만날 외치는 것이 "자유는 좋지만, 방종은 안 된다. 향락도 안 되고 쾌락도 안 된다"는 건데, 저는 그에 대하여 만날 "향락이라는 건 즐거운 걸 누린다는 뜻이고, 쾌락이라는 건 행복을 의미하는 것"이라고 얘기합니다. 우리나라에서는 쾌락주의라든가 유미주의, 탐미주의, 무정부주의를 주장하는 사람들이 거의 없어요. 제가 무정부주의를 좋아하는데, 그건 개인에게 미치는 권력을 최소화하자 이런 거거든요. 서구는 무정부주의라든가 탐미주의라든가 이런 역사를 다 거쳐 왔어요. 문화 발전을 위해서 그리고 표현의 자유 같은 것이 확립될 때까지. 그런데 우리나라는 문화인 내지 학자들이 굉장히 엄숙주의야. 아직도 자유의 제한을 주장하는 사람이 굉장히 많습니다, 심지어 표현의 자유조차도. 표현의 자유가 완전히 주어지면 언론이 더욱 상업화된다든가, 표현의 자유를 빙자한 상업성, 그러니까 만날 제가 욕먹는 성의 상품화 같은 것이 기승을 부리게 된다는 거거든요. 그런데 그게 자본주의 논리에는 맞지 않거든요. 제가 『인간』이라는 책에서 심지어 한 꼭지의 제목으로 「몸의 상품화는 인간해방을 돕는다」라고까지 썼는데, 학자가 지식을 상품화하는 것은 좋고, 몸을 상품화하는 것은 안 된다고 하면서도 배용준이 얼굴을 상품화해서 한류 일으킨 건 또 칭찬하잖아요. 그게 앞뒤가 안 맞는 얘기지. 지금 학자들이 옛날 좌파가 무너지니까 (이제 와서) '욕망이론'이니 '몸이론'이니 하는 걸 떠드는데, 그건 제가 1980년대부터 떠들어왔던 거거든요. 저는 그걸 '육체주의'라고 했죠. 육체주의가 정신주의보다 더 중요하다, 그런데 그때는 아무런 반응이 없다가 뒤늦게 프랑스에서 그러니까 그대로 수입해다가 베껴먹는 거죠. 그러면서도 성 문학이라든가 이런 것에 대해서는 방관적이고, 거의 양비론입니다. 그때 '사라' 사건 때도 이문열, 손봉호, 안경환 같은 이들은 독하게 욕을 해 댔고, 그때 저에 관한 글이 100종류쯤 되는데, 그 중에서 7할은 양비론이었어요. 경찰도 나쁘고 마광수도 나쁘다, 지금도 그 정도 수준인 것 같아요.

{ "제발 나이 값 좀 하지 말았으면"

지 그런 것도 학계의 문화적 사대주의 같은 걸 텐데요. 그때 재밌는 표현 중 하나가 "야구장에서 반칙을 한 선수를 경찰이 갑자기 들어와서 잡아간 격"이라는 것이었는데요. 문화계 안에서 해결되어야 할 부분에 공권력이 개입한 셈입니다. 정혜신 박사는 마광수 교수의 구속에 대해 "20세기 대한민국의 문화적 후진성과 야만성을 대표하는 역사적 사건으로 기록될 것"이라고 했는데요. 그 이후 지금 어느 정도 변화는 있다고 보십니까? 1000만 명 이상의 독자를 가진 '국민작가' 조정래 선생의 『태백산맥』이 아직도 국가보안법 위반 혐의로 재판에 계류 중이기도 한데요.

마 그게 똑같은 거예요. 이번에 『마광수 살리기』에도 어떤 법학자가 "마광수 사건과 송두율 사건은 똑같다"는 글을 썼어요. 그러니까 두 가지라는 거죠. 하나는 좌파 이데올로기, 또 하나는 성 이데올로기, 그 두 가지에 대해서만은 못 참아주는 그런 보수 세력이 너무 많다는 겁니다.

지 그런 게 언제쯤이나 변화될 거라고 보십니까?

마 아주 힘들다고 봐요. 요즘 『조선일보』 같은 데서 계속 날뛰는 것도 그렇고, 이모 씨가 『인간의 길』이라고 박정희 찬양하는 장편소설까지 내고, 『조선일보』에 연재해서 박정희 전기도 나오고, 지금 박근혜 씨가 굉장히 인기를 끈다든가… 이런 걸 보면 세상이 묘하다는 생각이 들어요. 권력 잡은 사람들은 정권이 바뀌어도 계속 잡더라고요. 특히 학계 권력이라든가 문단 권력, 예술계 권력을 보면 그래요. 최근에 돌아가신 김춘수 선생 같은 분들도 유신 때 국회의원 해먹고 그랬잖아요. 그런데도 죽으면 되게 추모하고 그렇잖아요, 서정주도 그렇고. 사후에 심판을 받는다는 것도 거짓말이고, 기득권만 유지하면 아무리 정권이 바뀌고 대세가 바뀌어도 그 사람이 그 사람인 것 같아요.

지 조금은 달라지지 않았습니까? 어느 방송국에서 '존경하는 인물' 조사한 걸 보니까 박정희 전 대통령을 그리워하는 사람들이 여전히 많지만, 김대중 전 대통령과의 차이가 거의 없었거든요. 서정주 시인 같은 경우도 부정적인 평가가 늘고 있지 않습니까?

마 그렇죠. 고은 씨가 비판하고 그랬죠. 하여튼 권력지향적인 게 문제예요. 제가 학교에서도 있어보니까 교수들이 굉장히 권력을 지향해요. 예컨대 보직 같은 거, 처장이라든가 학장이라든가, 또 그런 거 하면 연대나 서울대 교수는 장관도 잘돼요. 지금 교육부 장관이다 교수 출신이잖아요. 문단도 마찬가지야, 감투가 굉장히 많아요. 문인협회 회장이라든가 팬클럽 위원장이라든가 시인협회 회장이라든가, 그거 말고도 파벌이 있잖아요. 문학과지성파, 창작과비평파… 그래가지고 계속 거기 들락거리고 같이 술 마시고 안면을 터야 원고 청탁도 오고, 상도 받는 거지. 나처럼 혼자서 가면 학교에서도 그렇고, 문단에서도 그렇고, 아주 동떨어지기 쉽죠. 그러니까 처세가 굉장히 중요시되는 사회예요. 그래서 처신만 잘하면 (정치인이든 학자든) 전두환 때도 해먹고 지금도 해먹을 수 있는 거죠. 이런 사람들이 굉장히 많잖아요.

지　　그런 것들에 대해 "21세기를 맞이한 지금에 있어, 한국 사회에서 살아가고 있는 내가 가장 뼈아프게 절망하고 있는 것은 '문화적 촌티'다. 이것은 문화독재적 사고방식과 수구적 봉건윤리로부터 기인하는데, 이 '문화적 촌티'가 뻔뻔스러울 정도로 당당하고 극명하게 드러나는 현상이 바로 '표현의 자유 억압'과 변화의 거부 그리고 '성의식의 이중성'인 것"이라고 지적하신 적이 있는데요. 이걸 극복하려면 어떤 노력들이 있어야 한다고 생각하십니까?

마　　그러니까 결국 지식인의 책문데, 대중들은 굉장히 자유화되었다고 볼 수 있죠. 인터넷을 통해 자기 의견을 거리낌 없이 개진하고 그러니까요. 그런데 문제는 그들이 변신을 한다는 거예요. 학생들도 보면 대학 때 다르고 대학원 때 다르거든요. 교수되면 또 달라지고, 제가 「나이 값」이라는 글에서 "제발 나이 값 좀 하지 마라"고 쓴 적이 있는데, 나이만 좀 들면 보수로 바뀌고, 권력 지향적이 되어버리죠. 그게 우리나라의 제일 큰 병폐예요. 서양의 경우에는 피카소나 헨리 밀러 같은 경우 칠팔십 대에도 야한 그림 그리고 야한 소설 썼거든요. 우리 작가들을 보면 쉰 살만 지나도 역사소설, 민족소설 같은 대하소설만 쓴단 말이에요. 그래야만 인정을 받고. 젊었을 때는 연애소설을 쓰다가도 그렇게 변하죠. 이게 아주 심하거든요. 그게 일본하고 다른 점입니다.

일본은 제가 『즐거운 사라』 일역판을 냈을 때 베스트셀러가 될 정도로 많이 팔렸는데요. 전혀 문화 풍토가 달라요. 거긴 굉장히 탐미주의를 인정하고, 표현의 자유를 인정하죠. 우리나라에서 버젓이 팔리고 있는 무라카미 류 같은 경우 『즐거운 사라』와는 비교가 안 될 정도로 야하거든요. 그런데도 상도 받고 그러잖아요. 거긴 예술

가라든가 학자들이 굉장히 자유로운데다가 성 문제에 대해서 '점 잖주의'가 덜하죠. 그런데 우리는 나이를 조금만 먹으면 점잖아져 야 한다는 이런 게 있기 때문에 지금 신세대들도 못 믿어요. 젊었을 때는 다 야했단 말이에요. 1970년대 히피 바람 불고, 초미니스커트, 장발, 통기타, 청년문화라고 그랬는데, 그땐 안 야했나요? 다 야했 지. (웃음) 386세대도 그렇고. 그런데 나이 먹고 권력만 좀 쥐면 싹 달라지거든요. 교복 같은 것만 봐도 고등학생 복장 자율화시켰다가 못 봐주겠거든, 그러니까 도로 교복으로 바꿨잖아요.

지　나이 들면 그런 쪽으로 가는 이유가 있겠지만, 교수님처럼 그 렇지 않은 경우는 고통을 많이 당하기도 하는데요. 이른바 '대하소 설'을 쓰다가 잡혀가면 저항하는 작가라고 인정이라도 받지만, 장 정일 씨나 교수님 같은 경우 고초를 겪어도 옹호해줘야 할 진보진 영조차도 엄숙주의에 빠져서 덩달아 비판을 일삼기도 하는데요.

마　그게 강준만 씨 등이 개탄하는 지점이죠. 진보주의조차도 엄 숙주의를 가장하고, 봉건유교윤리와 미국의 퓨리타니즘의 결합이 우리 사회에 전반적으로 깔려 있어요. 그래서 미국박사가 많은지도 모르겠는데요. 세계에서 교회가 제일 많은 나라가 우리나라잖아요. 또 기독교윤리실천협의회니 음란물대책협의회니 이런 민간단체들 이 많잖아요. 순결보호운동이니 순결서약식이니 하는 게 한쪽으로 막 몰려 있으니까 당할 재주가 없죠. 그런데 그 사람들은 굉장한 힘 을 갖고 있거든요. 거기에 감히 반대하는 단체는 없단 말이에요.

지　저도 그런 글을 쓴 적이 있는데요. "당신들이야말로 도덕을 팔아먹는 장사꾼이 아니냐"는….

마　제가 만날 도덕적 테러주의자들이라고 하죠. 그때 서울대 교수하던 손봉호 씨가 간행물윤리위원이었는데, 그때 신문에 심지어 이렇게 썼어요. "마광수 때문에 AIDS가 늘어난다"고. "마광수 신드롬을 척결하자"고 썼는데, 지금 총장까지 하고 있잖아요. 그런 거 보면서 "도덕을 팔아먹고 사는 사람"이라고 쓴 적이 있는데, 도덕만 팔아먹으면 정권의 추이와 관계없이 사회의 어른이 되고, 출세도 하는 이런 게 아주 공식처럼 되어 있죠.

지　대단히 근거 없는 비난이기 때문에 명예훼손으로 고발할 수도 있었을 텐데요. 아무래도 약자인 입장이라….

마　명예훼손 감이지. AIDS하고 제가 무슨 상관이 있어요. (웃음)

{ "아직도 봉건 윤리의 미망에 사로잡힌 사회"

지　문학을 통해 얻고자 하는 것과 미술을 통해 얻고자 하는 것이 어떻게 다른가요.

마　똑같죠. 그 전에도 에로틱아트전이라고 했거든요. 이목일, 이외수 씨 등이랑 했고, 개인전 열 때도 야한 그림 많이 그렸습니다. 야한 건 이번에는 뺐지만. 미술이 좀더 자유로워요. 우선 미술대학에서 누드 데생 같은 것이 필수고, 누드 그림 같은 건 다 봐주잖아요. 그러다가도 누드 퍼포먼스는 잡아갔지만. 들쭉날쭉이지. 그래도 미술 하는 사람들이 훨씬 자유로워요. 퍼포먼스라든가 설치미술

같은 데서 인간의 몸을 많이 이용하죠. 그런데 문학은 이상하게 옛날 조선조식 생각이 깔려 있는 것 같아요. 문자로 된 것은 다 교훈적이어야 한다는 생각이죠. 이율곡이 쓴 『격몽요결』이라든가 이런 식으로, 이광수의 문필행위라든가 이런 것들이 어리석은 백성을 가르친다는 뜻이잖아요. 훈민정음이라는 뜻도 그거잖아요. 그런 엘리트 의식이 굉장히 많죠, 선민의식 같은 것.

지　그럼 문학을 통해 말하고자 하는 것과 미술을 통해 말하고자 하는 것이 같은 건가요?

마　그렇죠. 미술에서는 현란한 색채 같은 걸 많이 쓰고, 삽화에서도 많이 썼죠. 『일간스포츠』 같은 데 4년 동안 칼럼을 연재할 때도 삽화를 제가 직접 다 그렸는데, 그런 일이 많았어요. 성기 같은 걸 그려 넣으면 신문사에서 그것만 오려서 내보내곤 했죠. (웃음)

지　정혜신 박사가 「피해의식, 시대와의 불륜―시대와의 불화」라는 코드로 정형근 의원과 마 교수님을 비교한 글이 있는데요.

마　못 봤는데요. 정형근과 저를 비교하는 글이 『신동아』에 나왔었어요. 「정형근과 마광수의 불안」 그래가지고.

지　아마 그 글이 맞을 것 같은데요. 물론 다른 차원이지만, 정형근도 자신은 시대에 충실했다고 생각하고, 그것 때문에 피해의식을 갖고 있다, 그 피해의식이라는 게 색깔은 다르지만, 피해의식이라는 면에서는 비교할 수 있다는 내용이었는데요.

마　맞아요. 그런 내용이었어요.

지　　"시대와의 불화를 겪으면 피해의식이 내면화된다"고 하는데, 교수님께서도 그런 고통을 많이 겪으신 것으로 알고 있습니다. 몇 년 동안 극심한 우울증에 시달리셨지 않습니까?

마　　지금도 피해의식이 굉장히 많아요. 그래서 책도 마음대로 못 내고, 특히 학교에서 그런 일을 당하고서는 아주 심했어요. 그래서 입원까지 하고 그랬습니다. 지금도 치료를 받고 있고요.

지　　그런 고통이 창작활동에 어떤 제약을 준다고 생각하십니까?

마　　엄청난 제약이죠. 제가 『사라를 위한 변명』이라는 책에서 그렇게 표현했어요. 글을 쓰는데, 자꾸 누가 팔을 건드린다고.

지　　"'사라' 사건 이후 제일 안타까운 것은 글 쓸 의욕이 사그러들었다는 사실이었다. 아니 의욕이 사그러들었다기보다 피해의식과 겁이 많아졌다는 표현이 옳을 것이다. 곁에서 마구마구 격려를 해 준다고 해도 잘 써질까 말까 한 게 글인데, 글을 쓸 때마다 마치 펜을 든 팔을 툭툭 차이는 상태가 수년을 이어졌으니 말이다"라고 말씀하신 그 글 말이죠?

마　　그래서 간행물윤리위원회 같은 단체가 없어져야 해요. 엄연한 검열이거든요. 거기서 일 년에 수백 권의 책을 판금시켜요, 고발하고. 지금 뭐 북한서적, 월북 작가들 것은 해금됐다고 그래서 표현의 자유가 굉장히 좋아진 걸로 아는데, 간행물윤리위원회에서 금서로 정한 게 많죠. 예컨대 사드 같은 작가가 서양에서는 굉장히 유명하잖아요. 사디즘, 제가 그걸 가지고 논문도 많이 쓰고 그랬는데, 그 사람 작품에 『소돔 120일』이라는 게 있어요. 그것도 나오자마자 판금되더라고요, 1990년대 후반에. 또 『변태』라는 책도 나오자마자 판금됐죠. 옛날에 주로 빨갱이 서적을 판금시켰는데, 이제는 잡을 건수가 없으니까 전부 에로티시즘이야. 걔들도 월급 받으니까 건수를 올려야 되잖아요. 그런 게 엄연히 문광부 산하의 정부 기관으로 있으니까, 아직도 변한 게 없는 거죠.

지　검열기관도 문제가 있겠지만, 실제로 항의하고 고발하는 사람들이 문제가 될 텐데요. 『즐거운 사라』 사건 때도 재판부 스스로 "이게 몇 년이 지나면 굉장히 우스운 사건으로 기억될지도 모른다"고 했고, 『태백산맥』 같은 경우도 10년째 재판을 끌고 있는 것이 중간에서 이러지도 저러지도 못하는 재판부의 곤혹스러움을 보여주는 것 같은데요.

마　적은 소수가 굉장히 무섭더라고요. 제가 느낀 건데, 100명 가운데 99명이 좋아한다고 해도 한 명만 싫어한다고 하면 한 명의 목소리가 과장되어서 보도가 돼요, 언제나. 예를 들면 학교에서도 총장한테 투서가 많이 들어갔다고요, "마광수 내쫓으라"고. 그런데 저를 좋아하는 독자들은 투서하지 않는다고요, "마광수 좋아한다"고 투서할 일은 없잖아요. (웃음) 그런데 증오하는 독자들은 투서를 하거든요. 그럼 저는 총장한테 불려가거든요. 학교에서는 큰일이 난 줄 아는 거구요. 그러니까 보수적인 소수가 아주 무서운 거죠. 그 사람들이 마치 여론을 대표하는 것처럼 구니까요.

지　어쩔 수 없이 이쪽에서 그걸 지키기 위한 노력들도 많이 해야 할 것 같은데요.

마　그런데 그런 게 별로 없어요. 그런 연대라든가 표현의 자유에 대한 운동이 전혀 없어요. 제가 잡혀 갔을 때도 그렇고. 물론 그때 200명이 서명을 해서 시위도 해주긴 했지만, 그게 단서를 달고 있었고요.

지　마광수 소설이 나쁘지만…. (웃음)

마　그러니까 해주나 마나죠. 이문열도 거기 서명은 했거든요, 그래놓고 딴소리 하고. 장정일 사건 때도 그렇고, 문단에서는 전혀 반발이 없었죠. 저 같은 경우에는 학생들이라도 책도 내주고 그랬는데, 그런 게 제가 봐도 아주 신기한 거예요. 요새 신세대 작가들 김영하니 은희경이니 한강이니 상도 많이 타고 그러는데, 다 내 제자들이에요, 성석제도 그렇고. 제가 다 가르친 친구들인데, 표현의 자유에 대해서, 특히 성적 표현의 자유에는 관심이 없는 것 같아요.

지　아까 페미니스트들의 성적 보수성을 얘기하셨는데요. 클린턴의 '지퍼게이트' 때 미국의 여성운동진영이 고민 끝에 클린턴을 옹호한 것에 대해서 어떻게 생각하십니까? 만약 한국이라면 상황이 달랐을 것 같은데요.

마　글쎄 말예요. 한국 페미니즘도 좀 달라져야 하는데요. 요샌 모르겠어요. 『나는 야한 여자가 좋다』『가자 장미여관으로』『권태』 같은 게 나왔을 때는 페미니즘 진영에서 긴 비평 같은 게 꽤 나왔어요. 심지어『마광수의 야한 여자론 비판』『그래도 사라는 즐겁지 않았다』 같이 두꺼운 책으로 나오기도 했습니다. 그게 다 페미니스트들의 입장에 서서 썼거든요. 아주 우리나라 남자들을 보면 집에서 마누라를 패더라도 밖에서는 애처가인 척하는 위장된 페미니스트 남성이 굉장히 많은 것 같고요. 페미니스트들도 대개 권력을 쥐고 있는 사람들이거든요. 말하자면 교수들이란 말이에요. 그래서 그런지 아카데미즘이라든가 권력으로 포장하려고 드는 성향이 강한 것 같아요. 성에 대해서 얘기를 꺼내면, 특히 자유로운 성에 대해서 얘기를 꺼내면 손해다, 이런 생각이 넓게 퍼져 있기 때문에 그런 담론이 잘 안 나오죠.

지 그동안의 피해의식 탓인지 성에 대한 주체의식을 여성들 스스로 많이 갖지 못하고 있는 것 같거든요, 수동적이고. 다른 문제에 대해서 깬 것 같은 분들도 성에 대해서는 성을 자기가 주체적으로 결정하고 같이 즐기는 게 아니라 남자한테 주는 이런 개념으로 생각하는 경향이 있는 것 같습니다.

마 그렇죠. 그래서 『즐거운 사라』가 걸린 거거든요. 『즐거운 사라』를 통해 제가 그걸 깨부순 거거든요. 어느 젊은 평론가는 우리나라 현대소설 사상 여자가 성을 주도한 소설은 『즐거운 사라』가 최초라고 평을 해줬어요. 근데 그 말이 맞는 게, 그전까지의 여주인공들을 보면, 『별들의 고향』의 경아라든가 『감자』의 복녀도 (자신의 성을) 적극적으로 (행사)하려다가 나중에는 자살하거나 파멸하거나 이런 걸로 끝나고 말죠, 마치 보봐리 부인이 자살하는 식으로. 그건 서양도 마찬가지였는데, 여성의 능동성에 대해서는 표현이 없었어요. 저도 비판한 게 있는데, 예를 들어서 박완서 선생의 『그대 아직 꿈꾸고 있는가』 같은 게 페미니즘 소설의 대표적인 작품인데, 거기에 나오는 성 묘사를 보면 여자는 성감이 전혀 없는 걸로 나와요. 남자가 하자니까 할 수 없이 응하고, 남자가 좋아하니까 자기도 억지로 비명소리 질러주고, '해줬다' 이런 식으로 나오거든요. 그래서 제가 "이런 여자가 세상에 어디 있느냐"고 길게 비평을 했었죠. 여자들도 특히 여학생들 리포트 받아보면 굉장히 성감이 발달해 있거든요. 에로틱 판타지도 많이 즐기고.

지 오히려 거기에 비하면 남자들이 더 하등동물인 것 같은데요. 상상력도 부족하고, 성감대도 집중되어 있고. (웃음)

마 그렇죠. 맞는 말씀예요. 판타지 내용을 보면 여학생들이 훨씬 다채로워요. 남자들은 동물적이고 단순하지.

지 윤동주 시인에 대한 연구로 박사학위를 받으셨죠? 윤동주 시인을 저항시인이 아니라 휴머니스트이자 자신에게 솔직한 시인이었다고 평가하셨는데요.

마 그게 윤동주뿐 아니라 우리나라 해방 전 작가들에 대한 가장 잘못된 이해죠. 그래서 제가 「이상화론」을 쓸 때도 「나의 침실로」 같은 것도 조국광복에 대한 염원이 아니라 침실로 가서 섹스하자는 것이다"라고 했어요. 내용을 보면 그렇거든요. 침실이 뭐예요? 방인데. 근데도 그걸 해방공간이니 뭐니 하고 해석한다고요. 이상도 마찬가지예요. 이상의 『오감도』도 "정자들의 질주"라고 해석했는데요. 그것도 전부 식민지 시대의 불안을 표현했다, 이런 식으로 간단 말예요. 윤동주가 저항한 게 없거든요. 이한열 같은 거예요. 재수 없어서 죽은 거야, 불심검문에 걸려서. 그런데 그 사람 시에 저항이란 걸 한 구석도 찾아볼 수가 없지, 있다면 전부 자신에 대한 저항이죠. 「십자가」라든가 「간」이라든가 「또 다른 고향」이라든가 읽어보면 전부 내부의 자아분열, 이런 걸 그리고 있거든요. 그래서 그걸 제가 심리적으로 해석을 했죠.

지　어떻게 보면 그렇게 믿고 싶었던 것일 거고, 교수님의 그런 비평에 대해서 '신성모독'처럼 느꼈을 수도 있을 것 같은데요.

마　지금도 학생들 보면 고등학교에서 배워온 게 너무 터무니없어요. 제가 『카타르시스란 무엇인가?』라는 책도 냈는데, 거기서 저는 "카타르시스란 오로지 욕망의 대리배설"이라고 주장했거든요. 그런데 고등학교에서는 그걸 "도덕적 정화"라고 가르친다는 거죠. 그래서 무슨 소린지 이해를 못하겠다는 거지. '왜 도덕적 정화인가, 작품들 내용은 안 그런데' 하고. 그런 식으로 짜맞추기식 비평을 하다 보니, 심지어 김수영도 저항 시인이 되고 참여 시인이 되고, 이런 식으로 되는 겁니다. 아직도 그런 저항 콤플렉스가 많은 것 같아요. 그러면서 친일한 작가들에 대해서는 명확한 규명이 이루어지지 않고 있어요. 예컨대 노천명이라든가 서정주, 김동리 다 친일했거든요. 그런데도 그런 데 대해서는 얼버무리고 넘어가고.

"한번 해먹은 사람들이 대를 이어 해먹고 있다"

지　요즘 친일파 진상 규명….

마　사전까지 만들고 있죠. 저도 거기 돈도 냈어요.

지   그런 운동에 대해서는 어떻게 생각하십니까?

마   아주 좋은 거죠. 여태까지 대물림했거든. 친일파가 해방 후 친미파가 되고 박정희 찬양자가 되고, 전두환 찬양자가 되고, 이런 식으로 대물림하면서 출세들 했다고요. 독립운동한 사람들 자손들은 다 굶어죽고, 이런 게 우리 역사의 제일 큰 오류죠. 이승만이 잘못한 거지. 해방 후에 정리했어야 했는데, 오히려 반민특위를 방해했으니까. 지금도 그래요. 전두환 때 해먹던 사람들이 계속 해먹는 걸 보면 울화가 나요. 문단이 그런 게 아주 심하죠. 김동리, 서정주 이런 사람들은 굉장히 친권력적이었거든요.

지   그렇게 권력을 가진 사람들이 또 후배들을 키워주고, 어떻게 보면 조폭집단 같다는 생각이 들 때도 있는데요. (웃음)

마   그렇죠. 부하를 만드는 거죠. 서정주 살아 있을 때 제자들에 의해서 흉상이 만들어지고 그랬잖아요. 우리나라는 늙어서 부하가 없으면 굉장히 외롭지. 그런데 부하를 만들려면 문단의 유파를 만들어야 되고.

지   그러다보니 비평도 '주례사 비평'이 되는 것 같은데요.

마   그렇죠. 얼굴 아는데, 욕할 수가 없거든. 만날 같이 술 먹는데 어떻게 욕을 해요. (웃음) 그래서 '주례사 비평'이란 얘기가 나왔겠죠. 이문열이 나를 욕한 것도 "그 원인이 마광수가 이문열을 욕했기 때문"이라고 강준만 교수가 쓴 적이 있는데요. 그런지도 몰라요. 제가 이문열을 욕하는 평론을 썼거든요. 욕하는 사람 아무도 없었는데, 지금도 그렇죠. 이문열은 아주 군림하고 있죠.

지 　어떤 내용의 비판이었습니까?

마 　교양주의자라는 거죠. 『현대문학』에 발표한 건데 제목이 「교양주의의 극복」이었어요. 소설의 본질을 저는 정직한 배설이라고 보는데, 이 사람은 계속 지식을 상품화해서 독자들한테 교양시키는 그런 걸 주로 한다는 내용이었죠.

지 　그것 때문에 굉장한 성공을 거뒀고, 정치적인 입장의 글들을 발표하면서 많은 독자를 잃기도 했지 않습니까?

마 　그렇죠. 반품운동도 하고 그러더라고요. 그래도 여전해요. 『삼국지』 같은 건 엄청나게 팔았죠. 1000만 부가 (넘게) 팔렸다는 얘기도 있더라고요.

지 　『삼국지』 열풍에 대해서는 어떻게 생각하십니까?

마 　중국에서는 『홍루몽』을 더 쳐주고 『수호전』도 많이 보는데, 『수호전』은 산적 얘기잖아요. 따지고 보면 민중의 얘기일 수 있죠. 그런데 『삼국지』는 권력자들의 얘기거든요. 그 입장에서 서술한 거고. 『삼국지』에 이렇게 열광하는 건 그만큼 사람들이 권력 지향적으로 돼서 그런 것 같아요.

지 　아직 한국 사회에서는 마 교수님의 책 한 권도 읽어보지 않은 채 편견을 가지고 있는 사람들이 많지 않습니까?

마 　특히 제목만 보고 그러는 경우가 많았죠. '야하다'나 '장미여관' 이러니까 읽지도 않고 그랬었죠. 지금은 야하다는 말이 별것도 아닌데, 그때까지만 해도 굉장히 발칙한 말로 받아들여졌어요.

지　그분들에게 하시고 싶은 말씀은 없는가요?

마　제발 읽어달라는 거죠. 제가 설득하는 책도 많이 썼거든요. 『운명』『성애론』『자유에의 용기』, 최근에 낸『문학과 성』 같은 것들이 다 설득하는 책이거든요. 그런데 그런 건 또 안 팔려요. (웃음)

지　교수님께서 말씀하시는 얘기의 핵심이 야한 정신 같은데, 교수님께서 생각하시는 야한 정신이라는 게 어떤 것입니까?

마　전체보다는 개인, 봉건윤리가 아니라 자유주의 윤리, 그리고 특히 '야하다'를 들 야野 자를 써서 자연의 본성에 솔직한 사람, 이런 뜻으로 쓰죠.

지　요즘 TV 심야토크쇼 같은 걸 보면 연예인들이 솔직하게 말하는 방송들이 많지 않습니까?

마　그건 많이 달라졌어요.

지　거기에 대해 '저질방송'이라는 비판도 꽤 많이 제기되는데요.

마　방송 심의도 굉장히 까다로워요. 저도 '사라' 사건 이전에 방송 출연 정지를 먹은 적이 있고, 그 사건 이후엔 방송 출연 금진데, 정지 덕은 이유가 대담 프로에서 야한 얘기를 했다는 거거든요. 그게 방송위원회에서 개인을 출연 정지시킨 최초의 사건예요. 그러니까 이른바 품위 있는 방송을 해야 된다, 이런 게 굉장히 많죠. 가수한테까지 공인으로서의 품위를 요구하고, 여배우들도 스캔들이 나면 매장되고 말이지, 이런 것들이 미국하고도 다르죠. 마돈나 같은 경우는 스캔들을 만들어서 유명해진 여잔데, 우리나라에서는 탤런

트도 시집 잘 가서 현모양처가 되어야 인정을 받으니까 자유분방한
개성을 가진 사람이 탤런트가 되기 어렵죠.

지　친하게 지내는 작가나 좋아하시는 분은 있으십니까?

마　없어요, 문단 교제가 없으니까. 기껏해야 하일지, 장정일 씨
정도죠. 하일지 씨는 그때 재판할 때 증인이 되어줬고, 장정일 씨는
절 옹호하는 글을 써줬죠. "마광수 구속은 전체주의적 발상"이라고
해서.

지　요즘 특별히 관심을 가지신 일은 있습니까?

마　요즘 좀 맥이 빠져 있어요. 관심은 계속 여전한데, 우선 제 몸
이 늙으니까 기운이 떨어지는 건 사실예요. 제 소망은 더 용기를 내
서 미발표 작품도 발표하고, 한편으로는 산문으로 계몽도 해야 될
것 같아요. (웃음) 제가 만날 얘기하는 게 우리나라는 아직 계몽주의
시대도 안됐다는 거거든요. 계몽주의 시대 때 한 게 종교권력에 대
한 저항이라든가 비합리성에 대한 저항 이런 거 아니겠어요. 우리
나라는 아직 합리적인 생각조차도 뿌리를 못 내리고 있거든요, (아
직) 전근대적이라는 얘기지. 겉으로는 최신 프랑스 철학을 수입하
면서도 (속으로는 미개한 상태에 머물러 있어요). 산문으로서 일종
의 계몽활동을 하고 싶어요. 그 전에도 많이 했죠.『사라를 위한 변
명』같은 것도 그렇고,『운명』도 그런 거고.

지　계몽이 분명히 필요한 것 같은데, 요즘 대중들은 스포츠 신문
이나 인터넷을 보면서 모든 걸 알고 있다고 착각하는 경향도 있는

것 같습니다. 그러다보니까 지식인들의 계몽행위 비슷한 것에 대해서는 거부감을 드러내는 경우가 많은데요.

마 인터넷이 걱정이에요. 인터넷 때문에 책도 안 보고, 혼자 고독하게 사색을 한다든가 하는 시간이 엄청나게 줄어들었어요. (사람들을) 완전히 바보를 만들어버리더라고요, 인터넷 중독, 게임 중독이 생기고. 제가 『인간』이라는 책에서 "정보로부터 자유로워질 수 있는 자유"라는 얘기도 했는데, 너무 쓰레기 같은 정보가 남발되다보니까 갈피를 못 잡는 것 같아요.

{ "국산엔 가혹하고 외제엔 관대한 검열 잣대"

지 마흔 살에 연애를 하고 싶어서 이혼하셨는데, 지금은 너무 외로워서 후회한다고 하신 적이 있으신데요. 한국 사회에서 점점 이혼율이 높아지고 있는데, 나이 드신 분들은 아직도 이혼에 대해 금기시하는 경향이 있지 않습니까?

마 이혼율 높아지는 것은 제가 많이 얘기했던 거죠. 제가 '당당한 독신남' '당당한 독신녀'라는 용어를 글에다 많이 썼죠. '당당한 미혼모' '당당한 미혼부' 같은 얘기도 많이 썼는데, 점차 개인주의가 확산되는 추세라고 볼 수 있죠. 프랑스는 이혼율이 50퍼센트 정도 되다보니까 젊은이들이 거의 계약동거를 하거든요. 그리고 이혼할 때 드는 위자료가 너무 비싸기 때문에 결혼을 굉장히 무서워해요. 저도 이제는 여자를 만나고 싶다는 거지, 결혼을 하고 싶다는 것과는 차원이 다르죠. 근데 여자 만나본 지도 하도 오래 돼서. (웃음)

지　어느 인터뷰에서 여자친구를 사귀고 싶다고 하셨는데요. 이상형 같은 건 있으신가요?

마　저야 여전히 야한 여자를 좋아하는데, 제가 너무 늙어버렸어요. 제 또래인 안성기 씨나 조용필 씨를 보면 아직도 머리가 새카맣고 숱도 많은데 저는 갑자기 머리가 빠지고 허해지고, 그래서 할아버지 소리도 듣고, 그러니까 외모에 대해서 요새 열등감이 굉장히 많아요. 그래도 기회가 되면 하고 싶지, 그렇지만 옛날처럼 적극적으로 대시하거나 하는 힘은 떨어졌어요. 제가 마흔 살 때까지만 해도 연애지상주의자였는데, 그래서 이혼했고요. 제가 글에다가도 많이 쓰고, 강의에서도 많이 얘기하는 게 결혼하고서 3년은 애를 안 낳아야 된다는 거죠. 저도 그랬거든요. 그래서 이혼 후유증이 덜한 거지.

근데 요즘 애들 보면 전부 속도위반이야. 그래가지고 덜컥 애부터 낳고, 2~3년 만에 또 이혼을 하고 그러거든요. 그러니까 그런 교육이 꼭 필요한 거죠.

그래서 제가 피임교육 주장 많이 하고, 중학생 때부터 피임교육 해야 한다고 얘기하고, 특히 오럴 섹스 강조하고 그런 건데, 그게 안 지켜지더라고요. 대학생들도 대개는 덤덤하게 만나다가 어느 날 갑자기 슛 골인이야, 여관 가서. 그러다보니까 혼전임신이 굉장히 많고, 고등학생들도 그렇고, 이게 교육이 안 되어서 그런 거지. 겉으로는 콘돔 쓰자고 하면서도, 아직도 젊은이들이 떳떳하게 피임약을 약방에 가서 사는 분위기가 안 되어 있죠. 대학에도 콘돔 판매기 같은 걸 만들어주고 그래야 되거든요.

지 "만약에 잡혀갈 줄 알았으면 안 썼을 것"이라고 말씀하신 적도 있으신데요.

마 신분상 불이익이라든가 경제적 불이익이라든가 심적인 고통 이런 기 너무 극심하고 오래 갔으니까 그런 얘길 한번 해본 거죠. 설마 그 정도일 거라곤 도저히 상상할 수도 없었거든요. 그 당시만 해도 야한 책들이 없었느냐 하면 그런 것도 아니에요, 외국 번역서들은 ㄴ오고 있었거든요. 시범 케이스로 희생양이 된 거죠.

지 그것도 어떻게 보면 문화사대주의 같은 건데, 외국 소설 같은 경우는 별로 문제 삼지 않잖습니까?

마 제가 지겹게 들은 얘기가 그거야. 서울대 교수 하나도 『즐거운 사라』와 밀란 쿤데라의 『참을 수 없는 존재의 가벼움』을 비교해서 논문까지 썼더라고요. 그 소설도 야하거든요. 남자 주인공이 여자 200명을 편력하거든. 그런데 그것은 실존적 고뇌가 있는 섹스라 이거야, 사라는 실존적 고뇌가 없고. 오로지 쾌락을 위한 섹스이기 때문에 문학이 아니라는 거예요. 더한 건 D.H.로렌스의 『차탈레 부인의 사랑』 같은 건 버젓이 번역되어 팔리고 있고 세계문학전집에도 끼어 있는데, 그거 하고 비교하는 얘기도 꽤 많이 나왔죠. 그건 명작이고 사라는 엉터리라고 하는데, 야하기는 마찬가지거든요. (웃음) 『차탈레 부인의 사랑』이 오히려 제가 보기에는 못마땅한 작품이거든요, 남근숭배거든. 여자가 남자의 페니스 힘에 반해서 오로지 그 힘에 굴복하는 반페미니즘적 소설인데도 그걸 다 칭찬한다고요. 굉장히 사대주의가 심하죠. '사라' 사건 날 때도 영화 「엠마뉴엘 부인」 같은 걸 수입해서 개봉하고 그랬거든요, 가위질을 하긴 했지만. 한마디로 두서가 없는 거지. 외제는 굉장히 많이 봐주죠. 특히 요새 일본소설 '하나무라 망케츠'니 '무라카미 류'니 이런 것 다 버젓이 번역돼서 팔리거든요.

지　올해 특별한 계획은 없으십니까?

마　책밖에 없어요. 학교에서는 학부 학생들이나 잘 가르치는 재미나 보려고 그러고요. 그래서 제가 권력을 잡는다든가 이런 건 상상할 수 없는 처지가 됐기 때문에, 문단에서도 그렇고. 더 이상 참여하고 싶지도 않고, 혼자 하는 거죠. 작품을 많이 쓰고 싶어요.

지　지금 한국 사회에서 가장 큰 문제는 무엇이라고 생각하십니까?

마　그거야 만날 얘기하는 합리적 지성의 부재 같은 것, 수구적 봉건윤리의 극복, 성 알레르기의 극복, 자유주의의 인정, 개인주의의 인정… 이런 것들이죠. 우리는 개인보다 전체를 중요시해요. 자유보다 질서를 중요시하고… 이런 게 아주 고질적으로 통제 위주의 교육 같은 것을 재생산하고 있는 거죠.

지　월드컵 때 붉은악마가 나와서 응원하는 걸 보면서는 어떤 생각이 드셨습니까?

마　일종의 민족주의죠. 배타적 민족주의가 강한 거죠. 우리 문학도 그래요. 아직도 민족문학 계열이 굉장히 힘을 쓰고 있잖아요, 단체도 있고. 그런데 저는 민족주의에 반대하거든요. "문화도 혼혈문화가 되어야 한다"는 글도 많이 썼고, 심지어는 "한국 사람들이 전부 국제결혼을 해야 우리나라가 잘된다"는 글도 썼죠. (웃음) 예컨대

‘염색문화’ 같은 것은 1980년대에 제가 소설에서도 많이 쓰고, 에세이에서도 썼는데요. 요새 그런 건 현실화되고 있거든요. 그게 혼혈문화거든요. 그게 진짜 세계화인데, 우리나라는 입으로는 세계화를 외치면서 실제로는 봉건적 민족주의에 파묻혀 있어요.

지　사람들이 책도 안 읽고, 인문학의 위기라고 하는데요. 소설도 잘 안 팔리는 것 같고요. 팔리는 책만 팔리는 것 같은데요.

마　『다빈치 코드』『해리 포터』만 팔리고, 한국 소설은 전멸했죠.

지　요즘 젊은 사람들은 영화를 많이 보지 않습니까?

마　영화가 1000만을 끈다는데, 책에서는 상상할 수 없는 일이지. 옛날엔 밀리언셀러도 많고 그랬는데, 요새는 10만 부 팔기가 너무 힘들어요. 그래서 3만 부만 넘어도 많이 팔렸다고 하는데, 그게 인터넷하고 영화 때문에 그래요. 그리고 작가들이 영화적 재미를 못 주니까, 계속 엄숙주의로 가니까 그런 것도 큰 이유 중의 하나죠. 제가 극문학 연구를 하면서 느꼈던 게, 문단에서 통속소설에 대한 반감이 있어요. 1950년대를 보면, 그때 제일 많이 팔린 작가가 정비석입니다, 『자유부인』 같은 거. 그런데 정비석에 대한 평가가 전혀 안 이루어지고 있어요, 완전 무시야. 그리고 안 팔린 작가, 김동리 이런 사람은 안 팔렸거든, 쓴 것도 몇 개 없어요. 『무녀도』니 『사반의 십자가』니 이런 거 몇 개밖에 없어요. 그런데 그 사람은 영웅 모시듯 하거든요. 그러니까 아직도 많이 팔리는 거에 대한 경멸 같은 게 있어요, 한 쪽으로는. 지는 팔고 싶으면서. (웃음)

지　　그런 분들이 문학 외의 다른 쪽으로 권력을 잡으려고 하는 경향도 있는 것 같은데요. (웃음) 글을 재밌게 써서 많이 팔고, 인정을 받으려고 해야 할 텐데….

마　　평론가한테 인정받으려 들죠. 요샌 뭐 학자만 살판 난 세상인 것 같아요. 학자들이 안 팔리는 책 가지고 분석해서 논문 쓰고 월급 받아먹고.

지　　오히려 대중한테 인기를 끌면 "너무 쉽게 썼나봐. 대중한테 영합하는 거야"라고 비판을 하니까.

마　　예전에 100만 권 넘게 팔린 『동의보감』 같은 거 전혀 인정 안 해주잖아요.

지　　『인간시장』도 그렇잖아요.

마　　그렇죠. 『인간시장』도 전혀 인정 안 해주지.

지　　그런 풍토 때문에 『해리 포터』같은 상상력을 가진 소설이 안 나온다고 생각하십니까?

마　　그렇죠. 동인문학상이니 이상문학상이니 상 받는 거 보면 하나도 안 팔려요. 평론가들만 좋아하는 거지. 그런 괴리가 빨리 없어져야 해요. 제가 만날 주장하는 게 그거죠—"문학이 가벼워져야 한다, 무거운 문학도 중요하지만, 가벼운 문학도 중요하다." 사라 같은 경우는 그걸 실험한 건데, 그 가벼움을 경박하다고 보더라고요. 저는 거기에 대해서 의도된 경박성이라는 표현을 썼는데, 그걸 이해 못하더라고요.

지　자기들의 편견이나 엄숙주의 때문에 그런 걸 텐데요.

마　섹스를 그리더라도 아까 말한 대로 존재론적 탐색이라든가 계급 갈등적 탐색, 하인이나 주인이 한다든가 그러면 봐주고, 포장을 너무 중요시하죠. 성 자체만을 그리면 안 된다는 겁니다.

지　그게 오히려 여성을 도구로 생각하는 남성 위주의 사고방식일 수 있는데요. 남자는 고뇌하고, 여자는 그 도구로 보는.

마　우리나라 소설이 다 그런 얘기잖아요. 여자가 희생하는 얘기, 『별들의 고향』이니 『영자의 전성시대』… 이런 거.

지　그런 데 대해선 페미니스트들의 거부반응이 적은 것 같은데요.

마　전부 여자가 성에 희생당하는 얘기만 썼지, 여자의 능동성에 대해서 쓴 건 없죠.

❴ "자유정신을 짓누르는 편견과 권위주의"

지　가장 애착이 가는 작품은 어떤 건가요?

마　『즐거운 사라』예요, 판금당했으니까. (웃음) 그 다음으로는 저도 아주 열심히 썼는데, 『불안』이라고 냈어요. 1만 7000권 정도밖에 안 팔렸지만 그게 굉장히 애착이 가죠. 제가 만날 얘기했던 페티시즘, 손톱이라든가 장신구, 구두, 여자 패션모델을 정밀 묘사한 거죠. 그러니까 스토리가 없지, 그래서 별로 안 팔렸는데, 굉장히 애착이 갑니다. 시집은 역시 『가자 장미여관으로』이지요. 최근에 『사랑의 슬픔』을 냈는데, 그건 또 애착이 가는 게, 시 한 편마다 컬러로 그림을 집어넣었어요. 그래서 선물하기 좋죠. 그런데도 별로 안 팔리더라고요. 책 내면 허무해요, 안 팔려서. (웃음)

지　교수님 작품 때문에 한국 사회에 '페티시즘'이라는 말이 알려진 것 같은데요.
마　(다른 사람들은) 페티시즘이라는 말도 몰랐어요. 제가 막 떠들어대니까 알았지.

지　그런데 그런 것을 흔히 변태라고 매도하지 않습니까?
마　변태지, 프로이트는 변태라고 했죠.

지　교수님께서 늘 주장하시는 게 "변태라는 말보다는 특이한 성적 취향이라고 해야 한다"는 건데요.
마　그렇죠. 제가 만날 하는 얘기죠. 동성애도 그렇고.

지　아직까지 우리 사회가 그런 것에 대한 터부가 많지 않습니까?
마　굉장히 많죠. 예컨대 하일지 씨 같은 경우 '경마장' 시리즈를 보면 굉장히 야해요. 그런데 그게 왜 안 걸렸냐 하고 제 나름대로 분석을 해보면, 거기서는 삽입성교만 다루거든요. 노멀한 거죠, 정상 섹스지, 정상 체위에다가. 그런데 저는 변태란 말예요. 사디즘, 마조키즘, 특히 페티시즘 이런 거니까. '사라' 판결문을 봐도 그렇고, 공소장을 봐도 그렇고, "변태라서 안 된다"는 거예요. 장정일도 마찬가지였죠. 『거짓말』은 사디즘이었죠. 변태에 대한 생각들은 요지부동인 것 같아요. 비록 동성애 운동 같은 것이 일어나긴 하지만, 굉장히 소외되어 있죠. 트랜스젠더라든가 복장도착자, 남자가 여자처럼 꾸미고 다니는 사람들에 대한 편견이 심하죠. 그 사람들 만나 보면 하소연이 많아요. "굉장히 살기가 힘들다. 직업 구하기도 힘들다"고 하죠.

지　검열을 옹호하는 사람 가운데는 이렇게 말하는 이들도 있지 않습니까?—"검열을 피하기 위해서 작가들이 머리를 쥐어짜다보면 더 좋은 작품이 나올 수 있다."

마　말도 안 되는 얘기죠. 검열 때문에 상상력이 위축이 되지, 그런 주장이 있나요? 해괴한 주장인데요. 도대체 앞뒤가 안 맞는데, 어떻게 검열 때문에 상상력이 펴져요. 검열 때문에 이른바 은근한 걸로 돌아가죠. 은근하게 묘사하고, 빙 둘러 묘사하고. 제가 제일 싫어하는 건데요.

지　그걸 예술이라고 말하고 싶은 거겠죠. (웃음)

마　맞아요. 그런 걸 예술이라고 해요. 이른바 완곡어법, 그걸 얘기하나본데, 저는 그걸 제일 싫어하죠. 문자만해도 그래요. 예를 들어 "핥았다, 빨았다" 이런 걸 많이 쓰는데, 그런 건 안 되고, "흡입했다, 마찰했다" 이런 식으로 한자어로들 쓰지, 그러면 또 봐주고.

지　표현을 (일부러) 그렇게 쓴다는 걸 본 적이 있는데요.

마　『불안』 같은 게 그거예요. 그것도 굉장히 야한 건데, 전부 그렇게 어렵게 표현했어요. 그러니까 안 걸리더라고. (웃음)

지　　현실 정치적인 문제에 대한 관심은 없으십니까?

마　　한국 사람인데, 정치에 관심이 많죠. 제가 가장 분노하는 게 그거예요. 정권이 바뀌어도 권력 잡은 놈들은 계속 누린다는 거예요. 청산이 안 돼. 김대중 정부 들어설 때 굉장히 기대했거든요. 그런데도 각료를 보거나, 이번에도 마찬가지고 해먹은 사람들이 계속 해먹고요. 학계도 마찬가지죠. 유신 지지하던 사람들이 다 총장 되고. 여기서는 제가 시에서 쓴 거지만, 요절하지 않으면 변절하지 않을 수 없는 것 같아요. 윤동주도 요절했기 때문이지, 나이 먹었으면 그 사람도 문단 감투 쓰려고 난리쳤을지 모르는 일이잖아요.

지　　요절하면 험한 꼴 덜 보고 가는 것 같습니다. (웃음)

마　　나이 먹고 이른바 원로라는 사람들이 모여서 시국 걱정을 하는 걸 보고 아주 웃겼다고요. 전부 어용이었는데, 어용학자들, 어용 문필가 이런 사람들이 얼렁뚱땅 원로 대접을 받고, 친일파가 승진한 거나 마찬가지로 우리나라는 청산이라는 게 없어요. 정치인들도 그런 것 같아요. (이해득실에 따라 얼렁뚱땅) "좋은 게 좋은 것"이라는 식이니까.

지　　그나마 요즘 4대 개혁입법이라고 해서 변화를 시도하는 것 같긴 한데요. 굉장한 저항에 부딪히고 있지 않습니까?

마　　(현행) 사립학교법은 대표적인 악법으로 소문난 건데, (개정을 반대하려고) 그렇게 군중집회를 하는 걸 보고 깜짝 놀랐어요. 그리고 사립학교법 개정하자는 데모는 아주 소수야. 보수 세력이 뭉치면 놀랍구나 하는 걸 느꼈죠.

지　그 사람들은 확실한 이권이 개입되어 있으니까요. 교수님 책에 반대하는 사람들도 자기들이 갖고 있는 물적 토대와 정신적 토대가 연결이 되어 있으니까 공격을 하는 거고, 그렇지 않고 좋아하는 사람들은 '안타깝네' 이 정도로 나오니까…. (웃음)

마　뭉쳐지지가 않아요. 교수재임용제도만 해도 그래요. 교수 통제하려고 유신 때 만든 건데, 박정희 망했으면 그 제도가 없어져야 할 것 아닙니까? 계속 있어서 얼마나 많이 희생이 됐습니까? 저도 희생이 될 뻔했고요.

지　법이 한번 만들어지면 없애기는 정말 어려운 것 같아요.

마　교수재임용제도 나올 무렵에 그렇게 욕들 했거든요, 정권 유지 수단이라고. 그럼 정권 바뀌면 없어져야 할 거 아냐, 그런데 안 없어져요. 그래서 지금 해직교수가 엄청 많죠.

지　요즘 겸임교수니 객원교수니 하는 편법을 쓰는 것 같은데요.

마　그것도 교육부가 만들어준 거죠. 겸임교수라는 게 월급 반도 안 주고, 객원교수도 그렇고. 특히 겸임교수제도가 악법이지, 일은 똑같이 부려먹으면서 월급을 3분의 1만 주는 법도 있나요? 말이 '겸임'이지 딴 직업 겸한 게 없거든요. (시간강사에 비해 나아진 거라면) 강사료를 방학 때도 준다, 이 정도 생각하면 되요. 그런데 교수 TO에는 집어넣어 주니까 학교 실적으로는 올라가는 거예요. 그러니까 전부 (헐값에) 겸임교수를 쓰려고 하지.

지　느무현 정권이 집권하면서 표면적으로 굉장한 갈등이 벌어지고 있는데요.

마　제가 절망하는 부분이죠. 386세대들도 권력을 잡으니까 권위주의 쪽으로 자꾸만 빠지는 듯싶은 인상도 들고요. 그래서 권력지상주의라고 할까, 그런 건 변함이 없는 것 같아요. 명분이 어떻든 간에.

지　작년에 문화 쪽에서 두드러진 현상 중 하나가 이순신 열풍이었는데요.

마　제가 광화문 이순신 동상을 철거하자고 글 많이 썼는데요. 동상도 서울대 교수가 만든 건데, 완전히 깡패처럼 만들었잖아요. 어깨 올라가고, 눈 부릅뜨고… 이순신이 그런 사람은 아니었단 말이죠. 그런 식으로 아주 말하자면 무武 숭상이지, 힘. 물론 이순신은 영웅이지만, 그런 영웅숭배가 꼭 좋은 것만은 아니죠. 제가 「천재와 영웅」이라는 글을 쓴 적이 있는데, "우리나라는 천재는 박대하고, 영웅은 숭배한다"는 내용이에요. 영웅은 좋은 것만은 아니거든요. 굉장한 카리스마를 가지고, 권모술수도 써야 하거든요. 천재들은 대개 괴팍하고 고독해요. 그런데 천재들이 언제나 시대를 이끌어가거든요. 장 자크 루소 같은 사람도 당대에는 판금당하고 잡혀가고 그랬거든요, 『에밀』 때문에. 그런데 그게 프랑스 혁명의 원동력이 되잖아요. 그런 식으로 천재를 중시하는, 괴짜를 인정하고 개성을 인정하는 이런 풍토는 없고, 어떤 수단으로든 영웅만 되면 그 사람은 대단하다고 평가하잖아요. 박정희가 대표적인 예죠. 영웅숭배 굉장히 심합니다.

지　천재 같은 경우는 옆에서 볼 때 괴팍해서 불편한 부분도 있고, 영웅이라는 건 부하를 거느릴 수 있으니까.

마　영웅은 굉장한 처세와 권모술수라든가 사람을 부리는 기술… 이런 게 필요하죠.

지　끝으로 해주실 말씀은 없습니까?

마　제발 표현의 자유가 좀 주어졌으면 좋겠어요. 제 작품도 좀 재평가를 받고, 『즐거운 사라』도 좀 판금이 풀리고. 봐야 뭐라고 얘기할 거 아닙니까? 보지도 못하고들 그러니까 굉장히 답답해요. 학생들도 보고 싶다고 하는데, 판금된 거니까 어떻게 할 수도 없고. 심지어 제가 세 권을 연세대학교 도서관에 기증했는데, 잡혀가니까 없애버렸더라고요, 굉장히 겁을 먹는 거지. 표현의 자유와 출판의 자유는 아무리 선의에 의해서 그걸 제한하더라도 안돼요. 존 스튜어트 밀이 『자유론』에서 얘기한 게 그거거든요―"다수의 이익이나 선을 위해서 권력이 행사되어야 한다는 명분을 갖더라도 그건 안된다. 철저히 개인이 우선되어야 한다." 아나키즘도 그렇고, 개인주의적 풍토, 자유주의적 풍토 이런 게 봉건윤리의 극복과 더불어서 체화되는 그런 것이 우선 지식인 사회에서부터 이루어져야 하지 않을까 생각합니다.

한없이 낮은 곳으로만 임해온 '길 위의 신부'

역사의 후퇴는 없습니다. 역사는 발전합니다.
그 발전은 국민들의 목소리 때문에 그렇습니다.
그런데 역사는 후퇴는 하지 않고 전진은 하되,
2보 전진을 위한 1보 후퇴는 있는 겁니다.
왜 그러냐면 지금 극우들 표출되는 것 보십시오.
저는 그게 그들의 위기의식이라고 봐요.
미국도 이 상태 그대로 볼 수만은 없습니다.
거짓은 영원히 감춰질 수 있는 것이 아니거든요.
맹목적으로 안보논리를 신봉하는 사람들은
본질이 변하는 게 아니라 지하로 잠적할 뿐입니다.
상당히 잠적했다가 때 봐서 나오는 겁니다.
이런 과정을 겪지만 결국 정의와 진실이 이깁니다.

— 문정현, 본문 인터뷰 가운데서

사진 ⓒ 문종석

● 1940년 전북 익산에서 태어났다. 가톨릭대학교에서 신학을 공부했으며, 메리놀신학교 대학원에서
석사학위를 받았다. 천주교정의구현사제단 일원으로 1970년대 반독재투쟁, 1980년대
노동운동·농민운동, 1990년대 통일운동을 거쳐 군산오룡동 성당 주임신부로 봉직했던 1990년대
후반부터 소파 개정 등 미군과의 불평등한 관계를 개선하기 위해 활동해온 '투쟁하는 사제'이며 '길 위의
신부'다. '평택미군기지확장 저지를 위한 범국민대책위원회' 상임대표로 1년 반을 넘게 대추리에 거주하며
주민들과 함께 싸워온 최고령 '황새울 지킴이'이기도 하다.

문정현

● 문정현 신부를 만나러 2006년 9월 7일 오후 대추리를 찾았다. 그다지 먼 곳도 아닌데, 심리적 거리감은 아득했다. 마을 입구에서 검문을 받으면서 혹시 못 들어가지 않을까 마음 졸였는데, 다행히 『인물과 사상』을 보여주고서 들어갈 수 있었다.

지난 5월 4일의 행정대집행 때 대책위는 '제2의 광주사태'라는 표현을 썼다. 그 표현에 대해 보수 언론은 물론 광주의 일부 민주화운동 단체들도 반발했다. 정부와 언론에서 해대는 프로파간다의 파상공세를 생각하면, 일정한 표현의 과잉도 옹호되어야 하며, 그들의 심정이나 입장에서 본다면 이것은 결코 과장된 표현이 아닐 것이다.

군인, 경찰, 용역을 포함해서 1만 6000명이나 그곳에 들어갔다. 헬리콥터까지 동원해서 일사천리의 작전을 진행했다. 그곳 주민과 지킴이들은 1000여 명밖에 안됐다는데 말이다. 그곳 주민들의 절망감과 공포감은 어땠을까? 이른바 '여명의 황새울' 작전은 윤광웅 국방장관이 "역사적 국책사업을 집행하는데, 더 이상의 기다림은 없을 것"이라고 경고한 지 스무 시간도 안 되서 전격적으로 이루어졌다.

우리는 군사정권 시절 김근태 의장이 고문을 당하던 당시의 회고를 들으면서 치를 떨었다. 언제 끝날지 모르는 처절한 고문을 당하는 사람 옆에서 고문을 하던 사람들은 태연히 집에 전화를 걸어 "우리 아이 오늘 소풍 갔다던데, 잘 다녀왔어?"라는 일상적인 대화를 하더라는…. 고문당하는 사람에게도 소풍갈 아이가 있다는 생각을 했으면 어찌 그럴 수 있었으랴. 5월 4일 행정대집행 다음날은 어린이날이었다. 대추리 아이들도 최소한 그 날만큼은 선물도 받고 뛰어놀 권리가 있지 않았을까? 그런데 그 소박한 꿈마저 뭉개버린 그들도 집에 가서는 "우리 딸, 무슨 선물 받았어?"라는 얘길 했을 것이다.

문정현 신부는 이런 말로 인터뷰를 맺었다―"사회의 처진 곳, 그들과 계속 머무는 곳에서 이 신분으로서 살다 가고 싶습니다. 밑바닥에서 남아 살다가 죽을 마음뿐입니다."

"우리의 무기는 정의와 진실"

지승호(이하 **지**)　얼마 전에 단식하셨는데, 건강은 어떠세요?

문정현(이하 **문**)　지병(협심증)은 그대로 있고, 왼쪽 무릎이 시원치 않으니까 오른쪽 골반까지도 영향을 미쳐서 허리가 아파요. 이게 골반에서 오는 거라고 진단이 나왔고, 자꾸 어지러워요. 나이답지 않게 늙어버린 느낌이 들 정도로 자꾸 어지럽고, 헛디디고, 회복이 잘 안돼요.

지　1975년 인혁당 사건에 항의하시다가 다리를 다쳤지 않습니까?

문　그렇죠. 그게 이제 시작이죠. 세 번 수술을 했는데, 다음 단계는 인조 관절을 끼워야 한다더군요. 그런데 인조 관절을 끼어본 사람 중에서 좋다는 사람이 별로 없어요. 대체로 힘들다고 그래요. 그래서 하고 싶은 마음이 없어요.

지 지난 5월 4일 행정대집행 때 군 병력을 투입한 것에 대해서 '제2의 광주항쟁'이라고 표현한 부분에 대해서 광주의 일부 민주화운동 단체와 언론들은 불편한 심경을 드러내기도 했는데요. 어떻게 사람이 많이 죽은 광주와 같이 비교할 수 있느냐는 거였는데요.

문 그날 군·경·용역 들어오기 전까지 여러 가지 얘기가 나오니까 "양치기 소년이다, 언제 들어온다" 하면서 혼란스러웠죠. 긴장의 연속이었고요. 풀리려다가도 또 온다는 얘기가 나오면 긴장했습니다. 그날 대단하데, 이 일대가 새카맸으니까요. 저게 부대거든요. 부대 후문, 저쪽 쪽문에서 계속 밀고 들어오고, 원정리 쪽에서 들어오고, 군인들이 안성천에 부교를 놓아가지고 그걸 통해 장비도 들여오고, 결정적인 것은 헬리콥터, 아주 저공비행으로 철조망을 달고, 자기네들이 배치한 장소에다 떨어뜨려 놓는데, 이건 뭐 압도적이었죠. 여기에 1000여 명 있었는데, 삽시간에 운동장으로 몰리고, 운동장에서 교실 안으로 밀리고 했다가, 끌려나오는데 아비규환이었죠. 그때 나는 학교 지붕 위에 있었으니까 다 지켜볼 수 있었어요. 삽시간에 점령되고, 30~40년 된 나무들이 많았는데, 그걸 뿌리채 뽑아버리고, 예술인들이 대추리 주민들 사진을 한 장, 한 장 찍어 페인팅했는데, 아이들도 있고 그런 것을 포크레인으로 쓰러뜨리고, 처절했죠.

그렇게 가고 나서 그날 밤부터는 완전히 계엄령이었습니다. 토끼몰이 식으로 집까지 뒤져서 주민이 아닌 사람은 모조리, 한 600여 명

연행도었으니까요. 부상자가 200여 명이나 되고, 40여 명에 대해 구속영장 신청을 했지요. 그렇게 공포의 밤을 새우고, 다음날인 5월 5일이 어린이날 아닙니까? 전국적으로 모인 1500여 명이 군이 쳐놓은 철조망을 뚫고 안으로 들어갔죠. 그런데 이라크에서 미군이 포로를 뒤로 묶고, 발과 손을 묶어놓고 무릎으로 짓이기고 하는, 군인들이 곤봉 세례를 하고 이러는 광경을 보면서 머리에 떠오르는 것이 광주사태였어요. 광주사태 자체였습니다. 과연 그렇게까지 해야 하는가 하는 생각이 들었죠. 거긴 폐허로 된 채 그대로 있거든요. 주민들에게 공포감을 주려고 한 거죠. 그래서 겁에 질려서 마을을 떠나게 하는 일종의 공갈과 협박입니다.

지금 11일, 12일, 13일 빈집 철거하러 들어온다고 국방부에서 대책위에 연락한 모양입니다. 이것도 철거할 이유가 없죠. 주민들이 쫓겨나든, 협의해서 나가든 다 나간 다음에 일괄적으로 건물을 없애도 되는 것인데, 어차피 주민이 남아 있으면 철거 작업은 어렵잖아요. 설령 남아 있는 주민들을 강제로 쫓아낸다손 치더라도 쫓아내고선 일괄적으로 집이라든가, 제거할 수 있는 것을 제거해야 할 텐데, 그 이전에 빈집이라는 명목으로 때려 부순다는 것은 5월 4일 행정대집행과 똑같은 것이라고 생각합니다. 국책사업이라고 하는데, 이 자체가 국책이라고 할 수 없는 것이고, 국책이라고 하더라도 이런 형타로 한다는 것은 잘못된 거죠. 국민의 생명과 재산을 지켜야 하는 헌법상의 책무는 전혀 생각하지 않아요.

토지를 국방부 명의로 바꿔버리는 이 절차, 그러니까 협의매수다, 이의신청이다, 감정평가다, 토지수용이다 하는 절차 중에서 땅을 빼앗기는 사람이 소명할 수 있는 기회가 바늘구멍만큼도 없어요.

중앙토지수용위원회가 국방부에서 제출한 220여 가지를 그냥 한꺼번에, 1시간여 만에 통과시켜버렸는데요. 그게 근거가 되서 토지수용위원회의 결정에 따라서 국방부는 법원에 공탁을 하고, 명의변경을 해버리니까 땅을 빼앗기는 사람이 아무런 행동도 할 수 없는 거죠. 그게 군사독재정권의 잔재라고 보는 건데, 그것이 문민정부, 국민의 정부, 참여정부에까지 넘어온 것 같습니다. 주민들이 법적으로 할 수 있는 것이 헌법소원, 행정소송 같은 건데, 이런 것은 백발백중 국책이라는 이름으로 무시되어버리고 하니까 주민들로서는 처절하게 될 수밖에 없는 거죠.

미군기지 확장 예정지로 선정된 이 자체를 주민들은 전혀 모른 채 국방부의 통보로 알게 되고, 국방부에서는 설명회를 한다고 하고 정작 설명회에 참석해야 할 주민들은 배제된 채 관변들 그러니까 자기네들이 다루기 쉬운 사람들만 앉혀놓고 설명회를 한다고 하니까 여기 사람들은 "주민 없는 설명회가 무슨 의미가 있느냐?"고 해서 그것을 저지하다가 주민들이 연행되고, 주민들이 버스에 실려서 용인 같은 데 하나씩 내버려지고, 그래서 촛불 집회가 시작된 것 아닙니까? 참 야비해요. 국민을 국민으로 보지 않아요.

지 1000여 명이 있었다고 하는데, 언론들에서 보도한 것만 봐도 군인, 경찰, 용역을 합쳐서 1만 6000명 이상이 투입되었다고 하던데요. 물론 행동 자체도 문제지만, 참여정부가 날짜를 택하는 데 있어서도 참 무심하거나 오만하다는 생각도 들었습니다. 여기도 어린이들이 있을 텐데, 하필이면 어린이날 전날 병력을 투입한 것도 대단히 폭력적이라고 느껴졌는데요.

문　우리가 9월 24일을 제4차 평화대행진으로 잡았거든요. 그 다음에 바로 추석이에요. 추석을 앞두고 철거를 하겠다는 것은 국민 정서상 용납할 수 없잖아요. (굳이 그렇게 가차 없이) 안 해도 되는 건데, 기어코 그렇게 한다는 것은 주민들의 마음을 흔들리게 하겠다는 거죠.

지　노무현 정부가 들어설 때만 해도 상당히 기대감을 가졌지 않습니까? 그런 부분이 많이 무너지고 있는 것 같은데요.

문　저는 사실 기대하지 않았어요. 왜냐하면 열린우리당의 구성 자체가 오합지졸이고, 그동안 김영삼·김대중 정권을 통해서 운동권 사람이라고 하는 사람들, 특히 386세대들이 그야말로 민주화운동 과정에서 가졌던 태도와는 너무도 다르게 행동했기 때문에 '저 사람들이 무엇을 할까?'라는 생각이 들었습니다. 그래도 진전은 진전이죠. 군사독재정권을 무너뜨리고, 국민들이 뽑은 대통령이 나오기 때문에. 그렇지만 아직 훌륭한 지도자는 못 만나고 있는 것이죠. 지금 미군기지 확장 문제에서 지금 알게 된 것은 전략적 유연성에 따른 허외 주둔 미군 재배치 차원인데, 국방부는 국회에서조차도 이것과 아무 관계가 없다고 했거든요. 국회를 속인다는 것은 국민을 속이는 것 아닙니까? 이 기지를 확장한다는 것만 동의한 거예요. 그 나머지 것은 청문회를 통해서 한다고 하는데, 지금 여당이고 야당이고 청문회 자체를 주춤거리고 있잖아요. 안한다고는 못해요. 자기들이 그런 조건에서 통과했기 때문에 청문회를 해야 하는데, 청문회를 하게 되면 뻔해요. 첫째로 전략적 유연성의 정체, 그 다음에 그 티용에 관한 것, 전략적 유연성이라는 것은 따지고 보면 한미

상호방위조약이 무색해져 버리는 거고, 이게 이른바 신속기동군, 정밀타격대라는 미국의 군사작전에 의해서 특히 이북은 한국 쪽에 맡겨버리고, 그 다음에 자기 작전대로 한반도를 벗어나는 전 세계 어디든지 출동할 수 있는 기동군을 만든다는 속셈이 다 드러난 거 아닌가요?

그렇게 거짓말을 한 것이 드러났음에도 불구하고, 거기에 대해서 입 다물고 있는 것은 여당이나 야당이나 한통속입니다. 미국에 종속된 꼴이 그대로 여실히 보이는 겁니다. 그렇지 않은 사람이 한둘 있어도 그냥 묻혀 버리고, 상임위조차도 열지 못하는 이런 관계인 거죠. 비용도 천문학적이에요. 이게 통과되고 나면 여기를 2.5~3m 복토를 한다는 거 아닙니까? 이것도 수천억 원이 들어가는 겁니다. 이전비용도 우리가 다 대기로 한 것 아닙니까? 그 다음에 불거지는 것은 환경복구 문제 아닙니까? 그것도 우리가 더 떠안게 되어 있는 것 아닙니까? 그러니까 땅 대주고, 돈 대주고, 주민들 땅 빼앗기고… 논리적으로 있을 수 없는 일이 벌어지면서 그냥 끌고 가는 겁니다. 이걸 용납할 수 없다는 거죠.

지　　김지태 팽성대책위원장이 "황새울이 무너지면 한반도가 무너지고 만다. 황새울에 평택미군기지가 들어서는 것에 찬성한다면, 한반도가 남과 북 사이의 전쟁위기뿐 아니라 전 세계적 전쟁 위기에 휩쓸리는 것을 감수해야 한다"고 한 적이 있는데요. 국민들이 이런 문제에 대해 심각하게 생각하지 않고 있지 않습니까? 언론에서 제대로 보도해주지 않다보니 많은 사람들이 "나라에서 정한 정책에 반대만 해서 어떻게 하겠느냐?"는 얘기를 하고 있는데요.

문　이것이 지난한 과정이라고 보는데, 우리들의 무기는 정의와 진실입니다. 여기에 입각해야 돼요. 뭐든지 '이것이 정말 공평하고 정말 참된 것인가?' 하는 문제의식을 바탕으로 해서 싸워야 하는데, 지금 다들 안보논리, 거짓논리를 들이대는 것 아닙니까? 그리고 색깔론, 거짓 아닙니까? 그런데 거짓이 드러남에도 불구하고, 그것이 완전히 해소되는 것은 엄청나게 힘들다는 얘기예요. 이 문제도 그런 사슬에 묶여 있는 거죠. 큰 희생을 각오해서라도 정말 한미 간의 공평한 관계를 만들어야 할 겁니다. 무엇이든지 있는 그대로 발표하는 노력을 해야 하는데, 언론이 협력하는 것은 그만큼 더디겠죠. 예전에 입에서 입으로 전해지는 유비통신이 정확한 거라고 했듯이 그렇게 전해져야 하는데, 이게 얼마나 힘든 얘기고 처절한 얘기입니까?

예를 들면 예전에 "평양에 전철이 있다. 지금 서울에는 없는데…"라는 말은 진실이거든. 그런데 그 진실을 말함으로써 막걸리 보안법에 의해 끌려가고, 그것이 고무찬양으로 국가보안법에 적용되어서 정말 개털이 되어 버리는, 이러한 역경을 겪으면서 앞으로 나가는 거죠. 엊그저께 군 장성 출신들이 계급장을 달고 나왔는데, 그것은 힘의 과시거든요. 물리적인 힘의 논리인데, 이것을 뚫고 나가는 데는 그야말로 희생을 강요당할 수밖에 없습니다. 그야말로 순교자적인 정신으로 할 수밖에 다른 도리가 없는 겁니다. 무슨 재주로 언론을 끌어옵니까? 끌어온다고 끌어와지는 겁니까? 그러나 저는 경험이 있어요.

1989년 임수경이 평양에 가서 세계청년학생축전에 참가했을 때 내 동생 문규현 신부가 동행을 해서 군사분계선을 넘었는데, 그때 '아,

통일 노력이라는 게 이렇게 되는 것이구나' 싶더군요. 『한겨레』와 다른 모든 매체들의 대결이 되서 매일 공방이 계속되는데, '이것이 통일 논의구나' 하는 생각이 들었어요. 그렇게 해서 저절로 오늘날 부끄럽지 않은 임수경, 문규현이 된 것 아닙니까? 그걸 통해서 통일에 대한 공포가 해빙이 되는 듯한, 그것을 시작으로 해서 남북관계에 대한 인식이 엄청나게 달라지고, 달라진 것이 확산되고 해서 6.15 선언까지 왔는데, 그때까지의 역경을 한번 생각해보자는 겁니다. 안보논리라든가, 미국에 대한 맹종 이 자체도 어느 계기에 엄청난 논의가 벌어질 텐데, 그 밑에는 큰 희생이 있는 겁니다, 유혈이 낭자한. 지금도 그러고 있지 않습니까? 무엇이 진실인가, 무엇이 평등인가를 공유할 수 있는 그때까지는 싸워야 한다는 겁니다.

{ "또 여길 빼앗기면 어디로 가라고?"

지　박정희 시대로 치면 권력이 무서워서 밖으로는 표현하지 못했지만, '이게 옳지 않다' 고 생각하고, 민주화운동을 하는 사람에 대한 존경심 같은 것이 있지 않았습니까? 그런데 지금 민주화운동을 하던 사람들이 정치권에 대거 들어가서 적잖은 실망감을 안겨준 탓에 국민들은 민주화운동 세력 전체에 대해 일정한 불신을 가지고 있습니다. 그 때문에 예전보다 돌파하기 어려워진 부분이 있다는 생각도 드는데요.

문　저는 그렇지 않다고 보거든요. 역사의 후퇴는 없습니다. 역사는 발전합니다. 이 발전은 국민들의 목소리 때문에 그렇습니다. 한

미 관계도 1997년경까지만 해도 압도적으로 미국을 건드릴 수 없
는, 미국이 아니면 북에서 쳐들어온다는 생각을 했지 않습니까? 그
런데 불평등한 SOFA 문제, 매향리 폭격장 문제, 맥팔렌드의 한강
독극물 방류 문제, 효순이·미선이 문제, 이런 것들로 인하여 한미
관계의 정체가 그대로 노출되어 버렸지 않습니까? 그래서 '한미 관
계가 이렇게 되어서는 안 된다'고 온 것이거든요. 그런데 역사는 후
퇴는 하지 않고 전진은 하되, 2보 전진을 위한 1보 후퇴는 있는 겁
니다.

왜 그러냐하면 지금 극우들 표출되는 것 보십시오. 저는 그게 그들
의 위기의식이라고 봐요. 미국 자체도 이 상태를 그대로 놓고만 볼
수는 없다고 봅니다. 그래서 눈에 보이지 않는 심리전이라든가, 어
떤 정보원들의 활동들이 있을 수 있는 겁니다. 아직도 미국은 힘이
있습니다. 그들의 조정, 그들의 영향력을 확실히 받아들이는 사람
들이 있고, 그것을 인정한다고 보면, 그 분노하는 사람도 있는 겁니
다. 그러면 '거짓이 영원히 감춰질 수 있는 것이냐' 하면 그렇지 않
거든요. 전략적 유연성이라든가, 미군기지 확장하는 데 있어서의
재정적인 문제라든가 하는 것들이 노출된다면 그야말로 걷잡을 수
없이 정체가 드러나고, 그것을 누구라도 받아들일 수밖에 없는 상
황이 오겠죠. 그래서 맹목적으로 안보논리를 신봉하는 사람들은 본
질이 변하는 게 아니라 그냥 지하로 잠적해 들어가게 될 겁니다. 상
당히 잠적했다가 지금 나오는 거 아닙니까? 그러한 과정을 겪는데,
결국은 정의와 진실이 승리한다는 확신을 가지고 있습니다.

지　　새만금이나 부안 핵 폐기장 반대 운동의 중심에도 서셨는데

요. 부안 문제나 지율 스님의 천성산 터널 반대 단식 투쟁도 있었는데요. 결국 그것들을 관철시키지 못한 것 아닙니까?

문　그것도 역시 마찬가지예요. 군사독재정권에서부터 그야말로 인권 문제, 민주화 문제, 통일 문제 그리고 자주, 이런 10년 거리의 내 활동이 있었는데요. 거기에서 오는 인권침해라든가 탄압, 이런 것들이 꼭 사람에게만 있는 것은 아니더군요. 또 여성들의 문제만 해도 여성들의 인식이 상당히 달라졌지 않습니까? 과거와는 다르죠. 이른바 삼강오륜에 순종하는 것은 벗어난 것이죠. 남성과 여성이 동등한 관계, 이것도 인권문제로서 불평등의 문제에서부터 시작되는 것 아니겠습니까?

민주화 문제다, 통일 문제다, 자주 문제, 미군 문제 이런 것도 역시 불평등한 관계 가운데 이루어지는 것인데, 그것이 자연적으로 자연과 인간 사이도 똑같은 맥락에서 시작되는 겁니다. "자연이라고 해서 함부로 해서는 안 된다, 인간도 자연의 한 일원으로서 공조할 수밖에 없다, 상생할 수밖에 없다, 인간이라고 해서 자연을 함부로 대할 수 없는 것이다, 그래서 개발도 최소한의 개발이라야 하는 거고, 그냥 마구 파헤치는 것은 정말로 유혹에 불타가지고 여자를 강간하는 것과 같은 것이다, 재물에 욕심이 있어서 자연을 포크레인으로 강간하듯 훑어버리는 이런 것들은 안 해야 한다"고 말할 수 있는 것이죠. 핵 폐기장 문제도 역시 그런 것이고, 새만금 간척 사업도 정말로 긴 시간을 두고 볼 때 재앙에 가까운 어두운 장래가 눈에 보이는 것이고, 역시 이렇게 불평등한 것을 놓고 본다면 그때 생기는 결과나 이 결과가 같은 것이기 때문에 그 맥락과 뿌리도 같다는 겁니다. 그래서 전체적으로 분화되고 넓어지면서 인간화랄까, 우주화랄까, 이렇게 발전될 수 있는 거라고 봅니다. 그게 혼자 힘으로 가능하겠습니까만 그걸 지향하고, 자기 자신을 투신하는, 오늘 죽는 한이 있더라도 그걸 지향하면서 죽는 이런 자세가 있어야 한다고 생각합니다.

지 핵 폐기장 같은 경우 "우리에게 핵발전소를 통한 전력 개발은 꼭 필요한 것이고, 그래서 핵 폐기장 역시 만들 수밖에 없는 것 아니냐"는 얘기를 하는 사람들도 있지 않습니까? 주민들 자체가 환영하는 경우도 있고요.

문 미군기지 확장도 그렇고, 새만금도 그렇고, 핵 폐기장도 그렇고, 이런 국책이라고 이르는 모든 사업은 정부가 일방적으로 국민을 무시하고, 공갈 협박과 거짓 회유 같은 걸로 성취하려고 하는데 큰 문제가 있다고 봅니다. 애초부터 까놓고서 "이게 필요하다"고 했을 때, 핵 폐기장이 필요하다고 하는 사람도 있을 것이고, 절대로 안 된다고 하는 사람도 있을 겁니다. 그래서 최대공약수를 내서 필요한 부분만 하면 되는 것인데, 지금 여기는 285만 평이 공동화될 가능성이 아주 농후해요. 왜 그러나하면 주한미군이 벌써 2만 5000명으로 감축되는 것은 확실한 것 아닙니까? 장차 이것보다 더 감축되어서 1000여 명만 남을 수도 있다는 얘기가 워싱턴 정가에서 나오고 있지 않습니까? 그 얘기는 순환배치한다는 겁니다. 그러니까 여기에 대규모 지상군이 머물러 있을 이유가 없다는 겁니다. 그러니까 일종의 허브가 되는 거예요. 순환 병력을 맞이하고 관리하기 위한 최소한의 인원만 필요하다는 거죠. 군사력도 해군력과 공군력을 주로 해서 신속하고 정밀하게 타격하고 빠지는 이런 전략으로 갈 겁니다. 그리고 미군의 위락시설이 상당히 많이 들어올 겁니다. 호화 아파트에다가, 우리 군인과 미군이 사용하는 주택 면적을 한 번 비교해보면 되는 겁니다. 미군들이 50평짜리에서 살고, 호화수영장에서 수중안마까지 한다고 하는데, 이렇게 보면 우리 국민을 너무 무시하는 것이거든요.

처음부터 제대로 논의해서 필요한 것만 결정하면 되는 것인데, 국민을 완전히 무시하고 주무관서인 국방부가 그림을 그린 대로 해서 미국의 영향력 안에 있는 국회에서 그대로 통과시키고 밀어붙이는 그러한 미군기지 확장 사업, 그러한 새만금 사업, 그러한 핵 폐기장 사업, 이런 형태로는 안 된다는 겁니다. 핵 폐기장, 새만금 찬성론자들은 지금 극우와 생각과 행동이 똑같아요. 다를 바가 없습니다. 누가 그렇게 만들었느냐 하면 정부예요. 그러니까 지금 여기도 주민과 주민을 갈라놔, 여기 주민과 국민을 갈라놔, 가족들도 갈라놔, 그렇게 해서 서로 못 믿는 겁니다. 이러면 공동체를 파괴하는 정부라고 봐야지, 신뢰를 바탕으로 한 공동체를 육성하는 정부는 절대로 아닌 겁니다.

지　공권력도 마찬가지지만, 지금 그걸 제대로 알려주지 않는 언론도 문제가 있지 않습니까?

문　지금 질문하시는 분도 언론이야. 그런데 언론 문제를 나한테 자꾸 물어보면 어떻게 해? (웃음)

지　저희는 전문 언론인이 아니라서요. 그렇게 따지면 그렇지만, 다르게 하려고 노력은 하고 있습니다. (웃음) 어쨌든 언론에서 "일부

시민단체나 환경운동에 발목이 잡혀서 수조 원의 손해를 보고 있다"고도 하고, "(주민들이) 죽창을 들고서 (방어 행위도 하지 않는) 군인이나 전경들을 폭행한다"는 식으로 여론을 호도하고 있는데요.

문 그러니까 백색 테러나 똑같은 얘기야. 무슨 얘기냐 하면 필요 이상으로 미군기지를 확장하는데, 돈 들어가는 것은 아깝지 않은 거잖아. 1000억이 문제가 아니라 몇 조에 가까운 돈이 들어가는데요. 그리고 폭력 문제, 이것은 그야말로 적반하장도 유분수야. 이종호라는 지휘관이 전경들 지휘하는 걸 보았지 않습니까? 그 사람이 여의도에서 농민 시위 진압을 지휘하는 걸 보았지 않습니까? 사람까지 죽었지 않습니까? 여기서 죽지 않은 것은 천만다행인 거예요. 정말 사람 죽이고도 남겠더라고. 그래서 그걸 항의했어도 묵묵부답이었거든요. 그리고선 똑같은 형태로 여의도에서 했거든. 그래놓고 이종호라는 사람이 물러났지 않습니까? 그런데 지금 강원도 가서 있지 않습니까?

우리가 유신을 겪는 동안 얼마나 국가폭력에 시달렸습니까? 그러면서 화염병을 폭력이라고 하고. 여기에서 경찰의 폭력은 시작부터 폭력이야, 들어오면서부터 보십시오. 대추리 주민들은 자유롭게 찾아오는 사람을 맞이할 수도 없다는 이야기입니까? 대추리 주민이 밖으로 이동했을 때 자기 집에 들어가면서 주민등록증을 보여줘야 하는데요. 자기 집에 들어갈 때 주민등록증 내고 들어가는 데가 어디 있습니까? 이 자체가 폭력이라고요. 이것에 항거하면 특수공무집행방해라고 하는 겁니다. 그걸로 벌금형을 받기도 하고, 재판중인 사람이 얼마나 많은데요. 나는 검찰이나 경찰이나 법원에 끌려간다고 하더라도 조사에 응할 마음이 없어요. 해봤자 소용없어요.

정부는 이렇게 시작부터 폭력을 휘두르면서 폭력을 말할 자격이 없다고요. 이것은 자기들의 폭력을 은폐하기 위한 궤변에 불과한 겁니다. 미란다 원칙(경찰이나 검찰이 피의자로부터 자백을 받기 전에 반드시 변호인 선임권, 진술 거부권 등 피의자의 권리를 알려 주어야 하는 원칙—편집자)도 없이 다짜고짜 수백 명을 잡아가는 건 폭력이 아니고 뭡니까? 거기에 저항하면 특수공무집행방해가 첨가되고요. 이 자체가 폭력인 거예요. 그리고 책임 있는 자가 주민들한테 "그렇게 죽고 싶어. 이리와 땅에 묻어줄게"라고 말하는 게 있을 수 있는 행동입니까?

지 일부에서는 보상금을 많이 받기 위한 집단이기주의로 매도하고 있는데, 이런 얘기에 대해서는 어떻게 생각하십니까?

문 제가 여기에서 1년 6개월 넘게 상주하고 있지 않습니까? 그래서 동네 상황에 대해서 누구보다도 많이 알고 있습니다. 주민들은 "단 한 평도 줄 수 없다, 올해도 농사짓고, 내년에도 농사짓자"고 얘기하는데, 전 이게 다라고 봅니다. 실제로 그래요. 여기서 10억 보상받는 사람도 있어요. 그게 몇 명이나 되겠습니까? 대부분의 사람은 소작인이에요. 부재지주들의 땅을 맡아서 농사지어 먹고사는 소작인인데, 그렇다면 집하고 집터 밖에 없잖아요. 그게 4000~5000만 원 정도 되나 봐요. 그게 대부분의 사람들입니다. 그거 가지고 밖에 나가서 살 수 있는가를 생각해보세요. 전셋집 정도는 얻을 수 있을지 모르겠지만, 뭘 먹고 살라는 말입니까? 여기서는 텃밭 가꿔서 산다고요. 그리고 마을공동체를 통해서 기계농도 의지하고 해서 추수한 다음에 줄 것 주고, 남은 것으로 1년 먹고 사는 거예요. 여기를 떠난다는 것은 죽는 거나 다름없는 겁니다.

그리고 이 분들은 역사가 있지 않습니까? 1939년에는 일본군에게 빼앗겼고, 1952년에는 미군에게 빼앗겼어요. 원래의 대추리를 빼앗기고 와서 여기에다 새로운 대추리를 꾸린 거예요. 여기 사람들은 대추리라는 이름이라도 갖고 나와서 다행이라고 생각하는데, 또 여기서 빼앗기면 대추리라는 이름을 땅에다 묻어놓고 갈 것이냐, 산에다 버릴 것이냐, 바다에다 버릴 것이냐… 이러고들 있다고요. 여기 사는 게 제일인 게지, 실제로 나가면 죽는 길로 간다고 생각하는 거예요. 이 대부분의 사람들에게 보상을 노리고 데모한다고 말하는 것은 주민들을 모독하는 거라고요. 언론도 여기 들어와서 아무라도 찍어서 인터뷰를 해보면 아는 건데, 취재해보면 아는 건데, 왜 그거 하지도 않고 국방부에서 얘기하는 "백만장자가 생존권을 요구한다는 것은…" 따위의 보도문만 받아서 기사 쓰는 거냐고요. 그건 국방부 장관 이야기일 뿐이에요. 그렇게 얘기하는 것은 모독하는 거예요. 나가서 누구라도 찍어서 얘기해보라는 겁니다. 주민들 반절 정도는 빠져나갔는데, 회유와 공갈에 넘어가서 동네사람들 배신하고 나간 사람들이죠. 이 사람들은 한 푼이라도 더 받으려고 하겠죠. 그런데 이 사람들을 두고 하는 이야기가 아니라 남아 있는 사람들을 두고 하는 얘기니까 모독이라는 겁니다.

지　'불의와 맞서 싸우는 사제'라는 이미지를 갖고 계신데요. '평택미군기지확장 저지를 위한 범국민대책위원회' 상임대표이시고, 1년 6개월을 대추리에 거주하며 이곳 주민들과 먹을 것을 나누고 함께 싸워오셨는데요. 이 싸움이 지금 우리에게 가장 중요한 문제라고 생각하시는 것 같습니다.

문　그렇죠. 1997년부터 미군 문제, 한미 간의 불평등한 관계들을 알게 됐어요, 내가 찾아서가 아니라 우연하게. 1996년에 군산오룡동성당 본당 신부가 됐는데요. 군산에는 미 공군기지가 있지 않습니까? 시민사회단체들이 저한테 와서 미군기지에서 벌어지는 일에 대해서 얘기를 해주고 그랬죠. 제일 처음 문제가 된 것은 활주로 사용료 문제예요. 전라북도에는 민항기가 없습니다. 공항이 없어요. 그래서 미 공군기지 활주로를 이용해서 KAL기, 아시아나기가 이착륙을 하는데요. 요즘 그거마저도 폐쇄를 하네 마네 해서 취항 횟수가 많이 줄어들었어요. 이래가지고 활주로 사용료, 활주로 유지보수비를 MOA(Memorandom of Agreement, 합의각서)라는 이름으로 국방부 군수과와 미 공군기지 부대장이 5년마다 한 번씩 협상을 가지는데, 1997년보다 다섯 배를 올리라고 한 겁니다. 상식적으로 생각할 때, 우리가 주둔비 대줘, 땅을 기한도 없이 공짜로 쓰게 해주고 있는데, 활주로 좀 사용한다고 해서 사용료에다 유지보수비까지 내라고 윽박지르는 게 말이 되냐고요.

지　우리 땅인데요.

문　이건 도저히 납득할 수 없는 일이어서 반대를 위한 조직을 만들었죠. 활주로 사용료 인상 반대를 위한 모임을 만들었는데, 저더러 상임대표를 하래요. 그래서 했죠. 국방부가 저한테 전화연락을 해요. 협상하러 내려가는데, 그런 얘기를 해달라는 거예요. 그러고 나서 협상을 마무리지었는데, 국방부 장관이 "군산 시민들이 고맙지 않느냐, 너희가 가서 설명회를 해라"고 해서, 국방부 군수과장이 군산 공항에 방을 빌려서 우리한테 공청회를 해주는데, 결론은

"여러분들이 나라에 돈을 많이 벌어줬다"는 겁니다. 미군 주장대로 인상은 하되, 5년 동안 단계적으로 하기로 해서 그 차액은 벌었다는 겁니다. 그것이 큰돈이라는 거죠. 그래 놓고 보니까 그런 과정에서 여러 가지 불평등한 일이 눈에 띄더란 겁니다. 예를 들면 오폐수 문제가 있는데, 하루에 3000톤씩 서해바다로 흘려보내는데… 내 돈 들여서 수질 검사를 해보니까 BOD(생물학적 산소 요구량)가 135ppm이에요. 20ppm이 넘으면 공장지대에서 공장을 폐쇄하니 뭐니 난리가 나는 거예요. 그런데 그것을 지금도 방류하고 있어요. 배 째라는 식이죠. 우리가 국가기관 모든 곳에 진정을 해도 SOFA 때문에 어쩔 수 없다는 겁니다. 소음 피해, 공여지 문제, 미군 범죄 문제, 이런 것을 통해서 SOFA라는 걸 알게 됐어요. 이게 전국적인 사안이고, 군산만의 상황은 아니라고 생각해서 서울에 올라와서 SOFA 개정 국민행동을 했는데요. 처음에 127개 단체에서 148개 단체로 늘어났죠. 그 와중에 매향리 폭격장 문제가 터지고, 전동록 씨 감전 사고가 터지고, 효순이·미선이 일 터지고, 맥팔렌드 일 터지고 해서 SOFA 개정을 흉내 내는 자리까지 만들어냈는데, 소용이 없었죠. 그 다음에 불거진 것이 이라크 파병 문제, 미군부대 이전 문제 아닙니까? 그래서 여기 올인하게 된 것이죠.

지　기 투쟁을 반미, 친북으로 보는 사람들도 있지 않습니까? "평택 주민들의 의사와 관계없이 외부 세력들이 미군 철수 등의 정치적인 목적을 위해서 선동하고 있다"고 주장하는 사람들도 있는데요.

문　그게 범대위를 향해서 하는 얘긴데요. 범대위는 시작부터 미군기지 확장 저지가 목표입니다. 미군기지 확장 저지에 동의하는 사람은 범대위에 다 가입할 수 있습니다. 그러면 여러 부류가 있을 수 있는데, 그 중에서 한총련, 민주노총을 두고 하는 이야기인 것 같아요. 한총련, 민주노총 이걸 놓고 그 사람들이 과도하게 포장하는 것이 눈에 보입니다. 정치적인 문제로는 6.15선언이 있지 않습니까? 6.15선언에 입각해서 남북문제를 해결하고자 하는 이 자체를 색깔론으로 매도한다고 보면 큰 잘못이죠. 아직도 국가보안법이 살아 있는데, 국가보안법에 대한 논의도 극에 달해 있는 것 아닙니까? 폐지될 위기까지 왔지만 살아 있는데요. 그럼에도 불구하고 국가보안법을 적용할 수 있는 범위가 굉장히 줄어들었어요. 왜냐하면 사회를 인식하고 있기 때문이죠. 그래서 법의 잣대를 광범위하게 할 수 없어서 그러는 거고, 그건 진전이라고 봐야 되는데, 그럼에도 불구하고 거꾸로 나가니까 아마 이 문제는 더 많은 시간이 요구된다고 생각합니다. 우리의 인내와 투쟁이 더 필요한 거죠.

지　일부 시민단체에서 주장하는 미군 사격장을 폐쇄하자는 주장에 대해서 『조선일보』가 "일본에 가서 훈련하다 보니 수많은 추가 인력과 공중 급유기가 필요해 장기간 이 비용을 감당하지 못할 것이고, 조종사들이 (훈련을 못해) 자격을 유지하지 못하면 한반도 밖에서 대안을 찾을 수밖에 없다"라고 사설을 통해 반박했더군요.

문　그동안 아무 무리 없이 잘 썼죠. 그런데 국민적인 의식 변화에 의해서 매향리도 폐쇄하게 되었고, 직도 사격장을 미군 사격훈련장으로 만들려고 하는데, 그것도 국방부에서 도둑질한 겁니다. 안보 논리가 그대로 통할 때 국방부에서 갖다 때린 겁니다. 군산시의 허가도 얻어내지 않고, 관행으로만 해서 법적 절차도 엉터리예요. 그럼에도 불구하고, 한국군이 쓰던 것을 미군이 또 쓴다고 하니까 반대하는 거죠. 그만큼 달라진 거예요. 한국군이 쓰던 것도 가만히 있었잖아요, 그만큼 피해를 보고도. 어장의 피해, 인명 피해까지 있었어도 안보라는 덫에 걸려서 아무 말도 못했었는데, 지금은 세상이 달라져서 그것을 거부한다는 겁니다.

지　정부는 예정한 평택시 대추리, 도두리 일대의 주민들을 10월 말까지 강제 이주시키기 위해 명도소송을 냈다고 하던데요. 어떻게 대처하실 생각인가요?

문　하겠죠. 자기네들 절차대로 하겠죠. 그렇게 하면 주민들은 처절하겠죠. 들어낼 거 아닙니까? 살림살이를 들어내고 다 때려 부술 거 아닙니까? 그렇게 하겠죠. 그러나 아무리 언론이 그렇다고 하더라도 계속 숨길 수는 없을 겁니다. 있는 그대로 보일 수밖에 없습니다. 그러면 지금 당장은 미봉될지 몰라도 근본적인 해결을 볼 수는 없는 겁니다. 시간문제죠.

지　지금 몇 가구 정도 남아 있고, 주민들이 가장 고통스러워하는 것이 어떤 겁니까?

문　98가구가 남아 있어요. 사실 주민들은 겁에 질려 있죠. 어떻게 막아낼 수 있느냐, 그런데 지금까지 버티는 이유는 이 분들도 사실은 이판사판이에요. 어차피 죽는다, 마지막 철거를 할 때까지 싸우더라도 우리가 밑질 것은 없다는 거죠. 오히려 유리할 수 있다고 생각하는 면도 있는 것 같은데, 우리 같은 사람은 그렇게 생각지 말라고 하죠. 왜 그러냐 하면 "이미 협의매수에 응해서 나간 사람들과의 형평성 때문에 그렇다, 여러분들이 싸웠다고 해서 더 주면 그 사람들이 가만히 있겠느냐. 그리고 그 손해를 정부가 감수하겠느냐" 하는 얘기를 하는 거죠.

지 지금 상태로 정부도 물러서기 어려운 입장인 것 같은데요.

문 시민사회단체 77개 단체가 3주 전인가 기자회견도 했는데, 내용을 보니까 "정부도, 주민도, 범대위도 한 발씩 물러서야 한다"는 표현이 있더군요. 그래서 "정부와 주민을 똑같은 입장으로 보는구나. 갑과 을 같이 사고파는 관계로 보는구나. 그것이 아니다. 이 분들은 벼랑 끝에 서 있는 사람들이다. 한 발짝 뒤로 물러나면 낭떠러지에 떨어지는 것인데, 어떻게 그런 표현을 하느냐"는 얘기를 전화로 했어요. "미군기지 확장 반대다. 더 이상도 이하도 아니다. 단 한 평도 용납할 수 없다"고 대답했는데, 이게 주민을 대변하는 말은 아니고, 제 마음인 거죠.

{ "내 소망은 끝내 '남은 자'가 되는 것"

지 이른바 '여명의 황새울' 작전이 새벽 5시에 전개되지 않았습니까? 윤광웅 국방장관이 "역사적 국책사업을 집행하는데, 더 이상의 기다림은 없을 것"이라고 긴급 기자회견을 한 지 스무 시간도 안 된 시점이었는데요. 이것이 박정희 정권 때 인혁당 사건 관계자들에게 사형선고를 내린 지 20시간이 안 된 상황에서 사형을 집행한 결단(?)을 연상시키더군요.

문　저는 그런 표현을 한 적이 없는데, 들어보니 그러네요. 저는 인혁당 사건 때문에 다리병신까지 되었지요. 1975년 4월 9일, 대법원 판결 때 엠네스티 인터내셔널의 변호사 한 분하고, BBC 방송의 PD 한 분하고, 제가 통역을 맡아서 기다림 끝에 어떻게 해서 법정에 들어갔는데요. 판결이 끝나고, 판사들은 들어가 버리고… 그 아수라장을 봤거든요. 항의하는 사람들을 질질 끌어다가 차에 싫어서 여기저기 내버리고 했는데, 그날 저녁에 잠을 자고 새벽 7시에 유족들이 전화를 해서 "사형을 집행해버렸다"고 해서 기독교 방송에 확인해봤더니 사형이 집행되었다는 겁니다. 그래서 서대문구치소에 갔는데요. 경찰이 새카맣게 있어서 그것을 뚫고 들어가서 봤는데, 가족들이 뒤엉켜서 오열하고 있었어요. 시신을 가족에게 인계하려다가 딱 막혀가지고 뒷문으로 빠져나가는데, 응암동 로터리에서 잡았어요.

거기서 하루 종일 실랑이를 하다가 시신을 빼앗기고, 벽제 화장터에서 강제로 화장당해버렸잖아요. 그러고서 막차를 타고 전주를 내려가려고 하는데, 세상은 아무렇지도 않더군요. 그냥 그대로 돌아가데요. 그렇지만 인혁당은 지금 계승중이에요. 국가인권위에서도 조작이라고 발표하고, 민사소송이 들어가 있어요. 정체가 드러난 거잖아요. 이것도 다 드러나게 되어 있어요. 30년이 걸려서 드러날지도 모르지만, 드러나게 되어 있어요. 주민들의 정당성이나 범대위의 정당성은 그때서야 드러나게 되겠죠. 진리가 사람을 살리는 거지, 힘이 살리는 게 아니잖아요.

지　이 상황을 보면서 권력의 작동방식이라는 게 정도 차이만 있지, 본질은 같은 게 아닌가 하는 생각마저 들었거든요. 신부님은 두 사건을 다 가까운 곳에서 지켜보신 분이잖아요.

문 전 그렇게는 생각하지 못했거든요. 써먹어야겠네, 공감이 가니까. (웃음) 윤광웅 국방부 장관이 5월 4일 지나고 여기를 군사시설 보호구역으로 선포했다는 말이거든요. 가서 보세요. 철조망이 군사시설입니까? 벼가 누렇게 익어가고 있는데, 벼가 군사 시설이야? 이거 불법이에요. 행정소송을 해서 재판중인데, 판사가 골수 보수라는군요. 그렇다고 치고, 미군기지 확장 예정부지라고 금을 그어놓는 것까지는 인정한다손 치더라도 군사시설 보호구역이라는 것은 납득할 수 없다는 겁니다. 그걸 근거로 검문검색을 하는 거거든요. 그러니까 불법이지.

지 천주교정의구현사제단을 비롯해서 종교계의 민주화 투쟁 역사가 있지 않습니까? 지금은 그런 활동이 예전보다 활발하지 않은 듯한 느낌도 드는데요. 그리고 지금은 보수적인 종교단체가 훨씬 더 활발하게 사회적인 목소리를 내는 것 같습니다. 그런 걸 보면서 어떤 생각이 드십니까?

문 정의구현사제단은 그 전부터 활동을 하긴 했지만, 1974년 9월에 성명서를 내야 하는데, 단체 이름이 있어야 되겠더라고요. 그래서 붙인 것인 정의구현전국사제단이에요. 그 명칭을 지금도 바꾸지 않고 그대로 사용하고 있는데, 30주년이 넘었죠. 각 교구 대표들이 있고, 회원 가입 방식이 아니에요. 예를 들어 대추리다 하고 모이면 그게 '정의구현사제단'이에요. 조금 하다가 그만두는 사람도 많아요. 30년이면 한 세대인데, 중간에 들어온 젊은 사람들이 하고 있는데, 제가 여기서 이러고 있으니까 십여 명이 와서 옥상에 같이 올라가서 버텨줬다는 겁니다. 사제단은 아무도 말하지 못할 때 말하는, 아무도 행동하지 못할 때 행동하는 그것으로 일관해 왔다고 봐야 하거든요.

사실 시작부터 정의구현사제단에 적을 뒀서 저보고 원로라고 하고 창설 멤버라고 하는데, 아직도 그 정신으로 있고, 젊은 사람들이 그 점을 인정하는지 내가 하는 일에 협력해준다고 봅니다. 그러니까 정의구현사제단이 조용하다고 하는 얘기는 할 얘기를 하는 데가 그만큼 더 많아졌기 때문일 겁니다. 지금도 다른 게 있나요? 제 1년 후배 박홍이 있는데, 가까이 지냈던 친구죠. 개도 이제 (나이) 칠십 줄이야. 그런데 나는 그 친구와 달리 젊은 사람들의 메시지를 같이 말하고 있으니까 다행이라고 생각해야지, 얼마나 살지 몰라도.

지 　박홍 총장은 왜 그런 발언을 한다고 보십니까?

문 　그런 이유가 있겠죠. 여러 가지 추측들이 있는데, 안기부 어쩌고 하는 얘기도 있고. 그런데 본인이 얘기 안하니까. 제가 얘기하는 건 그거죠. "너 교수지, 맞지. 네가 네 제자를 공산주의자라고 고발하면 되겠느냐. 설령 네가 죽는다고 하더라도, 네가 성직자로서 그럴 수 있느냐? 장발장 모르냐? 교수는 사제지간이고 부모자식 관계다. 설령 그렇더라도(공산주의자라 하더라도) 네가 감싸야 하는 것이고, 제발 TV에 나오지 마라. 어쩔 수 없이 나오는 것하고 네가 나오는 건 달라" 하고 말했는데, 그날 저녁에 또 TV에 나오더군요. (웃음)

지 　노무현 정부에 대해서는 어떻게 생각하십니까? 아까는 기대안하셨다는 말씀을 하셨는데요.

문　내 주변에서 "이회창이냐, 노무현이냐. 이회창은 독재정권의 연장이다, 노무현은 그래도 우리 쪽"이라는 분위기가 있었죠. 사실은 이회창이 될까봐 겁이 나면서도 노무현에 대해서는 크게 기대를 하지 않았습니다. 조마조마한 끝에 당선이 되기에 안도하게 됐는데, 당선자 시절에 민주당 당사에서 만나자고 해서 가서 만났어요. 그랬더니 "촛불을 거둬달라"는 거예요. 그 이유는 "북핵 문제가 걸려 있다. 북핵 문제는 생존권 문제다. 소파 문제는 자주 문제다. 살기 위해서는 소파를 좀 늦춰야겠다"는 얘기예요. 그래서 제가 반기를 든 것이 "우리는 사람이오. 사람은 죽음을 택할 수도 있는 거요. 사람은 자주해야 살아 있는 것이지, 종속되어서는 살아 있는 게 아니오. 불평등한 관계에서는 살아 있는 게 아니오"라고 얘기했더니 당선자가 "신부님, 제가 소파 개정합니다"고 했는데, 하긴 뭘 했습니까? 이런 얘기를 통해 '한미관계에 있어서만큼은 기대할 수가 없구나. 벌써 미국의 비위 맞추기가 시작되는구나'라는 생각이 들었죠.

그러니까 당선되기 전에 했던 "사진 찍으러 미국에 가지 않겠다. 미국에 가더라도 할 말은 하겠다"는 말이 생각났는데, 만나보고 나서 '할 말을 못하는 당선자로구나, 할 말을 못하는 대통령이 되겠구나'라는 생각이 들어서 크게 기대하지 않았죠. 그래도 희망을 가졌던 것은 여소야대가 아니라서 '그래도 뭔가를 해낼 수는 있겠구나' 했더니 오히려 한나라당과 손을 잡으려고 하고, 뜨거운 감자인 국가보안법이 공론화될 때 폐지하면 되는 건데, 그것조차 못하고서 이제는 영영 글러먹게 된 거잖아요. 탄핵 때도 한나라당이 밉죠. 탄핵은 말이 안 되는 거죠. 저도 똑같은 마음입니다. 그래서 국민들이 바로잡아놨으면 정신을 차려야 하는데, 자신의 지지층을 발판으로 삼는 게 아니라, 이것을 무시하는 듯 한나라당하고 끌어안기를 하고 장난을 하다가 여기도 놓치고 저기도 놓치는 일이 벌어진 겁니다. 앞으로 남은 임기동안 아무것도 할 수 없는 대통령이 되었다는 생각이 들어요.

지 9월 24일에 '사람을 먹여 살려온 들녘을 사람 죽이는 전쟁기지로 만들지 않기 위한' 4차 평화대행진이 서울에서 열리는데요. 어떤 준비를 하고 계시나요?

문 이건 분기점이라고 보거든요. 10만 지킴이를 모으는데, 지금 3만 6000이 됐다던가요? 서울 집회에 3만, 4만, 5만 정도는 모여야 할 것 같습니다. 9월 8일부터 24일까지 평화 순례를 계획해서 순례를 하면서 시민사회단체나 국민들을 만나서 이 문제를 호소하고, 안에서 지킴이들은 지킴이들대로, 이번 빈집 철거를 투쟁하면서 얼마나 처절해요. 그것을 알리면서 24일을 부각시키는 이런 작업을 하고 있습니다.

지 "죽봉 시위대 진두지휘한 문정현 신부를 파문해야 한다"는 일부 가톨릭 신도들의 주장에 대해서는 어떻게 생각하십니까?

문 그런 주장은 1974년 이후 계속해서 듣고 있습니다. (웃음) 입 달렸으니까 입 달린 사람 쫓아다니면서 막을 수도 없는 노릇이고요. 나와 교회의 관계가 더 중요한 거죠.

지 그렇게 주장하는 사람들은 "종교 지도자는 사회 문제에 대해서 참여하지 말아야 한다"고 말하면서 자기들은 훨씬 더 적극적이고 세속적인 방식으로 참여하지 않습니까?

문　넓게 보면 성서의 정신, 공회의 정신이 필요하다고 생각하는데요. 성서는 가난하고 고통받고 소외된 사람들의 편에 서는, 소리를 내도 소리가 나지 않는 그게 성서의 시작부터 끝까지입니다. 공회라는 것은 이 사회의 고통은 바로 교회의 고통이요, 기쁨 또한 교회의 기쁨이다, 그러니까 사회속의 교회인 겁니다. 거기에서 약자의 편에 들고, 불의에 항거하고 하는 그것을 원형이 되도록 살아준 분이 예수님이세요. 예수님의 수난사를 자세히 보면 바로 순교의 길입니다. 죽음을 택하는 길인 거죠. 그래서 그 원형을 좇아 사는 이것은 누가 판단을 못해요. 그래서 교회와 나의 관계는 뭐냐, 저는 주교님으로부터 하지 못하도록 경고를 받거나, 벌을 받거나 한 일이 없어요. 오히려 장려는 있었죠. 돌아가시기 직전에 전임 주교님이 제 손을 꽉 잡고 "문 신부님. 잘 살고 있는 거야. 계속해서 그렇게 살아줘" 했는데, 이게 유언이에요. 그 체계 내에서 그렇게 그 사람들이 주장하는 대로 옷을 벗길 수는 없는 거죠.

지　요즘 종교인들 중에서 신부님처럼 어려운 곳에 임하는 사람은 적은 것 같은데요.

문　내 별명이 잘 지어졌어요. 〈MBC 스페셜〉에서 「길 위의 신부」라는 제목으로 한 시간짜리 프로가 나갔거든요. 그 사람들이 한 달을 따라다니면서 베타테이프 120개를 찍었어요. 그때 매향리 투쟁할 땐데, 자고 일어나면 거길 갔다고요. 쫓아다니면서 그 사람들이 지쳤어, 그래서 그 사람들이 이름 지어준 게 '길 위의 신부'예요. 그

사람들이 이름을 잘 붙여준 덕분에 '이렇게 살아야 한다'는 생각이
든 건데, 내 개인적으로는 '남은 자가 되자'고 다짐했습니다. 이게
성서적이에요. 남은 자, 영어로는 렘란트 그래요. 나는 관변으로 안
가. 우리 신부들 가운데도 관변으로 간 사람들 많아요. 나는 안 가.
"그럼 어디에 남아 있을래?" 하면 "대추리에 남아 있을 거야. 고통
받는 사람들과 같이 있을 거야. 다른 데로 안 가. 남아서 길에서 살
다가 죽는 게 내 소원이야"라고 대답하고 싶어요. 그걸 누가 뭐라
고 한들 상관이 없고, 옷을 벗겨도 할 수 없어요, 그것이 이유라면.
내가 잘못할 수도 있지만 그 잘못은 개인적인 책임이고, 사회적으
로 나쁜 영향을 줬다면 벌을 받아야 마땅하겠지. 제가 신부 된 지
40년이거든요. 40년 동안 생각해서 얻은 결론인데, 이제 지난날보
다 더 짧게 살아야 하는데요. 내 인생의 지표는 렘란트가 되어서 길
위에서 살다가 가는 거예요.

지　특별한 계획이나 끝으로 해주실 말씀은 없으신가요?

문　특별한 계획은 없어요. 이렇게 사는 것으로 끝이에요. 제가 무
엇을 이룰 수 있다고 생각하지 않아요, 내가 뭔데. 그러나 이렇게
살다가 죽음을 맞이한다면 내 이상, 종교적으로 가면 하느님 나라
를 바라보고 죽는 거죠. 거기까지 이른다고 하는 것은 욕심일 거고,
내 소관이 아니에요. 그 길에서 고통 받고 있는 사람들과 같이 행진
하다가 어떤 한계에 부딪히면 가는 거죠. 욕심도 없어, 그냥 살다가
가는 거예요.

지　귀한 시간 내주셔서 감사합니다.

정태인
한국 경제정책의 실상을 고발한 '경제 보안관'

과거의 혁명세력이 안주해서 부패했을 때
그걸 다시 복원하는 것이 얼마나 힘든가를 봤죠.
새로운 방향에 대한 비전을 제시하지 못했을 때,
비록 사이비지만 구세력이 자기들의 한계를 생각하고
뉴라이트 같은 것으로 국민을 현혹하는데,
다 이쪽에서 배운 거 아닙니까?
이 상황에서 뚜렷하게 방향을 제시하지 못하면
상당기간 혼란에 빠질 가능성이 있습니다.
개혁세력의 힘이 달려 패퇴하고 무능으로 찍히면
한동안 반동의 시기를 겪을 수밖에 없는데
역사에서는 비용이 큰 단계를 겪게 되는 거죠.
한미FTA 투쟁은 앞으로 오랫동안 그 비용을
얼마나 치르게 될 것이냐를 가름할 겁니다.

—정태인, 본문 인터뷰 가운데서

● 1960년 서울에서 태어났다. 서울대학교 대학원에서 경제학을 수료했고, 1987년부터
한국기독교사회문제연구원, 한국사회과학연구소 연구국장, 한국학술진흥재단 전문위원 등을 거쳤다.
〈CBS 시사자키 오늘과 내일〉(2000년), 〈MBC 초대석〉(2001년), 〈KBS 경제전망대〉(2002년)를 진행하며
인기를 끌던 정태인은 2002년 대통령직인수위원회 경제1분과 인수위원을 거쳐 대통령 직속
동북아경제중심추진위원회 기조실장, 청와대 국민경제비서관 등을 거쳤다. 현재 한미FTA의 올바른
이해를 유포하기 위해 생업을 포기하고 강연 등에 열중하고 있다.

정태인

● 정부의 한미 FTA 졸속 추진에 대해 강한 경고의 목소리를 내고 있는 정태인 전 청와대 국민경제비서관을 2006년 5월 29일 오전 〈희망제작소〉 사무실에서 만났다. 한국 정부에서 모델로 삼고 있는 멕시코의 상황을 둘러보기 위해 〈KBS 스페셜〉 팀과 함께 멕시코에 보름간 다녀온 정태인 전 비서관은 한미 FTA를 어떻게 맺느냐에 따라서 앞으로의 100년이 좌우될 수도 있는 문제라고 지적하면서 "잘못 추진할 경우 대통령은 다음 정권에서 청문회에 설 수도 있다"고 경고하기도 했다.

이에 대해 그는 "뻔한 미래이며, 실현된 미래다. FTA는 굉장히 큰 쇼크이기 때문에 부작용이 굉장히 많이 나올 정책이다. 그 영향이 현 정부에서는 나오지가 않고 다음 정부에서 나올 것이기 때문에 자기들이 책임을 지지 않기 위해서라도 청문회에 세울 것이고, 실은 대북송금 (후유증)보다 훨씬 부작용이 클 것"이라고 지적했다.

또 정태인 전 비서관은 "미국형 경제 체제는 대단히 불안한 체제다. 달러를 기축 통화로 가지고 있지 않았다면 미국은 외환위기를 여러 번 맞았을 것이다. 한국 또는 중남미 같은 나라가 미국형 체제를 그대로 베껴놓으면 굉장히 위험해진다. 멕시코의 한 경제학자는 멕시코와 미국의 경제가 동조된 것을 보고 '우리는 악마와 키스를 했다' 는 표현을 할 정도다. FTA를 맺게 되면 미국형 체제를 여과 없이 받아들이게 될 가능성이 높은데, 이것은 대단히 위험한 일"이라고 강하게 경고하고 있다.

"현재 진행중인 한미 FTA는 너무 위험한 도박"

지승호(이하 **지**) 이번 달 4일부터 16일까지 멕시코에 다녀오셨지 않습니까? 거기서 뭘 느끼셨습니까?

정태인(이하 **정**) 가장 극명하게 드러난 것은 양극화 현상입니다. 멕시코 관료들이 주장하는 대로, 우리 공무원들도 멕시코 모델을 많이 선전하고 있는데요. 그 선전대로 수출이 늘고 외국인 직접투자가 대폭 증가한 것은 사실입니다. 수출이 4배쯤 늘었고, FDI(외국인 직접투자)도 매년 180억 달러나 됩니다. 우리나라가 60억 달러니까 3배 정도가 들어오는 거거든요. 수출과 투자가 늘었기 때문에 경제에 좋은 영향을 미칠 것이라고 예측할 수 있고, 그 부분은 성과라고 할 수 있습니다. 하지만 실제로 1인당 GDP 성장률은 1994년

NAFTA 체결 이후부터 현재까지 1.45퍼센트에 불과합니다. 수출이 4배나 늘고 투자도 많이 늘었지만, 1인당 GDP에 도움이 되는 것은 없었다는 거지요. 1인당 GDP라는 것은 평균 수치인데, 불행하게도 낮은 1인당 GDP 성장률도 빈부격차에 의해서 차이가 극심하다는 겁니다.

어떻게 보면 멕시코 패러독스라고 부를 만한데, 그 비밀은 마킬라도라에 있습니다. 모든 외국인 투자가 마킬라도라라는 기계산업단지에 집중되어 있는데, 우리로 치면 1970년대 마산 수출자유지역에 가깝습니다. 물론 그때는 섬유류 이런 게 주였지만, 마킬라도라는 자동차·전기·전자·섬유 등으로 구성되어 있거든요. 고도의 산업이 다 들어와 있다고 볼 수 있고, 거기에 들어간 기업들을 보면 현대자동차를 제외한 6대 자동차 메이커인 GM, 크라이슬러, 폭스바겐, 도요타, 혼다 등 세계적인 기업은 다 들어가 있습니다. 마찬가지로 전기·전자도 산요라든가 미츠비시라든가 삼성, LG 등 가전제품을 만드는 세계적인 기업도 다 들어가 있습니다. 거기에 외국인 투자가 집중되어 있으니까 투자가 굉장히 늘었고, 거기서 생산된 상품의 90퍼센트는 수출이 되고, 그 중에서도 85퍼센트는 미국으로 수출되었으니까 투자와 수출이 늘어난 것은 당연하죠. 그런데 실제로 이익을 보는 것은 초국적 기업들이고, 그곳의 노동자는 12시간 노동에 (사람마다 차이가 있기는 하지만 대체로) 20만~40만 원을 받고 있습니다. 말하자면 외국의 기술과 자본을 들여와서 멕시코의 저임금을 이용해서 조립한 다음에 다시 미국으로 수출하는 거죠. 부품과 기계의 90퍼센트가 미국에서 오는데, NAFTA가 그런 면에서 도움을 준 거죠. 외국 제품을 수입하는 데 무관세, 다시 수출하는 데 무관세니까 수입·수출·투자 모두 늘었지만, 멕시코에 실제로 떨어진 것은 한때 200만 명 정도까지 고용이 늘어난 것 정도입니다. 그러나 그것도 지금은 줄어들고 있는데, 마킬라도라에 사는 노동자들의 임금은 저임금이었고, 노동자들이 사는 데를 보면 우리나라 1970~1980년대 구로동의 벌집보다도 못해요. 심지어 전기나 상수도가 안 들어오는 데도 있을 정도로 비참한 생활을 하고 있습니다.

마킬라도라가 그래도 수출을 전용으로 하는 지역이라서 그것은 잘된 거다, 플러스 알파라고 생각할 수도 있는데요. 마킬라도라에서 멕시코 현지 시장으로 흘러나오는 물건들이 있으니까, 그것과 경쟁하는 멕시코의 중소기업들은 대부분 몰락할 수밖에 없습니다. 게다가 부품의 3퍼센트만 멕시코의 다른 기업이 조달하고 있으니까, 그 3퍼센트를 공급하는 멕시코의 국내 기업을 제외하고는 심대한 타격을 받을 수밖에 없는 거죠. 제조업에서는 국내 산업 연간이 완전히 끊어지면서 중소기업의 몰락이 있었습니다. 또 하나는 농업인데, NAFTA 조항에서 멕시코가 잘못 맺은 것이 농업이에요. 가장 중요한 게 주산물인 옥수수입니다. 또르띠야라고 하는 만두피 같은 것이 있는데, 거기에 쇠고기 넣고, 돼지고기 넣고 하는 내용물에 따라 이름이 달라지는데, 기본은 같습니다. 또르띠야에 싸먹는 건데, 지금은 그것을 미국 옥수수로 만들고 있습니다. 옥수수는 멕시코가 원산지라고 알려진 만큼 멕시코의 주곡인데, 농업보조금을 받는 미국 농산물이 밀려들어오면서 사실상 생계농조차도 농사를 포기하는 지경에 이르게 됩니다. 종자도 미국 종자를 쓰고, 비료 같은 것들도 소득이 되는 대로 썼는데, 그런 수입품 가격은 올라가고, 옥수

수 가격은 제가 본 자료에 따르면 45퍼센트까지 떨어집니다. 원래
는 수입쿼터가 있어서 그게 철저하게 지켜졌는데, (언제부턴가) 수
입쿼터보다 더 많은 옥수수가 들어와서 농업이 몰락하게 되는 거
죠. 그래서 멕시코의 전설적인 영웅 사파타의 후예들인 사파티스타
라고 하는 농민반란이 일어났고, 지금도 계속되고 있습니다. 마르
코스의 인기는 하늘 높은 줄 모르고 치솟다가 2000년 이후에는 상
당히 사그라졌는데, 그 이유는 100년 가까이 된 혁명의 방식이라는
게 현대에는 잘 통하지 않기 때문이라고 볼 수 있을 것 같습니다.
마킬라도라도 미국과 국경을 맞대고 있는데, 그 부분의 농업은 상
당히 잘되고 미국에 수출도 됩니다. 야채라든가 열대 과일 같은 것
은 바로 인접한 미국에 수출을 해서 굉장히 발전을 했지만, 아까 사
파타 얘기가 나오는 것은 남쪽이거든요. 북부를 제외한 나머지 농
업지역, 특히 주곡 생산지역은 몰락합니다.

또 하나는 멕시코에서 농산물로 유명한 게 설탕, 커피 같은 건데,
이것도 NAFTA 협상을 잘못해서 미국이 수입을 제한해버리고, 동
시에 SPS라고 해서 식품 검역 같은 것을 까다롭게 해서 수입을 제
한한 건데, 말하자면 불공정 무역입니다. 그리고 NAFTA 협상에서
맺은 결과마저도 미국 의회의 비준 과정에서 뒤집어 놓습니다. 설
탕을 수입을 금지시켜버리는데요. 환금작물조차 수출길이 막히면
서 농업이 몰락하게 되는 거죠. 농업과 국내 중소기업의 몰락이 멕
시코 전체의 빈부격차를 심화시켰습니다. 최근에 약간 호전되고 있
다는 얘기가 나오지만, 전반적으로는 빈부격차가 악화되었습니다.
사실은 NAFTA 이후만 봐서는 안 되고, 1982년부터 자유화를 하고,
1986년에 GATT에 가입하고, 1994년 NAFTA를 맺고, 그러고 12년

이 흘렀는데요. 24년을 한 범위로 보면 그 이전에 비해 빈부격차가 심해졌다고 볼 수 있습니다.

지 멕시코의 마킬라도라를 두고 우리 정부는 성공 사례로 꼽고 있지 않습니까?

정 분명히 마킬라도라에 투자와 수출이 늘어난 것은 사실이지만, 우리나라에서도 벌어지고 있는 양극화 현상이 조금 더 극단적으로 벌어지고 있다고 생각하면 됩니다. 물론 우리나라는 상황이 조금 다릅니다. 미국이 마킬라도라에 간 것은 기본적으로 미국과 국경이 맞닿아 있으니까 공장을 이전하기도 쉬웠고, 수출을 해도 물류비용이 적게 드니까 하는 거지요. 둘째는 우리나라의 임금 수준하고 멕시코의 임금 수준을 비교하면 3:1 정도니까 한국에는 그런 저임금을 이용한 조립공장이 올 수가 없습니다. 단 하나의 가능성이 있다면 한국이 중국과 FTA를 맺고 있다고 한다면 중고가품을 생산해서 중국에 수출하려고 하는 전략을 쓸 수가 있는데요. 지금 우리나라가 중국하고 FTA를 맺을 가능성은 먼 미래의 일로 되어 있죠. 원래는 FTA 로드맵에서 미국하고 중국이 가장 뒤늦게 되어 있었거든요. 한국에서는 마킬라도라 현상이 제조업에서는 일어나지 않겠지만, 서비스 시장에서는 일어날 수 있습니다. 캐나다의 경우를 볼 수가 있는데요. 미국 자본 진출의 97퍼센트가 인수합병 방식입니다. 우리나라의 법률시장이라든가 회계시장 같은 데는 미국 대기업에 인수합병된다고 보면 될 것 같습니다.

아까 멕시코의 양극화에 대해서 보충할 게 있는데요. 1982년경부터 민영화를 추진했는데, 미국 기업이 직접 인수한 것은 금융 쪽입니다. 그래서 지금 멕시코에 변변한 은행이 없습니다. 미국 아니면 스페인이고, 나머지 부분은 국영기업들을 민영화하는데, 그것은 멕시코의 재벌들이 인수를 했어요. 그래서 전화료 등의 공공요금이 폭등하는 현상을 보이고 있습니다. 철도 같은 경우에는 지방으로 나가는 노선이 끊겨 버립니다. 수익성이 낮으니까 끊어버리면 이익이거든요. 국가가 할 때는 산골까지 다 가야 하죠. 민주주의를 달성해야 되니까. 완전 민영화를 시켜버리면 돈 안 되는 오지는 안 가게 되는 거죠. 공공성의 훼손도 심각하고요. 물론 고급 의료시장, 교육 같은 데는 미국 자본이 들어오지 않았습니다. 워낙 소득 수준이 낮고, 부자들은 다 북부지역에 살거든요. 그러니까 이 사람들은 아프면 미국 병원에 가면 되고, 애들은 미국 학교에 다니면 되거든요. 멕시코 현지에는 아직 (교육·의료) 시장이 형성되어 있지 않습니다. 한국도 지금은 마찬가지지만 장차 한국에는 의료나 교육이 들어올 가능성도 없지 않습니다. 특히 재경부나 외교부가 별로 관심이 없는 미국의 교육 비영리 법인이라든가 의료 기업들에게 특혜를 줘서 끌어들이려고 유인책을 굉장히 많이 쓰고 있어요. 그런 정책이 쌓이고, 한국에 시장이 형성될 것 같다는 생각이 들면 들어오겠죠. 그러면 미국의 의료·교육 시장이 한국에서 재현될 텐데, 그것은 상당히 불행한 상황입니다. 비싼 민간보험에 들지 못하면 감기정도는 그냥 (집에서) 앓아야 되는 거고, 그뿐 아니라 더 큰 질병도 그냥 앓아야 될 수도 있습니다.

지 　미국에서는 부자들도 의료비가 많이 드는 병에 걸릴까봐 상당한 부담을 느끼고 있다고 하던데요. 우리가 공공의료 면에서는 미국보다 좀 낮지 않습니까? 거기는 응급실에 한번 가기만 해도 의료 보험 혜택이 없으면 1000달러 정도가 있어야 된다고 하더군요.

정 그럼요. 미국은 국가 의료 시스템이 사라진 상태죠. 헬스케어라고 해서 노인들이나 아동들을 보호하는 건 있지만요. 제가 보기에 (의료보장제도가) 가장 철저하게 되어 있는 데는 영국이나 프랑스 같고, 우리나라도 혜택의 범위가 작다고는 하지만, 적어도 감기 같은 것 때문에 걱정하지는 않잖아요. 그런데 그런 거마저도 무너질 가능성이 있습니다. 물론 아주 단기에는 일어나지 않을 일이지만, 차기 정권 또는 차차기 정권에서 일어날 수도 있는 일이라고 생각합니다.

지 가시기 전에 대통령께 공개편지를 쓰셨는데요. 그 글에서 "한미 FTA는 남은 임기를 훨씬 넘어 아이들 세대를 거쳐 손주들에게도 영향을 미칠 어마어마한 사건입니다. 대통령께서 책임지려도 책임질 수 없는 그런 일입니다"라고 하셨는데요. 그런 어마어마한 일을 하는 데 있어 대통령이 굉장히 독주한다는 느낌도 듭니다.

정 1월 26일 대통령 면담에서 한미 FTA를 하는 이유를 설명하시는데, 합리적인 이유라라고 든 것이 서비스 시장이었습니다. 중국이 제조업에서 빠른 속도로 추격해오고 있으니까 "한국이 살 길은 서비스다. 미국 기업이 들어와서 우리나라 서비스 산업을 발전시키기 위해서 FTA를 한다"고 하시더군요. 그런 이유라면 사실은 DDA 협상에서 서비스 분야를 양허하는 것이 훨씬 좋은 방법이거든요. 그러면 미국 기업뿐 아니라 유럽 기업들도 들어와서 경쟁할 수 있기 때문이죠. 저는 대통령의 주장이 옹색하다고 생각하고요. 그런 생각을 하시는 것 같은데, 서비스업 같은 것들이 발전해서 제조업을 지원하면 제조업의 생산성이 올라가서 제조업의 고급화도 이룰 수 있는 것 아니냐는 건데요. 그런 메커니즘이라고 할까요. 그렇게 유도하는 정책은 전혀 없는 상태거든요. 그것도 그다지 신빙성이 있는 얘기 같지는 않다는 겁니다.

일단 아까 말씀드렸듯이 서비스업이라는 것은 고급 서비스업이 양극화되는 것으로 귀결될 가능성이 높고, 그것이 바로 제조업 생산성으로 연결된다고 하는 메커니즘이 보이지 않는다는 겁니다. 다만 "우리 국민은 똑똑하다"라든가, 정문수 보좌관 같은 경우 "해외 교포들이 고급 서비스업에서 성공하지 않았느냐"는 얘기를 하는데요. 그건 논리라고 할 수도 없어요. 또 하나의 예로 관료들도 흔히 드는 것이 세계 최대 시장인 미국 시장을 선점한다는 논리를 펴고 있는데요. 현재 미국의 평균 관세율이 2.5퍼센트라서 (부분적으로는 높은 관세율을 유지하는 부분이 있지만) 전혀 의미가 없는 숫자입니다. 월드뱅크에서 2.5퍼센트 정도면 MFN(Most Favored Nation, 최혜국)의 범위 내에 있다고 보거든요. 3퍼센트 이내면 관세 차별하는 것으로 보지 않습니다. 그 2.5퍼센트마저도 한 5년 내지는 10년에 걸쳐서 낮추는 것이기 때문에 현대자동차 소나타 같은 경우 1년에 10만 원 정도 떨어뜨리는 거예요. 10만 원 가지고 타던 자동차를 바꾼다든가 하는 일은 벌어지지 않기 때문에 수출선점 효과가 없을 겁니다. 그리고 관세가 높은 부분은 대부분 우리나라가 생산하지 않는 제품입니다. 자동차에서 픽업이라든가 SUV 얘기하지만, 그것은 우리나라가 생산하지 않는 것입니다. 농업은 말할 것도 없어요.

지 2월엔가 측근들이 대통령과 식사하는 자리에서 문제를 제기하셨다고 들었습니다. 그때 커뮤니케이션이 잘 안 됐던 건가요?

정 지금 한 얘기입니다. 1월 26일, 충분히 말씀을 저도 드렸고, 대통령도 조금 전에 얘기한 수출 선점이라든가, 서비스 시장 개방에 따른 서비스 산업 발전 전략, 그리고 그것에 의해서 제조업의 경쟁력을 향상시키겠다는 말씀을 하셨고, 저는 그게 얼마나 위험한 정책인가를 얘기해서 팽팽하게 맞섰는데요. 대통령께서 하신다는 거니까. (웃음)

지 항간에는 "청와대 내에서 문제를 제기하지, 왜 하필 밖에 나와서 그러나" 하고 말하는 사람들도 있거든요.

정 제가 있는 동안에는 (선결 의제가) 한미 FTA가 아니었어요. 그때는 한미 FTA가 맨 마지막에 설정되어 있었고, 그건 뭐 증거자료를 제시할 수가 있는데, 마지막에 중국과 미국이 남았을 때 미국을 먼저 할 것이냐 하는 얘기가 있었지, 갑자기 일본에 앞서서 미국을 한다고 하는 것은 정말로 돌발 상황입니다. (웃음)

지 『한겨레 21』에서 "스스로 처벌하는 심정으로 문제를 제기한다"고 하셨는데요. 한국적인 정서로 볼 때 그것을 배신행위로 보는 경우도 있지 않습니까? (웃음)

정 장세동 씨하고 비교하는 사람들도 있던데요. 그런 봉건적 사고야 개의치 않습니다. 대통령에 대한 의리를 지키면 좋은데, 잘못하면 나라 100년이 걸린 문제잖아요. 한미 FTA 자체가 절대악이라고 말할 수는 없는데, 이렇게 준비가 안 된 상태에서 졸속으로 하는 것은 미국의 요구를 그대로 받아들인다는 얘기거든요. 그건 정말 위험한 일이기 때문에 반대하는 거죠. 사실 FTA 협상이 잘못되면 국제신인도가 떨어진다고 하는데요. 금년만 해도 FTA 협상하다가 중단한 나라가 네 나라나 있습니다. 스위스, 에콰도르, 아랍에미레이트 등이 있는데요. 그 나라들이 국제신인도 떨어졌다는 얘기 들어보셨어요? 우리나라도 한일 FTA 협상하다가 중단되어 있는 상태인데, 그것 때문에 국제신인도에 지장이 있다는 얘기는 전혀 없습니다.

지 다른 중요한 부분도 많은데, 국제신인도에 신경을 곤두세우는 것은 금융자본의 논리 같은데요. 그런 데 일희일비하는 것에 대한 비판도 있지 않습니까? 참여정부의 정책 기조도 주주자본주의의 논리를 받아들이는 측면이 있었던 것 같고요.

정 주주자본주의와 직접 연결되는 것은 아니고, 한미 FTA의 성격은 미국형 체제를 그대로 받아들인다는 겁니다. 미국이 주도하고 있는 공격적 자유주의 또는 경쟁적 자유주의는 대단히 강도가 높은 FTA입니다. 현재 200여 개의 FTA가 있다고 하지만, 그 중 대부분은 수준이 낮은 FTA입니다. 일반 경제협력협정에 가까운 FTA들이 대부분인데요. NAFTA를 비롯해서 미국이 맺은 FTA는 거의 경제통합 전 단계로까지 볼 수 있는 그런 강력한 FTA입니다. 그럴 경우에는 미국의 제도들이 그대로 한국에 들어올 텐데요. 현재도 한국에는 원래의 자본주의와 안 맞는 부분이 있거든요. 장하준 교수가 얘기하는 저투자, 금융의 단기주의, 근시안적 행동 때문에 투자가 낮다든가 하는 문제를 안고 있는데, 미국형 체제가 들어오면 그런 것들이 훨씬 더 심화된다고 볼 수 있습니다. 미국형 경제체제는 대단히 불안한 체제입니다. 달러를 기축통화로 가지고 있지 않았다면 미국은 외환위기를 여러 번 맞았을 겁니다. 달러를 찍어내거나 세계 시장이 불안하면 달러 가치가 더 올라가는 덕분에 미국 국채가 가장 안정적인 투자 대상이 되어 있어서 외환위기가 일어나지 않는다는 거죠.

한국 또는 중남미 같은 나라가 미국형 체제를 그대로 베껴놓으면 굉장히 위험해집니다. 그뿐 아니라 세계 최강의 군사대국이라는 면도 있고, 대학 교육의 메카라서 우수한 사람들이 몰려들잖아요. 과거 일본이 3종의 신기神技를 갖고 있는 나라라고 했는데, 그것보다 훨씬 강력한 3종의 신기를 갖고 있는 나라가 미국입니다. 그런 것 없이 미국형 체제를 우리나라에 복사한다면 한국은 대단히 위험한 지경에 빠질 겁니다. 멕시코의 한 경제학자는 멕시코와 미국의 경제가 동조된 것을 보고 "우리는 악마와 키스를 했다"고 표현할 정도입니다. FTA를 맺게 되면 미국형 체제를 여과 없이 받아들이게 될 가능성이 높은데, 이것은 대단히 위험한 일입니다.

지 실제로 미국은 가장 강력한 보호무역국가였지 않습니까? 자신들의 국력과 경제력이 강해지면서 자유무역을 주장하고 있는데요.

정 사실은 모든 나라가 다 그랬어요. 해밀턴 초대 국무장관이 보호무역주의를 체계화했는데, 리스트보다 앞선 거죠. 그때는 영국이 워낙 경쟁력이 강했으니까 그로부터 자신들의 산업을 보호하기 위해서 그랬던 겁니다. 보호주의가 옳다거나 자유주의가 옳다거나 하는 것을 단정적으로 얘기할 수는 없습니다. 다만 한국을 비롯한 동아시아 국가들은 굉장히 높은 경제성과를 보여 왔습니다. 그것은 시장 일변도도 아니었고, 그렇다고 국가가 모든 것을 계획하는 경제도 아니었어요. 우연히 찾아진 것이지만 시장과 국가가 적절히 조화되는 것이었고, 민주주의가 빠른 속도로 도입되면서 그것을 적절하게 견제하는 체제였다고 할 수 있거든요. 그러한 장점 가운데는 현실에서 더 이상 통용되지 않는 것들도 있습니다. 그렇다면 그것을 어떻게 새로운 측면과 결합해야 하는가를 고민해야 하는데, 그것을 일거에 외부 쇼크에 의해서 미국화한다는 것은 대단히 위험한 도박입니다. 도박도 심각한 도박이죠.

{ "미국에서 공부했다고 미국을 잘 아는 건 아니다"

지   "국민이 참여해야 내용이 충실해지고 우리 국민의 이해관계가 충분히 반영될 수 있다. 그래야 나중에 생길 변화에 대해서도 국민의 이해를 구할 수 있다"고 하셨는데요. 참여정부라고 하면서 파병도 그렇고, 모든 면에서 국민들의 참여를 배제하고 졸속 추진하고 있다는 느낌이 듭니다.

정   두 가지 측면을 얘기할 수가 있는데요. 하나는 다른 FTA와의 비교입니다. 조그만 나라와 맺는 FTA하고는 비교가 안 되지요. 그런 경우는 강력하게 맺어도 우리나라에 큰 지장은 없습니다. 한일 FTA는 우리나라에 큰 영향을 미칠 수 있어요. 그런데 그것은 3년 넘게 준비해왔습니다. 국책 연구원이나 정부의 보고서가 100권이 넘습니다. 민간에서 연구한 것도 많아요. 한일 공동 연구도 처음에 연구소들끼리 합니다. 그 다음에 산관학 공동연구도 하고요. 그런 연구를 3년을 했어요. 그리고 2년을 협상하다가 중단된 상태인데요. 그런데 미국은 정상적인 과정에서 당연히 거쳐야 할 연구가 전혀 없는 상태에서 그것도 10개월 안에 협상을 하겠다고 나서니까 문제가 되는 겁니다. 두 번째는 국회의 역할인데요. 국회의 역할은 그동안 없었으니까 다른 것과 비교할 수는 없지만, 통상절차법이나 이런 것들을 통해서 정말 우리 경제의 장기적인 운명을 결정할 수가 있고, 국민의 삶을 뒤흔들어 놓을 수가 있기 때문에 국회가 충분히 검토를 할 수 있어야 합니다.

만일에 그야말로 외교적인 문제가 있어서 국민에게 모두 공개할 수가 없다면 국회에서라도 검토를 해야 하는데, 그런 장치가 전혀 없이 협상이 끝난 이후에 비준을 하느냐 마느냐만 국회가 하도록 되어 있거든요. 이것도 문제가 있습니다. 대의제로 봐도 문제가 되는 부분이죠. 오랫동안 연구를 하면 모든 문제가 다 드러나서 국민들도 알게 되고, 거기에 대응해서 자기는 어떻게 행동해야 하느냐, 어떻게 벌이 바뀔 것인가를 알 수 있어야 하는데, 지금은 언론들도 사실은 잘 모르고 있거든요. 그러니까 문제가 뭔지에 대해서 정확히 짚지를 못하는 겁니다, 워낙 정보를 안 주니까. 이런 상태에서는 그야말로 외부 쇼크가 되는 거고, 갑자기 제도가 바뀌게 되면 모든 경제 주체들은 행동하지 않습니다. IMF 위기 직후에 일어났던 일들이 바로 그런 것들인데, 이렇게 되면 실제로 공황이 일어날 수 있습니다. 제도가 변화한 데서 오는 장기적인 문제도 있지만, 단기적으로도 경제 위기를 맞을 수 있기 때문에 가능한 많은 정보를 국민들에게 주고, 국민들의 합의에 의해서 마지노선을 설정하고, 그것에 기초해서 교섭을 추진해야 합니다. 국민들의 의견이 충분히 반영되면 반영될수록 미국과의 협상에서 결정된 것들도 수용하기가 더 수월해지는 거거든요. 그런 과정을 생략한 상태에서 이처럼 서두는 것은 정치적으로도 대단히 위험한 행동입니다.

지　지난번 『한겨레21』 특집기사가 김현종 본부장과 정태인 전 비서관의 대담으로 기획된 게 아니었습니까? 그런데 그쪽에서 인터뷰를 거부했다고 하던데요.

정　김현종 본부장은 어떤 언론에도 나오고 있지 않습니다. 외신에만 나오고 있습니다. (웃음)

지　외신에는 왜 나갈까요? (웃음)

정　본인이 미국 사람을 만나는 게 더 편한가 보죠. (웃음)

지　현재 교섭중인 김현종 통상교섭본부장이나 다른 핵심 멤버들의 경력이나 학력으로 볼 때 미국통이라고 볼 수 있을 것 같은데요.

정　미국통도 아니에요. 미국에서 공부했다고 해서 미국을 잘 아는 게 아닙니다. 미국에서 공부하다보면 미국에 대한 신화 같은 것을 가질 수도 있고, 잘사는 사람들이라 미국의 상류 계층만 보고 왔을 수가 있거든요. 그래서 미국 사회에 대한 상당한 신비화 같은 것들이 있습니다. 아닌 사람들도 있습니다만, 미국에서 경제학을 공부한 사람들이 대부분 그런 것 같은데요. 그런 정도의 미국 경제에 대한 지식을 가지고, 미국 경제를 우리나라에 옮겨놓겠다고 하는 얘기는 대단히 위험한 발상입니다.

지　그러다보니 한미 FTA가 미국 대표와 미국 대표간의 협상이 되는 것이 아닌가, 우려하는 사람도 있습니다.

정　그건 멕시코에서도 똑같이 나왔던 얘기예요. 멕시코의 고위 관료를 만났는데, 우리로 치면 경제보좌관실의 국장인데요. 우리 재경부 공무원들과 하는 얘기가 똑같아요. 미국 표준 교과서에다가 워싱턴 컨센서스를 맹신하고 있다고 하는 증거입니다.

지　이런 상황을 타개할 방법이 없습니까? 협상 테이블에 추천할 만한 다른 분은 없나요?

정　외교라는 것은 전문성이 필요한 거니까 그렇게 할 필요는 없는 것 같아요. 하지만 마지노선 같은 것들을 정부가 확정할 필요가 있습니다. 국민들에게 이것만은 지키겠다고 얘기할 필요가 있는데, 대표적으로 투자자가 국가를 직접 제소하는 것, NAFTA의 11조에 해당하는 건데, 이게 우리나라에도 그대로 들어와 있는 것으로 알려져 있는데요. 투자 조항 중에서 기업의 정부제소권은 삭제해야 합니다. 삭제하지 않으면 우리 국가나 국민의 사회적 권리가 침해될 가능성이 대단히 높습니다. 분명히 FTA는 강한 쪽에 유리하게 되어 있는데, 그걸 떠나서 미국의 시민단체들도 그 얘기를 합니다. 기업의 정부제소권은 미국의 주권과 민주주의를 침해하는 조항이라고 얘기할 정도입니다. 2006년 2월 현재 42건이 제소되어 있고, 그 중에 11건이 해결되었는데요. 다섯 건은 기업이 이기고, 여섯 건은 국가가 이겼습니다. 다섯 건은 모두 미국 기업이고, 여섯 건 가운데 세 건은 미국 정부, 세 건은 멕시코 정부가 이겼어요. 현재까지 숫자가 너무 작아서 모르겠지만, 미국에 상당히 유리하다는 느낌을 주는 것이 사실입니다. 이것이 설치되어 있는 데가 UN과 월드뱅크인데, UN은 UNCITRAL이라고 하는 거고, 월드뱅크에 있는 것은 ICSID라고 건데요. 모든 국제기구에서 미국의 영향력은 여태까지 우리가 경험한 바에 따르면 대단히 강했기 때문에 이 기구들의 중립성이 의심스럽고, 더구나 비밀주의로 유명합니다. 따라서 국가의 굉장히 중요한 문제들을 외국의 사적인 기관에 맡기는 것은 헌법 위반입니다. 미국에서도 위헌이라는 얘기가 나오고 있을 정도입니다. 특히 환경권, 보건에 관한 권리들, 노동권, 이런 공공의 권리들, 흔히 사회권이라고 하는 부분들을 침해당할 소지가 굉장히 많습니다. 더 큰 문제는 우리 외교부가 이걸 당연한 것으로 생각한다는 겁니다. 이걸 글로벌 스탠더드로 생각하는 겁니다. 그러나 그렇지 않습니다. 미국이 맺은 강력한 FTA에만 들어 있는 거고, EU가 맺은 데는 안 들어 있습니다. 기본적으로 이런 분쟁은 국가 대 국가가 해결하도록 되어 있습니다. 외교부가 기기묘묘한 논리를 많이 내는데요. 국가와 국가의 분쟁을 없애줘서 좋다고 하는데, 사적인 기구에 국가의 법률을 맡기는 건 정말 말이 안 되는 얘기잖아요.

지 말씀하신 부분에 대해서 『한국경제』는 "미국 정부도 피소당한 적이 있고, 정부가 패소한 경우는 42건 중 5건 밖에 되지 않는다"면서 과장된 주장이라고 반론을 제기했는데요.

정 그것 자체가 통계를 엉터리로 해석한 거죠. 외교부가 보낸 보도자료만 보고 쓴 건데요. 말씀드렸듯이 42건 중에서 해결된 게 11건입니다. 그 가운데 다섯 건을 기업이 이겼는데, 미국 기업이 다 이겼어요.

지　여론을 호도하는 내용이군요.

정　그뿐 아니라 국제관계든 사회관계든 힘의 비대칭성을 인정하지 않는 거잖아요. 가령 현대나 삼성이 한미 FTA를 맺는다고 해서 미국의 어떤 규제를 제소할 수 있겠느냐 하는 대목에 이르면, 저는 굉장히 힘들다고 봅니다. 언제나 안티 덤핑을 맞을 수 있는데, (미국의) 반덤핑법은 정말 자의적이고 국제법 위반이라는 판결이 내려졌음에도 불구하고 여전히 힘을 발휘하고 있지 않습니까? 현대나 삼성이 미국 정부의 규제, 그것도 환경권이라든가 노동권 같은 사회적 규제를 문제 삼아서 제소한다는 것은 상상하기 어렵습니다. (한국과 미국에) 똑같은 법률이 있더라도 힘의 비대칭성 때문에 (한국 쪽에) 불리한 일이 벌어질 수 있고, 그렇다면 약한 쪽에서는 당연히 똑같은 권리와 조항을 동시에 빼기를 원하는 것이 정당하고 합리적인 행위지, 똑같다고 해서 똑같이 놔두면 약자가 손해를 보게 마련이죠.

미국의 메탈 콜래드라는 기업이 있습니다. 이 기업이 처리하고 있는 독성 물질이 상수원과 농토로 흘러들어가 농민들에게 막대한 피해를 주었음에도 이를 규제했던 멕시코 정부는 결과적으로 이 기업에게 350만 달러를 물어줘야 했어요. 엑킬코프레이션이라는 회사는 가솔린 첨가제를 쓰는 과정에서 신경유해물질을 쏟아낸 후 제재를 받았지만, 오히려 캐나다 정부를 제소해서 1300만 달러의 벌금을 받아낸 예가 있습니다.

지　이런 걸 알려줘야 할 언론이 침묵하거나 재계의 나팔수처럼 보도하는 이유는 뭐라고 보십니까?

정 이번에도 사실은 정부에서 4쪽짜리만 공개하고 30쪽짜리는 국회의원 일부에게만 줬는데요. 그게 흘러나온 거죠. 그거(4쪽짜리)만 봐서는 없습니다. 기업의 정부제소권이라는 게 안 나타나 있어요. 패널위원회에서 해결한다고만 나와 있습니다. 이건 그 이후의 절차거든요. 그런데 『프레시안』이 그걸 넘겨짚어서 기사를 쓴 건데, 통상교섭본부가 과잉반응을 해버린 거예요. 그래서 그게 들어가 있다는 게 확인된 겁니다. 그러고 나서 저나 다른 변호사가 문제를 삼으니까 "이건 정당한 거고, 글로벌 스탠더드"라고 주장하고 있는데, 그것도 사실이 아닙니다. 자꾸 이렇게 중요한 부분들이 알려져야지, 안에서도 대응논리도 만들 수 있는데, 전부 비밀로 해서 미국에게 유리하게 결정된 다음에는 돌이킬 수 없는 일이거든요. 실제로 미국과 FTA를 추진하는 나라들은 그런 측면이 있습니다. 국내에서의 흐름이나 정책기조를 다시 돌이키지 못하도록 국제적으로 묶어 놓으려는 의도도 있습니다. 멕시코 정부가 그런 의도를 갖고 있었다고 분석하는 학자들이 있어요. 월드뱅크마저도 그런 부분들을 인정하거든요. 한미 FTA가 체결되면 현재의 강화된 신자유주의적 기조라고 하는 것이 돌이킬 수 없는 대세처럼 되어버린다는 거죠. 그렇게 되면 우리 경제가 감당하지 못할 충격이 올 수도 있습니다.

지 우리와 미국은 우리와 멕시코의 차이보다 훨씬 큰 것 같은데요. 그런데도 글로벌 스탠더드라고 해서 무조건 미국을 따라가려고 하는 것이 문제인 것 같습니다. FTA를 추진하는 데 있어서 멕시코와 한국의 공통점과 차이점은 뭐라고 보십니까?

정　멕시코하고는 다르죠. 다르기 때문에 우리나라에 제조업 직접 투자가 대폭 늘어난다거나 하는 일은 벌어지지 않을 겁니다. 그러나 서비스 시장의 양극화라고 하는, 또는 산업 연관의 약화라고 하는 점은 조금 더 강화되리라 봅니다. 1994년의 자본자유화로부터 이어지는 흐름이 쭉 있지 않았습니까? 1997년 금융 위기를 맞으면서 IMF가 더 강화된 형태로 우리나라에 강요했던 정책기조, 참여정부가 약간 벗어나는 듯 했지만 도로 회귀해버린 그 기조의 정점으로 봐야지, 한미 FTA가 똑 떨어져서 어떤 효과를 내는 건 아니거든요. 그건 멕시코도 마찬가집니다.

그리고 한미 FTA의 의미는 그런 정책기조를 돌이킬 수 없는 것으로 만들어 버리는 역할을 하는 것이죠. 그거는 분명히 막아야 합니다. 한국 경제의 미래 모델이 합의가 안 된 상태이고, 미국형으로 가는 것은 대단히 위험하다고 보는 겁니다. 초기에는 스웨덴 형이나 독일 형 같은 것들이 많이 연구되었는데, 갑자기 모델을 북구 형에서 멕시코 형으로 바꾼 겁니다.

지　스웨덴 형을 검토해봐야 한다는 얘기는 전에도 하셨는데요.

정　실제로 많이 했습니다. 연구는 많이 했는데, 사회적 대타협이라든가 적극적 노동시장정책이라든가 양극화 해결을 위한 여러 가지 정책 같은 것들은 이정우 위원장하고 제가 보고서도 만들고 했습니다만, 관료들의 벽에 부딪혀서 대통령이 채택하지 않았습니다.

지　결국은 관료들의 문제하고, 우리 사회에서 그런 것들을 '좌파적 정책'이라고 몰아붙이는 분위기 때문에 실패한 셈이군요.

정　　그렇죠. 우리나라는 참여정부나 김대중 정부에서도 마찬가지였는데요. 정권이 바뀌었다고 하지만, 삼각동맹이 여전히 지배하고 있습니다. 재벌, 재경부 등 고위 관료, 조중동 등 보수 언론들이 지배하고 있고, 그 정치적 대표가 한나라당이죠. 경제정책 기조에 관해서는 한나라당과 열린우리당의 부총리 출신들이 전혀 다르지 않고 똑같습니다. 따라서 정책 환경이라고 하는 것은 최악이죠.

지　　외국에서도 노벨경제학상 수상자 조셉 스티글리츠나 저명한 일본전문가인 찰머스 존스 버클리대 교수가 미국 경제의 취약성을 맹비판했다는 말씀도 하셨지요. 스티글리츠 교수가 한국에 대해 스웨덴 형을 참고해야 한다고 충고한 사실도 지적하셨는데요. 장하준 교수도 스웨덴의 사회적 대타협을 모델로 삼아야 한다고 충고했거든요. 우리가 미국에 대한 맹목적인 믿음에서 어떻게 벗어날 수 있을까요?

정　　역사 자체가 미국에 대해서 상당히 의존적인 게 있어요. 우리 경제학자의 거의 90퍼센트가 미국에서 공부했을 겁니다. 그런데 미국 경제를 공부한 것이 아니고, 대부분은 이 사람들이 가서 미국 교수들 밑에서 한국 사례를 가지고 박사 학위를 따왔기 때문에 사실 미국 경제의 문제점에 대해서 잘 몰라요. 오히려 재벌은 기업 간 경쟁이 있기 때문에 미국에 대해서 조금 꺼리는 게 있거든요. 그런데 재벌들은 왜 찬성하느냐 하면 미국 기업들이 들어와서 규제를 다 없앨 거거든요. 한미 FTA 자체가 규제를 최소화하는 쪽으로 작용할 것이고, 아까 얘기한 기업의 정부제소권은 규제를 무력화하는 역할을 할 겁니다. 그런 면에서 재벌들은 찬성하는 거죠. 그리고 종이 신문들은 문제가 전혀 없습니다. 누가 『뉴욕타임스』를 보겠습니까? (웃음) 거기다가 방송에 진출할 수 있는 기회까지 열리기 때문에 한미 FTA를 찬성하는 거구요. 삼각동맹의 이해관계를 언론이 마치 객관적이고 중립적인 것처럼 포장해주기 때문에 한국에서는 그것이 당연하다고 생각되는 거죠. 현재로서는 세계적으로 그런 것들이 주류인 셈이죠.

{ ## "청와대 내에 경제정책 전문가가 없다"

지 이번에 멕시코에 가서서 양극화의 급진전을 확인하셨다고 하셨는데요. 참여정부는 양극화 해소를 가장 큰 해결 과제로 보고 있지 않습니까? 그런데도 한미 FTA 추진 과정을 봐도 그렇고, 다른 정책들도 양극화 해소와는 다른 방향으로 가고 있는 것 같거든요.

정 좋게 얘기해서 2년차까지는 극단적으로 진행되는 걸 막은 셈인데요. 예를 들어서 인수위 때 네트워크 공기업의 민영화는 막았거든요. 참여정부 들어와서는 공기업의 민영화가 이루어지지 않았습니다. 그러나 한미 FTA를 맺게 되면 공기업의 민영화가 다시 한 번 화두로 등장할 가능성이 높습니다. 우리가 주목해야 할 사람이 미 국무부 부장관인 로버트 젤릭인데, 보통은 FTA 문안에 보면 공기업의 민영화는 강요하지 않는다는 좋은 말로 되어 있는데, 젤릭은 명시적으로 공기업 민영화는 우리의 3대 목표 중 하나라고 명시하고 있어요. 미국 무역장벽 보고서는 한전, 가스공사 같은 것을 문제 삼고 있습니다. 그럴 경우에 민영화하고, 외국 기업 소유 지분을 늘려주게 된다면 우리 기간산업이 외국 자본의 손으로 넘어가게 됩니다. 이게 단순히 민족적인 문제가 아니라 거의 모든 민영화는 결국 가격을 올리게 되어 있습니다. 처음에는 경쟁체제로 가서 일시적으로 가격이 낮아지는 효과가 있긴 하지만, (기간)망 산업의 특징이 독점화이기 때문에 결국은 독점체제로 가게 되고, 그 이후에는 가격만 높아지고 서비스의 질이 낮아지는 현상이 나타나게 됩니다. 영국이 자랑하던 브리티시 레일도 결국 그렇게 됐어요.

지 손석춘 씨가 어제 라디오 프로그램에서 "김대중 정권이 역대 정권 중 가장 진보적인 정권이었던 건 사실이지만, 양극화는 가장 심화시킨 정권"이라고 했는데요.

정 1990년대가 되면 모든 국제기구가 조건부 원조를 해줍니다. 우리도 마찬가지로 IMF 자금 지원을 받으면서 컨디셔널러티라는 것을 체결하게 되죠. 그것은 바로 워싱턴 컨센서스입니다. 금융 긴축에 따른 안정화 정책, 그 다음에 개방 정책, 공기업 민영화, 이 세 가지가 워싱턴 컨센서스의 핵심이기 때문에 위기에 빠져서 돈을 지원받으면 그 세 가지 정책이 그 나라 경제 정책의 기조가 되어 버립니다. 김대중 정부 때는 특히 (심각한) 위기였기 때문에 그 정책 기조를 받아들일 수밖에 없었고, 원래 경제 관료들은 그런 생각을 가진 데다가 개혁적인 학자들 중에서도 신고전파 개혁론을 주장하는 사람들은 그 부분을 더욱 지지했던 거죠. 그런데 분명히 신고전파 개혁론이라는 것이 과거의 체제를 깬다는 점, 재벌에게 일정한 제약을 가한다는 점에서는 긍정적인 측면이 있지만, 이른바 동아시아 모델의 장점과 대립되는 지점이 있기 때문에 이 지점을 어떻게 조화시켜서 장점들을 살려내느냐 하는 것이 경제 체제에서 중요한 문제거든요. 스티글리츠의 입장은 (구 사회주의권의 시장경제화에서도 마찬가지였어요) 미국 경제는 따를 수도 없고, 따라서는 안 되는 모델이고, 그래도 현존하는 모델 중 가장 바람직한 것은 스웨덴 형 모델이라는 겁니다. 사회적 타협에 의해서 구조조정을 하되 정부가 교육훈련 등의 기회를 제공하는 노동시장 정책에 의해서 노동력이 쉽게 이동할 수 있도록 하는 것이 스웨덴 모델의 핵심이라고 볼 수 있거든요. 그리고 튼튼한 사회보장이 핵심인데, 그것이 사회적인 통합 같은 것들을 깨트리지 않고도 생산성 향상을 도모할 수 있는 시스템이라고 해석하고 있는 겁니다. 우리나라에서도 충분히 실험해볼 수 있는 문제인데, 그러기에는 지금의 정치 지형과 대통령과 측근들의 경제 철학이라고 할까요, 그것에 대한 신념이 굉장히 강력해야 됩니다. 그런 신념에 기초한 구체적인 경제정책들이 나와야하는데, 사실 현재로서는 그럴 사람이 없다고 봅니다.

지   정말 신념이 없고 철학이 없는 게 아닌가 하는 생각이 들 때가 많은데요. 노무현 대통령이 '좌파 신자유주의'라는 자기규정을 하지 않았습니까? 그 점에 대해서는 어떻게 생각하십니까? 저는 잘 이해가 안가던데요.

정   누구 머리에서 나왔는지 모르겠는데요. 왜 그런 표현을 하셨는지는 저도 모르겠습니다. 제가 한때 경제 쪽으로는 대통령의 생각을 가장 잘 읽는다고 생각했는데요. 요새는 읽을 수가 없습니다.

지   대통령에게 전달되는 자료들이 편향되어 있다는 지적도 하셨는데요. "그릇된 정보가 올라오는 것을 차단해야 한다"는 얘기도 하셨는데, 사실 그게 그릇된 정보인지 아닌지는 스스로 판단할 수밖에 없지 않습니까?

정 그것을 결정하는 데가 현재 시스템에서는 정책실인데요. 정책실에는 경제를 아는 민간인이 한 명도 없고, 관료들이 정책비서관을 하고 있어요. 그렇다보니까 그 사람들 입맛에 맞는 자료만 대통령에게 전달하게 되죠. 이걸 과장이라고 하는 사람들도 있습니다만, 과거에는 이정우 위원장이 반대편의 목소리를 전달하는 통로였는데요. 이정우 위원장이 없어진 다음에는 다른 정보가 올라갈 통로가 없어졌고, 안에서 그러한 정책을 생산할 능력이 있는 사람도 없는 것 같습니다. 청와대 내에 민간에서 들어간 경제학자가 한 명밖에 없습니다. 황덕순 비서관인데, 그 분도 사회정책을 하는 사람이고, 차별시정위원회에 있는 비서관이기 때문에 경제정책 기조를 결정하거나 중요한 정책을 결정할 때 참여하지 못하거든요.

지 장하준 교수 같은 경우는 "외환위기 이래 발생한 일련의 경제적 문제가 박정희의 경제개발 노선 때문에 발생한 것이 아님에도 모든 것이 박정희 때문이라고 진단해버린 것"이 문제라고 지적하면서 현 개혁세력의 시장주의와 주주자본주의가 한국 경제를 어렵게 만들었다고 분석하고 있는데요.

정 자기 사촌형한테 할 얘기 같은데요. (웃음) 모든 경제 상황을 과거의 정책에 환원시킬 수는 없겠죠. 그러나 박정희 시대의 정책이라고 하는 것이 이제는 안 맞게 되었다고 하는 것만은 틀림없습니다. 그 부분의 핵심은 뭐냐 하면 군사적 동원이나 강제동원이라는 게 불가능하죠. 장하준 교수도 그 부분을 부정하지는 못할 거예요. 과연 민주적인 절차에 의해서 과거와 같은 동원이 가능할 것이냐 하는 부분에 관해서는 훨씬 더 구체적인 정책들이 검토되어야 하거든요. 아주 구체적인 정책 보따리라고 할까요, 그런 것들이 서로 모순되지 않는 정책조합이 가능할까에 대해서는 꾸준히 실험되어야 하는데, 바로 그 삼각동맹은 글로벌 스탠더드 또는 미국의 정책만이 검증된 것이라고 얘기하고, 그 정책들을 쓰고 있습니다. 미국에서도 실패한 정책들이 많거든요. 반면에 미국에서 성공한 정책들 가운데는 좌파 정책들도 많아요. EITC(근로소득보전세제)라든가 ESOP(우리사주제), 지역재투자법 같은 경우는 좌파 정책이라고 한다는 말이죠. 이것은 미국에서 성공한 정책에 속하는데, 교과서에 없는 것들은 전부 이상한 것이라고 생각하는 편협함이 있는 것 같아요.

지　장하준 교수의 주장을 한국에서는 극좌와 극우로 극단적으로 다르게 해석하는 사람들이 있지 않습니까?

정　극우라고 할 수도 없고, 좌파적이라고 할 수도 없을 것 같은데요. 제가 장하준 교수하고 2년 같이 있었어요. 고등학교 때부터 알던 친구예요. 케임브리지에서도 같이 있었고요. 얘기가 뭔지 다 아는데, 다만 〈참여연대〉 대 〈대안연대〉 같은 식으로 문제가 설정되는 것은 별로 바람직하지 않다고 생각합니다. 〈참여연대〉가 집중하는 것은 물론 주주자본주의 이론에 기초해 있지만, 재벌의 개혁이라든가, 재벌이 너무나 큰 존재로서 견제를 받지 않으면 경제 전체가 위험에 빠질 수 있기 때문에 그 부분을 지적하는 것이지, 주주자본주의로 모든 경제 시스템을 가져가자는 건 아니거든요. 특히 김상조 교수의 경우는 제가 알기로는 이해당사자에 가까워요. 케인스주의자고요. 그런데 그 부분을 너무 과장해서 대립되는 것은 바람직하지 않다고 봐요. 두 얘기가 충분히 결합할 수 있습니다. 너무 현실을 단순화시켜서 대립시켜 놓으면 실제로 쓸 수 있는 정책이 없어요.

지　미국을 배우더라도 제대로 배워야 한다는 말씀도 많이 하신 것 같은데요. 미국이 자유주의적 정책을 쓰는 것 같지만, 어떤 부분에서는 국가가 개입하는 경우도 많았고, 지금도 자기들 산업을 보호하기 위해서 여러 가지 장치를 마련해놓고 있지 않습니까?

정　대표적인 게 농업보조금이라든가 섬유에서 섬유관세율, 이른바 얀 포워드라고 하는 원산지 규정, 설탕에 대한 보호… 이런 것들은 대단히 많습니다.

지　그런 것도 같이 고민하면서 해야 하는데, 우리 관료들이 무장해제하자는 것처럼 보여서 걱정될 때가 많은데요.

정　과거의 관료들이 중상주의적인 국가 이익을 추구했다면, 개명된 신자유주의적 관료들한테는 국가 이익은 안중에 없는 것 같아요.

지　실제로 이번에 갔다 오셔서도 "멕시코가 살기 어려워졌는데도 세계 2위의 부자가 있더라"는 말씀을 하셨는데요. 우리도 그런 식으로 갈 것 같은데요.

정　우리나라의 장점이 계층 간 이동성이었는데, 지금 상층부가 점점 굳어져가고 있거든요. 중하층에서 상층으로 진입하는 통로가 막히고, 과거에는 교육이 그 역할을 했는데, 지금은 오히려 교육이 상층부를 폐쇄회로로 만드는 역할을 하고 있습니다. 그런 점은 굉장히 우려스러운 일이죠.

지 그러다보면 사회문제가 많이 발생할 것 같은데요. 우리의 경우 그걸 개선하기 위한 운동으로 나타나기보다는 개개인의 분노들이 범죄로 표출되는 경우가 많은 것 같습니다. 최근 지충호 씨의 테러도 그런 성격으로 볼 수 있을 것 같고요.

정 운동은 여전히 중요합니다. 멕시코가 방향을 못 잡고 있는 이유 가운데 하나가 혁명의 보위 세력들이 부패한 것 때문인 것 같은데요. 국영기업 노조 같은 경우는 어마어마합니다. 멕시코는 산유국이고 천연자원이 풍부하기 때문에 국유기업들이 많은데요. 국유기업 노동자들이 부패해 있습니다. 그래서 멕시코 국민들의 국유기업 노동자들에 대한 분노가 강해요. 우리나라에서 변호사나 회계사에 대한 국민들의 위화감이 서비스 시장 개방을 찬성하는 것으로 나타나는 것처럼 멕시코 국민들은 국유기업의 민영화에 찬성합니다. 확인되지 않은 정보가 여러 가지 있습니다만, 실제로 드러난 것만 해도 국유기업 노동자들이 돈을 빼내서 자기들의 복지기금으로 사용한다거나 퇴직금이 1000억 원이라든가 하는 소문도 나돌고 있습니다. 그래서 이제 독립노조가 생겨나고 있어요. 그러한 새로운 방향을 설정하는 이런 것들이 자리를 잡아야 그 다음에 대안적인 체제를 모색할 수가 있겠죠. 그런 면에서 아직 한국은 훨씬 건강하고, 방향을 잃지 않았습니다. 이런 상황에서 조금 더 운동 자체도 사회적 타협이라고 할까, 공동체적인 가치가 실제로 실현될 수 있다고 하는 대안적인 정책 체계를 제시하는 게 필요하겠죠. 멕시코는 17년 혁명으로 현재 집권당이 집권한 이후 계속 집권해왔어요. 민주혁명당의 오브라도가 집권하면 조금은 빛이 보이는데, 국민들은 대단히 회의적입니다. 부정선거가 있기 때문에 실제로 10퍼센트 이상을 이기지 않으면 (개표에서) 이길 수 없다고 보는 거죠.

지 공공성의 파괴에 대해서 얘기하신 것은 충격적이었는데요. 돈 안 되는 곳의 철도는 끊기고, 전화요금은 5000배나 올랐다고 들었습니다.

정 통계로는 확인이 안됐습니다. 멕시코 통계청에서 일하다가 노동연구원 같은 연구소에 있는 학자가 쓴 글에 나오는 내용인데요. 하여튼 폭등한 것은 (분명한) 사실이고, 많은 멕시코 인들이 전화를 수신용으로만 갖고 다닙니다. 휴대전화는 상당히 많이 보급되어 있고, 멕시코 브랜드도 있어요. 자동차는 멕시코 브랜드가 없고요. 휴대전화는 중저가 기능인데, 송신이 안돼요. 전화비가 너무 비싸서 수신만 합니다.

지 그게 민영화의 결과라고 지적하셨는데요. 우리도 한미 FTA가 체결되면 그런 상황이 벌어질까요?

정 민영화라고 하는 것이 유효한 경쟁을 보장한다면 서비스의 질은 높아지고, 가격은 떨어질 가능성이 있는데, (기간)망 산업은 특징상 자연히 독점이 될 가능성이 높거든요. 큰 것이 계속 작은 것을 잡아먹어서 독점이 되는…. 기초투자 같은 게 결정적이기 때문에 그런 일이 벌어지는데요. 독점이 되면 서비스의 질은 낮아지고 가격은 올라갈 가능성이 큽니다. 더구나 외국 자본이 그것을 소유했을 때는 단기간에 빨리 투자금을 회수하려고 하는 경향이 강하기 때문에 보수유지비용을 극단적으로 아끼게 되죠. 그렇게 되면 사고도 많이 나고, 서비스 질도 낮아지는 결과를 낳을 수 있습니다.

지 한미 FTA에 대한 문제 제기가 대중적으로 잘 안 알려졌었는데요. 선생님께서 『한겨레21』 등을 통해서 문제를 제기하신 다음부터 분의기가 반전된 것 같습니다.

정 저 때문은 아니고, 공대위나 이런 데서 열심히 했기 때문이죠. 다만 언론이 대통령의 사람 또는 청와대 내부의 분열… 이런 쪽에 초점을 맞추다보니까 어쩔 수 없이 저를 통해서 한미 FTA의 실상도 알리지 않을 수 없는 역할은 했지만, 개인이 할 수 있는 일은 한계가 있어요. 저는 공대위에서 잘해나가고 있다고 생각합니다.

지 언론의 선정성 때문에 부각된 면도 있는 것 같은데요. 결과적으로 좋은 결과가 나왔지만요. (웃음) 이해영 한미FTA저지범국민운동본부 정책단장도 그 부분은 높이 평가했습니다. 그러면서도 "정태인 전 청와대 비서관이 한미 FTA에서의 미국의 역할, 한미 FTA에서의 노무현 대통령의 역할 등에 대해 침묵하고 있다는 이유로 담론을 헛짚고 있다"고 지적했는데요. 이 점에 대해서는 어떻게 생각하십니까?

정 그 부분은 좀 걱정스러운데, 제 개인이 움직이는데, 제가 어떻게 하건 전체 운동의 대세에는 지장이 없는데요. 가령 신중론과 완전반대론을 대립시켜서 볼 이유는 전혀 없다고 생각합니다. 자꾸 그 점을 강조하는 것들은 오히려 제 공동행동을 그르치는 거라고 생각합니다. 어떻게 보면 전략과 전술의 차이일 수도 있는 부분이고요. 제가 아는 한 미국이 강요한 게 아니라는 겁니다. 미국은 사실상 포기하고 있었습니다. BIT를 외환위기 직후부터 재경부가 추구했는데요. 스크린쿼터를 받아주지 않아서 미국이 포기한 상태였거든요. 국내 협상, 국내 조정 능력이 한국 정부에는 없다고 판단하고 FTA를 포기하고 있었던 거죠. 그 이전에 실무 협의에서 미국이 여덟 가지인가를 요구했는데, 김현종 본부장이 그 중 네 가지를 해결해주겠다고 약속해서 미국 정부를 끌어들인 것은 맞습니다. 주체적으로 한 것은 맞는데, 저는 주체적으로 매달렸다고 표현했는데요. (웃음) 전혀 한국에서 그렇게 할 이유가 없었는데, 김현종 본부장 입장에서는 본인이 맡은 동안 FTA를 많이 맺으면 좋다는 신념을 갖고 있는 사람인 것 같습니다. 잘못된 신념인데, 통상교섭본부의 목적이 최대 FTA라고 한다면 잘못 설정된 목표지만 그것에 충실했다고는 볼 수 있죠. 다만 대통령이 그것을 선뜻 받아들인 것은 상식적으로 이해가 되지 않습니다.

지　공개편지에 대한 청와대나 대통령의 반응은 있었나요?
정　반응은 전혀 없었어요. 유시민 장관이 "이제 그만하지" 하는 전화를 가끔 하죠. (웃음) 그건 친구로서 하는 얘기고요. 누나인 유시춘 씨는 계속 하라고 해요.

지　대통령이 다음 정권에서 청문회에 설 수도 있다는 경고까지 하셨는데요.

정　저는 그건 확실하다고 생각합니다.

지　그런 표현을 섭섭하게 받아들이실 수도 있을 것 같은데요.

정　사실을 아셔야죠, 뻔히 보이는 미래인데. 누가 그런 멋있는 표현을 썼더군요, "실현된 미래"라고. 한미 FTA는 굉장히 큰 쇼크이기 때문에 부작용이 굉장히 많이 나올 정책입니다. 그게 현 정부에서는 나오지가 않죠. 현 정부는 협상만 하고 끝내겠다는 거잖아요. 그럼 다음 정부에서 다 튀어나올 텐데, 그걸 자기 잘못이라고 할 정부가 어디 있겠어요? 이전 정부가 이미 다 잘못해놨다고 얘기하겠죠. 사실은 대북송금보다 훨씬 부작용이 클 겁니다. 대북송금은 사실 수사할 문제는 아니었다고 봐요. 하지만 이 문제는 훨씬 큰 문제이기 대문에, 늦었지만 차기 정부에서는 자기들이 책임을 지지 않기 위해서라도 어떻게 해서 이 일이 벌어졌는지 알아야겠다는 명분으로 대통령을 청문회에 세울 겁니다. 참여정부가 했던 일이 있기 때문에 나서지 않을 명분도 없어요. 이른바 4인방이라고 불리는 분들은 전부 청문회에 서게 될 겁니다.

지　선생님도 나가게 될 것 같은데요. (웃음)

정　저는 반대편 증인으로 나오라고 할 텐데, 그건 거부하면 되죠. (웃음)

지　이종회 씨는 "그는 위기에 처한 자본의 나아갈 길에 대한 염려를 쏟아낸 것, 그리고 내심 노무현 대통령에게 그의 신심을 다시 한 번 부각시키고자 이런 도발을 감행한 것에 불과하다. 정태인, 그는 쓴 글을 보나, 스스로 존재가치를 부각시킨 행태로 보나 전략전술에 아주 능숙한 사람임에 틀림없어 보인다"라고 평했는데요. 이런 얘기에 대해서는 어떻게 생각하세요? 또 "한미 FTA 반대한다고 소리 높여 온 동네 휘저어 놓고는 해결 방안이라는 것으로 한중일 FTA 먼저 하자고 던지고 있으니 이는 무엇을 의미하는가. 한마디로 정태인은 자본의 자유무역체제와 FTA 그 자체가 노동자 민중에 미치는 악영향에 대한 고려는 아예 없다. 단지 한미 FTA로 인해 김대중 정권 이래 구상되고 추진되어온 자본의 아시아 지역 블록 구축에 대한 실현 기획이 무망해지고 있음을 낙담하고 있을 뿐이다"라고도 했는데요.

정　그 얘기는 코멘트하지 않겠습니다. 어떻게 보면 중요한 논쟁의 대상이 되긴 하겠습니다만, 한미 FTA 국면에서는 할 얘기가 아니에요. 그럼 어떻게 할 거예요. 지역주의마저, 그것도 충분히 가능성이 열려 있는 경제공동체의 구상마저 신자유주의적이라고 해서 내쳐버리면 운동권이나 개혁 세력, 진보 세력이 가질 수 있는 정책은 없어요. 이 세계 속에 사는 한 모두 신자유주의적이죠. (웃음)

{ "제조업은 우리가 강하다는 건 정말 이상한 신화"

지　노무현 대통령이 아랍에미리트(UAE)를 공식방문하면서 동포 간담회에서 "한미 FTA는 동북아 허브로 가는 길"이라고 한 얘기도 형용모순이라고 지적하시지 않았습니까?

정　'네모난 동그라미'라고 표현했죠. 좌파 신자유주의와 같은 표현입니다. 로버트 젤릭이 얘기했던 미국 정책 기조가 한국을 통해서 관철됐거든요. 이해상관자론과 경쟁적 자유주의 두 가지인데, 앞의 것은 전략적 유연성을 받아들임으로써, 두 번째 것은 한미 FTA를 추진함으로써 미국의 전략에 그대로 복무하는 거고, 그 결론은 중국 포위론입니다. 중국을 포위해놓고 동북아의 허브가 된다는 건 말이 안 되는 거죠. 오히려 아시아의 패권을 둘러싼 중국 대 미일의 대결구도에서 한국이 미일 편에 확실히 선다는 얘기고, 그렇다면 균형자 역할을 완전히 포기한다는 얘기죠.

지　동북아의 패권을 두고 한미일, 북중러의 대립이 심화될 가능성이 높은데, 이것 역시 우리에게는 부담스러운 상황이 될 거라는 말씀이신 것 같은데요.

정　최악의 시나리오죠. 적어도 대통령이 그런 얘기를 한다면 아시아가 미국 주도로 지역주의가 되고, 경제가 바뀔 거라고 하는 예측에 근거하고 있는 거거든요. 참모들 중에서 그렇게 생각하는 사람들이 많은 것 같은데, 예컨대 이광재 의원 같은 경우가 그렇게 생각하는 것 같아요. 이미 대통령이 그렇게 얘기하기 전에 외부 쇼크에 의한 내부개혁론을 주장했었으니까요. 그런데 그것은 대단히 잘못된 인식입니다. 왜냐하면 내추럴 이코노미라는 발상으로 보면 한중일 분업구조가 무슨 정책을 어떻게 한다고 해서 역전이 되는 부분이 아니거든요. 그것에 기초해서 경제적인 관계가 형성되는 것이므로 그것에 거스르는 것은 오히려 많은 부작용을 초래하겠죠. 이렇게 봐야 해요. 미국 시장에서 마킬라도라라고 하는 아주 유리한 조건에서 생산한 멕시코 제품이 점차 중국산에 밀리고 있거든요.

그런데 그걸 단순히 중국산이라고 보면 안 됩니다. 우리 정부의 잘못된 인식 중의 하나가 중국 때문에 양극화가 일어나고, 미국은 괜찮다는 건데요. 이건 말도 안 되는 얘기입니다. 멕시코산과 중국산이 미국 시장에서 대결하는 것은 한중일 국제 분업 대 나프타 국제 분업의 대결이라고 봐야 합니다. 중국산이라고 해도 거기에 한국 부품이 얼마나 많이 들어갑니까? 일본의 기술이 얼마나 많이 들어가요? 이것은 더 우월한 현재의 경제적 성과를 내는 걸 포기하고, 반대쪽으로 가겠다는 얘기로 해석할 수도 있거든요. 경제 결정론도 안 되지만, 경제의 기본적인 흐름을 거스르는 정책은 실패할 수밖에 없습니다.

지 한미 FTA보다는 한일 FTA나 한중 FTA를 먼저 해야 된다고 주장하시는 것 같은데요. 그 이유는 뭔가요?

정 한중 FTA나 한일 FTA는 미국처럼 높은 수준의 FTA가 될 수가 없습니다. 높은 수준의 FTA라는 것은 전 품목에 걸쳐 대체로 90퍼센트 수준은 개방한다는 거거든요. 대체로 그렇게 받아들이고 있습니다. 그 정도의 FTA는 200여 개의 FTA 가운데 스무 개 이내입니다. 미국하고 그렇게 강력한 FTA를 맺어버리면 한국 경제가 대단한 어려움을 겪을 거예요. 그런데 한중과 한일은 양쪽 모두 약점을 갖고 있기 때문에 그렇게 높은 수준은 안 됩니다. 서로 교환을 하게 돼요. 어느 정도 일본의 농산물 시장 보호를 인정하는 대신, 한국의 기계 산업 보호를 위해 관세를 오랫동안 유지시켜준다든가 할 수가 있죠. 이렇게 해서 중간 수준의 FTA가 되는 건데요. 중국은 제조업에 문제점이 있기 때문에 관세가 굉장히 높습니다. 중국이 제조업을 다 열고, 자기네 농산물을 우리나라에 들여오겠다고는 못합니다. 그래서 중국과 일본은 어차피 낮은 수준이 될 수밖에 없고, 그렇게 되면 원원이 확실한 경제협력협정을 맺으면 되거든요.

그런데 미국은 그렇지 않아요. 거의 모든 부분에서 여전히 강력한 경쟁력을 갖고 있잖아요. 농업, 서비스업, 제조업 모두 그렇거든요. 제조업은 우리가 강하다는 건 정말 이상한 신화입니다. 화학·비료는 비교가 되지 않고, 우리나라가 몇 개의 분야, 자동차(그것도 고가가 아닌 중저가 부분)나 반도체 같은 부문에서만 강점을 가지고 있죠. 나머지 제조업은 전부 미국이 강합니다. 지적재산권 같은 부분에서는 특히 강하고요. 전 분야에서 미국이 더 강하기 때문에 미국하고 높은 수준의 FTA를 맺는다는 것은 우리 경제의 산업 발전 전략에 큰 충격을 줄 FTA가 되는 거죠. 단순히 미국이 싫고, 일본과 중국이 좋고 이런 차원이 아니에요. 산업경쟁력 차원이나 다른 여러 가지를 고려해볼 때 미국과 높은 수준의 FTA를 맺는 것은 위험하다는 겁니다. 중국과 일본과는 높은 수준의 FTA를 맺을 수도 없어요. 그런데 그것도 준비가 안 된 상태에서 미국이 원하는 대로 하면 정말 엄청난 충격일 겁니다.

지　"앞으로 동북아가 세계경제의 중심이 되는건 시간문제고, 이 지역의 경제 모델이 세계의 표준이 됩니다. 결코 이미 한계를 보일 대로 다 보이고 군사력밖에 의존할 데가 없는 붕괴일로의 미국형 제도는 결코 글로벌 스탠더드가 아닙니다. 지금 정부가 하는 일은 난파선에 스스로 올라타는 격입니다"라는 지적도 하셨는데요.

정　약간의 과장은 있습니다만, 현재까지의 추세나 이런 걸로 봐서는 동북아가 적어도 2020년까지는 가장 역동적인 지역일 겁니다. 이 지역이 어떤 모델을 채택하느냐에 관심이 집중될 수밖에 없습니다. 여태까지 동아시아 모델이라는 게 있었는데, 그것의 한계로 외환위기가 일어났다고 본다면, 그것을 어떻게 보완하고 어떤 모델을 제시하느냐에 따라서 세계 표준이 될 수도 있어요. 영국이 세계 최강일 때는 영국의 모델이 세계 표준이고, 미국이 최강일 때는 미국의 모델이 세계 표준인데요. 지금은 미국 모델하고 유럽 모델이 있는 것 아닙니까? 동아시아 모델이라고 하는 건, 중국은 아직도 그 모델이라고 볼 수 있는데요. 민주화 없는 상태에서의 강제동원에 의한 경쟁이라고 하는 한계에 도달했는데, 민주주의를 도입해야 할 상황입니다. 민주주의도 공동체적 민주주의 또는 참여 민주주의와 사회적 대타협에 의한 이 부분이 유럽형 모델일 텐데, 그런 것들이 적절히 조화되면서 역동성을 살릴 수 있는 모델이 찾아진다면 그게 세계 경제의 모델이 될 가능성이 대단히 높습니다.

지　생각하시는 동북아의 바람직한 경제 모델은 어떤 건가요?

정　글쎄요. 아무도 모르는 것이기 때문에…. (웃음) 민주주의는 점점 더 공동체적 민주주의, 참여 민주주의에 가까워질 것이고, 한국은 그 면에서는 아직도 굉장한 역동성을 가지고 있습니다. 경제는 이른바 이정우 선생이 처음 얘기할 때의 동반성장 개념인데, 협력적 모델이고요. 정부의 비대칭성을 최대한 줄여야 한다고 봅니다. 저는 그것을 밀착형이라고 표현했었는데, 산업에서는 클러스터라든가, 금융에서는 밀착형 금융이라고 해서 마이크로 크레디트라든가 이런 쪽이 보완되는 개념인데요. 이런 것들이 보완될 수 있다고 생각하고요. 지금 제가 이론적 근거로 삼고 있는 것은 스티글리츠입니다. 조금 전에 얘기한 것들이 스티글리츠의 정보이론에서 유추될 수 있는 정책들입니다. 또 이제는 소득분배가 아니라 자산재분배가 굉장히 중요합니다. 자산재분배를 얘기하면 몰수를 생각할지모르겠지만, 그런 건 아니고요. (웃음) 지금 문제가 되고 있는 것은 다 자산의 문제입니다. 부동산 문제라든가, 교육, 이것은 사람에 체화되어 있는 자산이고, 금융도 마찬가지죠. 이 세 가지가 중요한 자산이고, 마르크스가 얘기한 유사상품입니다. 상품이 될 수 없는 것을 상품으로 만들어놓았다는 의미에서 그렇게 볼 수 있죠. 자산에 대해 얼마나 접근 가능성을 높이느냐, 자기가 가진 자산을 얼마나 전환시킬 수 있는 능력이 있느냐가 중요한데, 이 부분은 세습이 될 소지가 굉장히 큽니다. 초기부터 불평등하게 출발할 수 있기 때문에 그것에 대한 접근가능성을 높여주는 것이 그 나라의 에너지를 최대한 끌어낼 수 있는 방법이라고 생각합니다. 그래서 이정우 선생과 제가 2004년 말에 완성해서 보고했던 보고서가 그 기조에서 만들어진 겁니다. 현재는 사장되어 있는데, 여름에 책으로 내기로 했습니다. 제가 한미 FTA에 묶여서 일을 안 해가지고 6개월째 책이 못나오고 있습니다.

지 FTA 반대 원정시위대에 대해 미국은 테러방지법 적용까지 검토하고 있다고 하는데요.

정 제가 보기에는 과장 같은데요. 평화시위 하는 데 무슨 테러방지법을 적용합니까? 합법적인 시위로 갈 것 같은데, 미국 정부가 원하는 타가 있는 건가요? (웃음)

지　거기에 대해서 우리 정부에서 자제를 미리 요청하기도 하고, 경고도 하지 않았습니까?

정　양쪽 나라의 헌법상 보장된 권리를 행사하는 건데, 더구나 자기 삶에 직접 영향을 미치는 것에 대해서 아무 말도 안 하면 안 되죠.

지　시민사회의 반대 목소리나 저항의 목소리를 오히려 협상의 지렛대로 삼아야 하지 않습니까? "봐라. 우린 들어주고 싶은데, 이렇게 반대가 심하니 어쩌겠나?"라면서 얻을 것은 얻어내야 하는데 우리 정부가 그런 면에서 상당히 부족했던 게 아닌가 합니다. 파병 때도 그랬고, 평택 미군기지 이전 문제도 그런 것 같고, FTA 협상 과정도 보면 그런 것 같습니다.

정　그러니까 걱정되는 거죠. 저는 우리 정부 대표단이 미국 대표단하고 제대로 협상을 할지 걱정됩니다. 지난 국회 토론회에서 "영어를 쓰지 마라"고 한 얘기에 빗대서 한 얘기라고 생각하는 것 같은데요. 실제로 영어를 쓰면 안 돼요. 이상하게 우리 고위 관료들은 영어 못하는 걸 대단히 부끄럽게 생각합니다. 그래서 못하는 영어로 자꾸 얘기를 하는데, 이건 정말로 한 구절, 한 구절이 다 국민의 삶에 큰 영향을 미칠 수 있는 거잖아요. 물론 통역을 잘하는 사람을 쓰겠죠. 그러니까 통역 얘기를 잘 들으면서 자기 생각도 정리하고, 통역이 잘못하는 것 같으면 고쳐주면서 이렇게 해나가야 되거든요. 그런데 영어 좀 들리고, 할 수 있다고 해서 섣부르게 하면 정말 큰일 납니다. 아까도 얘기했지만, 매달려서 협상하기 시작하고, 잘못하면 알아서 길 가능성이 많습니다. 미국 사람들이 운만 띄워도 '아, 우리도 그렇게 생각한다'는 식으로 나갈 가능성이 많거든요.

제가 정부에 2년 있으면서 느낀 건데, 이 사람들이 경제를 모르는 것을 문제라고 생각을 못 해요. 외교는 외교라고 생각하고, 미국 정부가 요구하는 것을 어느 정도 깎으면 된다고 생각하거든요. 그렇게 되견 전체적으로 미국의 구도 하에서 이루어지게 됩니다. 우리 구도라는 게 명확히 있고, 그것을 지켜야 하는데, 우리 구도를 반영시켜야 하는데, 미국 구도를 깎으면 된다고 생각하는 그 자체가 문제라고 생각합니다. 통상교섭본부가 어디에 있느냐 하는 것도 문제가 되는데, 대체로 산유국 같이 공급할 것들이 많은 나라에서는 대체로 통상교섭본부가 외교부에 있습니다. 다른 나라들은 산자부나 경제 부처에 있는데, 그건 지킬 게 많다는 거거든요. 그런데 우리는 왜 그렇게 되어 있는지 모르겠어요.

지 협상도 하기 전에 저자세로 미국이 원하는 것을 들어주고 시작하는 것도 문제가 아니냐는 지적도 많습니다. 스크린쿼터 축소도 "왜 협상도 하기 전에 선물처럼 던져주느냐?"는 비판이 많은데요.

정 분명히 그렇죠. 4대 선결조건이 있었잖아요. 그 가운데 쇠고기와 스크린쿼터는 즉각 해결하라는 요구가 있었어요. 약가 재조정이나 배기가스 문제는 성의를 보이면 되는 문제로 되어 있었죠. 지금 정부가 하는 게 완전히 거짓말은 아닌데, 실제로 이 네 가지 사안이 다 현안이었고, 관계 부처가 절대로 물러서지 않았던 사안입니다. 대통령이 중립적인 위치를 지키면 아무리 재경부라고 해도 일방적으로 골아붙일 수 없는 사안들이었습니다. 그런데 이렇게 빨리 전격적으로 합의된 것은 대통령의 뜻이라고 하는 것이 명확히 전달되었다는 얘기예요. 그리고 이것은 대통령이 무슨 이유로든 한미 FTA

를 임기 중에 마무리하겠다고 하는 의지를 표명한 거거든요.

지　그 부분에 대해서 "임기 내에 뭔가를 만들어내려고 하는 조급증 때문"이라고 말씀하셨는데요. 그 조급함 때문에 결국 상황이 어려워진 것으로 보이는데요.

정　글쎄요. 그거에 대해서는 합리적인 이유를 모르기 때문에 그렇게 표현했는데, 이유를 찾지 못하겠어요. 가령 안보적으로 무슨 약점이 잡힌 게 아니냐고 하는데, 그렇다면 분명히 NSC가 개입합니다. 그러나 이번 결정에 NSC가 개입했다는 흔적은 없어요. 오히려 개입을 안 해서 문제죠. 이것은 대단한 외교안보적인 의미를 가지고 있는 문제인데, 결정할 때까지도 NSC는 전혀 개입하지 못했고, NSC의 의견조차 물어보지 않은 것 같습니다.

지　그런 이유는 뭘까요?

정　일단은 한미 FTA를 추진하고 있는 김현종 본부장 같은 분이 한미 FTA의 외교안보적 의미 같은 것을 몰랐던 것 같아요. 설령 알았다 해도 미국 편에 서는 것이 최선이라는 것을 믿어 의심치 않았던 것 같습니다. 이것도 납득할 수 없는 부분인데요. 대통령도 본인이 얘기하는 동북아 구상하고 부딪힐 수 있다는 생각을 하지 않았던 것 같아요.

지　보수 언론에서 말하는 "말이 가볍다. 많다"는 공격과는 좀 다른 이야기인데요. 저는 실제로 참여정부의 일부 관료들이 하지 않아도 될 말을 함으로써 이해당사자들을 자극하는 부분이 있다고 생각하거든요. 영화배우 최민식 씨가 "내가 이렇게까지 나서는 이유 중 하나는 관리들이 자신들을 이기주의자로 매도했기 때문"이라고 했고, 평택 문제에서도 국방부 장관의 말이 문제가 되지 않았습니까? 정치는 이해당사자 간의 갈등을 보이지 않게 조율해나가는 과정이라고 생각하는데, 안 그래도 피해의식을 가지고 있을 만한 사람들을 정서적으로 자극해서 문제를 더 어렵게 만든 부분들이 있어 보이거든요.

정　분명히 당사자들을 설득하고, 그 사람들이 합의하게 하는 점에서는 부족하죠. 그건 참여정부뿐 아니라 우리 사회 전체가 부족하다는 느낌이 드는데요. 외교안보적으로는 더욱 더 그렇습니다. 무서워한다든가 알아서 기어야 한다는 뜻이 아니고요. 가령 한미 FTA어 대해서도 안보동맹에 이어서 경제동맹이라는 얘기는 할 필요가 없거든요. 안 해도 다 아는 문제잖아요. (웃음) 그런 얘기를 하는 건 외교적인 실수죠.

지　김선일 씨가 피랍되었을 때도 너무 당당하게 "파병 철회는 없다"고 말한 부분은 국민들이 볼 때 '어, 국민이 잡혀갔는데, 국가가 지켜줄 수 없다고 선언하는 거네'라고 생각할 수 있거든요.

정　결론이 바뀌지 않을 거라든가, 테러리스트에게 단호한 태도를 보이겠다는 의지가 강하더라도 관철시키는 방법이 여러 가지 있을 수 있잖아요. 그런 점에서는 미숙하다고 봐야겠죠.

지　미숙한 점도 있었을 수 있지만, 도덕적 우월감 때문에 그랬던 것 같기도 합니다. 참여정부에서 나오는 얘기 가운데 저로서는 가장 신경질 나는 것은 "집단이기주의를 엄단하겠다"는 거거든요. 이게 무슨 군사정부도 아니고, 이기주의를 이기 1등급, 이기 2등급으로 나눠서 처벌할 수 있는 것도 아니잖아요. 사람이라는 게 자기 이익이 침해당하면 자기 목소리를 낼 수밖에 없고, 당연히 그래야 하는 거 아닌가요? 그걸 조율하는 것이 정치력이고요.

정 이기주의로 얘기하면 정부 부처 이기주의가 제일 심하죠. 아주 편협한 이기주의죠.

지 자기들은 그렇게 이기적이면서 국민들에게만 이기적이라고 호통을 치는 이유는 뭐라고 보십니까? (웃음)

정 스스로도 혼란스러워하는 것 같아요. 그러니까 과거에 생각했던 가치와 지금 관료들이 얘기하는 것의 가치가 충돌하다 보니까 과거에 생각했던 가치를 부정해야 하거든요. 그것을 합리화시키는 방법이 두 가지인데, 하나는 세상이 바뀌었다는 얘기고요. 세상이 바뀌어서 옛날에는 그러한 행동이 역사적 대세를 반영하는 것이지만, 이제는 집단이기주의라고 하는 논리로 정형화된 것 같습니다. 여러 가지 지역 문제라든가 계급적인 갈등 문제를 이기주의로 파악하는 측면이 있죠. 대기업 노조에서 터져 나온 비리는 일부 사실이긴 하지만, 사실은 그쪽을 껴안고 가야만이 사회적 대타협이 되는 거잖아요. 그쪽을 개혁에 동참하게 해서 같은 편이 되어야 하는데, 귀족노조니 뭐니 비판하는 것은 관료들의 시각입니다. 관료들이 자기들의 기본적인 사고를 저쪽의 잘못으로 치환하는 것이 오히려 집단이기주의거든요. 적어도 우리 노조가 멕시코의 노조 같은 것은 아니라고요. 그렇게 부패하고 전혀 비전이 없는 상태는 아닙니다.

비전이 없다면 그것은 우리 사회 전체가 없는 건데, "우리는 있는데, 너희는 없고, 그래서 이기주의다"라고 얘기하는 것은 관료들 얘기에 자기 사고를 두들겨 맞추다보니까 그런 무리가 나오게 된 거라고 생각합니다.

지 그럼에도 불구하고 미국과의 경제협력은 해나가야 한다고 말씀하셨는데요. 이 문제를 어떻게 풀어가야 한다고 보십니까?

정 그 부분은 옛날에 EC가 만들어질 때와 지금은 다르거든요. EC를 만들 때는 바깥에 소련이라는 확실한 적이 있었기 때문에 소련이라는 적에 대항하기 위해서 EC 국가들이 자유롭게 자기의 집합적 이익을 추구하는 것을 허용할 수밖에 없었지만, 지금은 적이 그 안에 있거든요. 그 안을 어떻게든 분리해서 지배해야 하는 그런 상황이라는 말이죠. 그런데 그런 미국을 완전히 배척할 수 있느냐, 그건 아니고, 미국의 이익이 동아시아 지역주의에 합치되도록 해야 하는, 특히 국가의 이익보다는 개별 기업의 이익이 합치되도록 만들어서 국가가 그 이익을 따라서 동아시아 지역주의를 적어도 방해하지 않는 상황을 만들어야 합니다. 말하자면 초국적 기업이 지역주의의 눈치를 봐야 하는데, 지금은 지역주의를 깨고 동맹으로 가서 초국적 기업이 훨씬 더 자유롭게 얘기할 수 있도록 만든다는 점에서 한미 FTA는 잘못된 방향으로 가고 있다는 거죠.

{ ## "그들이 말하는 낙관적인 상황은 미국 뜻대로 가는 상황"

지 　지금의 정치권을 친미파와 중국과의 새로운 관계를 통해서 국익을 도모하는 친중파의 대립으로 보는 사람도 있는 것 같은데요.

정 　친미 대 반미죠. 친중도 아니고, 친미 대 반미인데요. 아까 말씀드린 것처럼 FTA 자체가 달라요. 일본이나 중국은 약점이 있기 때문에 낮은 수준의 FTA가 될 수밖에 없지만, 미국은 높은 수준으로 할 것이고, 그것은 너무나 급격한 변화를 요구하는데, 그 변화가 한국의 산업 발전 방향이나 동북아 공동체 형성에 도움이 될 것이냐 하면 저는 아니라고 생각한다는 거죠.

지 　역사적인 경험이 있기 때문에 "일본이나 중국도 결국은 믿을 수 없는 것 아니냐, 결국 기댈 곳은 미국 밖에 없다"고 생각하는 분들도 계신데요.

정 　외교안보적으로는 일본하고 미국은 거의 하나라고 봐야 되고요. 경제적으로는 다릅니다만, 바로 그렇기 때문에 중국 편도 아니고 미국 편도 아닌, 균형자라고 정부가 강하게 표현했지만, 정확히 얘기하면 조정자라고 할까, 매개자라고 할까, 저는 캐스팅 보트라는 표현을 좋아하는데요. 팽팽하게 대립할 때 중재안을 내고, 오히려 어느 쪽도 편들 수 없기 때문에 중재안을 따라가도록 하는 그 노선이 제일 합리적이고, 동시에 국익도 극대화할 수 있는 노선이라고 생각합니다.

지　미국의 패권을 견제하고, 거기에 두려움을 느끼고 있기 때문에 EU가 생긴 측면도 있겠지요. 그래서 아시아도 경제 블록을 만들어서 경쟁력을 갖자는 얘기가 나오는데, 이 지역이 가진 장점과 단점은 무엇이 있을까요?

정　장점은 가장 빠른 경제 성장률을 보이고 있는 겁니다. 성장잠재력이 제일 많은데, 지금은 경제적으로 큰 의미가 있는 시장이 아니지만, 잠재성으로 보면 가장 큰 시장을 내부에 이미 보유하고 있잖아요. 러시아를 포함하면 자원도 제일 많은 지역이고요. 외교안보적으로도 유럽과 미국의 중심 내지는 매개자 역할을 할 수 있는 곳이죠. 다만 미국이 중국을 잠재적 주적으로 생각하기 때문에 그 부분에서 한국이 정확히 균형자, 조정자, 매개자 역할을 해야 하는데, 지금 한 쪽으로 너무 치우쳤어요. 한미 FTA가 미국이 원하는 대로 맺어지게 되면 돌이킬 수 없습니다. 경제적으로도 그렇지만, 외교적으로도 다시 중간자 역할로 가기가 어렵습니다. 그래서 제가 중간 수준의 FTA 얘기를 했던 겁니다. 전술적으로는 정확히 국민들이 마지노선을 제기해서 그것을 미국이 못 받으면 빨리 끝내는 것이 비용을 줄이는 방법일 수도 있습니다. 제가 그것을 '우아한 퇴각론'이라고 이름을 붙였는데요. 브루킹스 연구소에 가 있는 임원혁 박사 얘긴데요. 그것도 일리가 있는 전술이라고 생각합니다.

지　추진 과정도 그렇고, 한미 FTA가 성사되면 남북 관계도 경색될 것 같은데요.

정　여러 변수가 있는데요. 제가 그렸던 최악의 시나리오 쪽이라면 좋을 수가 없죠. 개성공단을 예를 들면 이래요. 한-싱가포르 FTA

에서 개성공단 제품의 한국산 원산지 인정이 맨 처음으로 받아들여졌는데요. 그건 동북아위원회가 나서서 추진한 겁니다. 동북아 위원회가 S프로젝트를 추진하고 있었기 때문에 싱가포르 대사를 1주일에 한 번씩 만나고 있었거든요. 그래서 가능성을 타진했고, 통상교섭본부장한테 얘기해서 "될 것 같으니까 인정을 받자"고 한 것이 첫 번째 전범이고, 그 다음에 아세안에서 그걸 인정했잖아요. 그런 식으로 해서 일본이랑도 하고, 마지막에 미국만 남으면 안 받을 이유가 별로 없는데, 그게 갑자기 앞당겨진 거예요. 미국한테는 이건 카드거든요. 한국이 원하면 원할수록 그걸 이용해서 다른 걸 얻어낼 수 있는 카드거든요. 외교라는 것도 이렇게 순서가 있는 건데, 미국이 앞서 나오는 것은 좋은 점이 전혀 없어요. 정부가 얘기하는 시장 선점의 효과도 없고, 외국인 직접 투자가 늘어날 이유도 없고, 외교안보적으로 우리가 주도권을 갖는다는 것도 말이 안 되는 얘기에요.

지　호주의 협상기술을 배우라고 하셨는데, 호주의 어떤 점을 배워야 합니까?

정　호주는 투자자의 정부제소권을 받아들이지 않았죠. 제가 보기에는 NAFTA 이후에 미국과 맺은 FTA 중에 유일하게 빠진 것 같아요. 정확히는 모릅니다만, 농산물이 호주가 강하니까 그걸 이용해서 뺀 것 같다는 생각이 들긴 합니다. 투자자의 정부제소권은 당연한 얘기는 전혀 아니에요. 가령 MAI(다자간투자협정)라는 게 있었잖아요. 그게 유럽 나라들, 특히 프랑스의 반대에 의해서 무산되었는데, 그때 가장 큰 이유가 그거였어요. 투자자의 정부제소권을 프랑스를 비롯한 EU가 받아들이지 않아서 무산되었습니다. 그것을 안 받아들이는 대신에 프랑스나 유럽이 뭘 준다고 하지도 않았기 때문에 무산됐을 겁니다. 우리 정부로서는 아까 얘기한 비대칭성 때문에 이걸 받아들이지 않는 게 좋고, 일단 우리의 목표로 안 받아들이는 걸로 해야 하는데요.

문제는 이걸 당연한 것으로 생각하고, 오히려 그것에 대해 문제를 제기하는 사람들을 비판하고 있거든요. 이것은 협상의 기본적인 태도라고 할까, 기본적인 자세라고 할까, 목표 자체가 대단히 의심스럽다고 볼 수밖에 없습니다. 특히 그게 글로벌 스탠더드인 것처럼 얘기하는데, 이 부분에 대해서는 미국 시민단체도 아주 특이하고 특수한 발명품으로 표현하고 있거든요. 국가의 어떤 주권 사항을 제3의 민간기관에 위임한 거예요, 국제기구라는 것을 이유로. 그런데 그 국제기구의 불투명성 같은 걸 생각해보면 도저히 신뢰할 수도 없고, 당장 국내법의 위헌 소지가 있습니다. 여러 가지 우리나라의 사법제도로 봐서는 그것의 위헌성조차도 헌법재판소에서 그렇게 판단하지 않을 가능성이 높기 때문에 잘못하면 한미 FTA가 원래는 국내법보다도 하위 내지는 동등한 위치에 있어야 되는데, 오히려 헌법보다도 상위에 있게 될 가능성도 있습니다. 이것은 굉장히 큰 문제입니다.

지　구체적인 데이터가 안 나온 상황에서 너무 졸속적이고 낙관적인 태도로 가는 것 같은데요.

정　그들이 말하는 낙관적인 상황은 미국 뜻대로 가는 상황을 말하는 거죠. (웃음)

지　이 문제를 어떻게 풀어가야 한다고 보십니까?

정　그렇게 쉽지는 않을 거예요. 미국 뜻대로 간다고 하더라도 빠른 시간 내에는 할 수 없을 거예요. 국내에서 그냥 무조건 반대가 아니라 정확하고 합리적인 반대가 많으면 많을수록 정부도 협상하기 편해지거든요. 정부 협상 목표가 만일에 국익을 최대화한다든가 적어도 국민들의 삶이 나락으로 떨어지는 것을 막는 거라면 여러 가지를 많이 생각해야 하는데, 지금 정부는 어떻게든 제 시간 내에 마치겠다고 하는 것이 목표가 되어 있다는 게 문제죠. 오히려 지금은 국민들이 정보를 요구하고, 마지노선을 제시해서 최소한 속도를 늦춰야 하고요. 우리 국민의 삶에 치명적이지 않도록 하는 그런 조항들까지도 미국이 못 받는다면 끝내야죠. 아마 첫 번째 들어가는 것은 투자자의 정부제소권일 겁니다. 그리고 안티덤핑에 관한 미국의 보조 같은 데서 비대칭성이 나타나거든요. 미국은 자국 농업에는 보조금을 주면서 다른 나라는 못주게 하는 등의 문제가 있죠. 또 완전히 무소불위의 안티덤핑 법안인 '슈퍼 301조' 같은 것들에 대해서 통상협상을 할 때 발동을 제한하는 조항들이 들어가야 합니다.

지　앞으로 문제를 어떻게 제기해나갈 생각이신가요?

정　공대위가 알아서 할 거고, 저는 초기에 문제를 제기했고, 국회가 관심을 가졌고, KBS 프로그램까지 나오면 국민들 관심은 조금 더 구체적이 될 것이라는 생각이 들어요. 우리 국민들의 구체적인 삶에 한미 FTA가 어떤 영향을 미칠 것인지, 좀더 정밀하게 조사해서 예측치를 얘기하면 정부가 수용하거나 부정할 거 아닙니까? 부정하면 좀더 얘기를 하고, 어차피 자발적으로 정부안을 내놓을 것 같지 않기 때문에 그런 역할을 해야 할 것 같습니다.

지　그 일환으로 책도 준비하시는 건가요?

정　'동북아'하고 '양극화'에 관한 책이 나오게 되어 있어요. 한미 FTA는 완성도를 떠나서 빨리 내야 할 필요가 있기 때문에. 제가 썼던 평론 같은 걸 모아서 책 내는 것을 제일 싫어했는데, 이번엔 해야 할 것 같아요. (웃음)

지　어떤 분은 "경제에 관한 논문은 양심적이면 함부로 못쓴다. 금방 상황이 변하기 때문에. 정태인 씨는 양심적이라 글을 안 쓰는 것 같다"는 말씀을 하시더군요. (웃음)

정　게으른 걸 그런 식으로 편들어주는 수가 있군요. (웃음)

지　그게 학자적인 양심일 수도 있는데, 어떤 면에서는 조금 미숙하더라도 논쟁을 불러일으켜서 사회적으로 의미 있는 결과를 도출할 수도 있지 않습니까?

정　그거 하는 사람들은 많은데요, 뭐.

지　경제적인 부분에서 그렇게 하는 분들이 많지 않은 것 같거든요. 공병호 씨처럼 오른쪽에 있는 분들은 부지런하게 자기주장을 하고 있고요. 이쪽 진영은 너무 몸을 사리는 게 아닌가 싶은데요. (웃음)

정　몸을 사리는 게 아니고, 경제학이란 게 데이터가 있어서 함부로 쓰면 금방 들통이 나거든요. (웃음)

지　경제학자시기도 하면서 한 나라의 경제 정책을 어떻게 가져갈 건지 고민해보신 분이니까 독특한 지점의 얘기를 하실 수 있을 것 같은데요.

정　그 부분은 알기 때문에 쓸 수 있을 것 같아요. 옛날에는 이론적으로만 생각하니까 경제학에서 얘기하는 균형을 찾아야 할 텐데, 그런 게 없다는 것을 이제 알았으니까…. (웃음)

지　학문으로서의 경제학하고, 정책을 담당한 비서관으로서의 경제하고 어떤 차이가 있던가요?

정　그건 뭐 제가 1992년에 김대중 대통령 공약 만들 때도 참여했고, 민중당 공약도 만들었는데요. 이론하고 정책 사이에는 만리장성이 있어요. 이번에 와보니까 현실적인 정책이라고 만들어도, 그 다음에 정치적 만리장성이 또 있습니다. 청와대 내부부터 시작해서 부처, 여당, 야당, 조중동에 이르기까지 어마어마한 정치적인 만리장성이 있기 때문에 굉장히 많은 준비를 해야지 하나의 경제 정책이라도 성공적으로 수행할 수 있겠다는 생각을 하게 됐죠.

지　참여정부의 지지율이 떨어진 가장 큰 이유는 체감 경제가 어려워졌다고 생각하는 부분인 것 같은데요.

정　빡빡해지긴 했죠. 객관적으로 심화된 부분이 있어요. 기대수준이 높아져 있기 때문에 그것을 만족시키는 것도 쉽지 않은 듯합니다. 성장률은 떨어지고 있는데, 기대수준은 높아진 상태이기 때문에 그것까지 맞추려면 굉장히 힘들죠. 앞으로 경제정책을 하기 굉장히 힘들 겁니다. 참여정부가 인기를 잃은 것은 미숙함이나 이런 것보다는 개혁 기조를 놓쳐버렸기 때문이라고 생각합니다. 그래서 실망해서 떨어져나간 표가 너무나 많죠.

지 　전 청와대 국민경제비서관이셨는데요. 참여정부의 경제 정책을 전반적으로 어떻게 평가하십니까?

정 　인위적 부양 정책을 안 썼고, 부동산만큼은 많이 후퇴했지만 막으려고 했고, 부분적으로는 차별시정이라든가 분배 정책이 보완되었는데, 한미 FTA라고 하는 어마어마한, 그동안 조금 조금씩 해온 것을 한꺼번에 다 까먹고도, 훨씬 넘는 그런 정책을 추진하고 있기 때문에 그 앞에 조금 조금씩 했던 것은 아무 의미도 없다고 생각합니다.

지 　비정규직이 너무 많이 생긴 것도 우리 경제를 불안하게 만드는 요소 같은데요. 고용 보장을 통해 생산성을 향상하는 것이 우리 경제를 살리는 길이라는 지적도 있지 않습니까?

정 　한미 FTA가 되면 더 심각해지겠죠. 비정규직 늘어나는 것은 지금 전 세계적으로 일반적인 일입니다. 스웨덴도 많이 늘었을 것이고, 덴마크 같은 사회적 타협 모델에서도 굉장히 많이 늘어났을 거예요. 그런데 비정규직의 내용 자체가 문제가 되죠. 가령 저도 비정규직만 한 사람이지만, 전문가로서의 비정규직하고, 똑같은 노동을 하면서 비정규직이라는 이유만으로 정당한 대우를 못 받는 것은 확실히 다른 거죠. 동일노동, 동일임금 문제가 생기는 건데, 이거예요. 사람들이 내가 노력만 하면 남들보다 잘 살지는 못해도 인간다운 삶을 살 수 있다고 하는 희망, 확신 이런 게 있을 때 그 사회가 안정적이 되고, 생산성도 높아질 수 있거든요. 그런데 만일 사람들이 내가 아무리 노력해도 최소한의 인간적 삶에 도달하지 못한다고 판단되면 회의주의·냉소주의에 빠지고 생산성이 떨어지게 되어 있습니다. 그 부분들을 어떻게 노력에 비례해서 자기 삶이 개선될 수 있다는 확신으로 바꾸느냐, 희망으로 바꾸느냐가 앞으로의 정치적·정책적 과제가 되어야 할 겁니다. 제가 보기에는 YS도 DJ도 참여정부도 확실한 정책 체계를 갖고 들어가지 못했습니다. 조금 가지고 있을 뻔했던 김대중 대통령도 IMF 경제 위기에 압도되어서 신자유주의적 경제 정책을 수행할 수밖에 없었는데요. 이제 다음 대통령은 정말로 정책 기조와 정책의 대강, 상당히 구체적인 핵심적인 정책들을 가지고 대통령이 되어야 할 겁니다. 그렇게 안 되면 아무리 대통령이 똑똑해도 2~3년 지나면 여전히 관료가 지배하게 될 겁니다.

지　김대중 정부를 기준으로 치더라도 민주정부가 들어선 지 10년이 가까워지는데요. 사람들의 희망은 더 없어진 것 같거든요. 이런 상황에서 한미 FTA가 체결되고, 한나라당이 집권한다면 서민들이 희망을 가지고 사는 삶이 거의 파괴될 것 같습니다. 그걸 돌릴 수 있는 에너지를 이른바 개혁세력이 파괴한 것은 아닌가 하는 생각도 들거든요.

정　최악의 경우가 심각한 경제 위기를 통해서 또 한 번 정권 교체가 되는 거거든요. 그게 상처가 너무 크기 때문에 그렇게는 안 되어야겠죠. 핵심은 자산에 대한 접근 가능성을 높여주고, 자산의 전환 능력을 키워주는 식이 되어야 할 것 같습니다. 공병호식으로 스스로 알아서 해야 한다는 건 말이 안돼요. 스스로 알아서 할 만한 여유 같은 것이 주어지는 그 자체가 자산이기 때문에 자산의 재분배라는 측면에서 접근해야 할 것 같습니다. 구체적인 정책도 그 기조에서 충분히 만들 수 있고요. 영원히 노력해도 안 된다고 하는 것은 자산의 분배 상태가 나쁘고, 그게 소득에 의해서 개선되지 않는다는 거거든요. 그러면 체계적으로 노력해서 자산의 분배 상태를 바꿀 수 있는 상황이 주어져야 하는데요. 과거에는 그게 교육이었는데, 지금은 오히려 거꾸로 작용하고 있기 때문에 이 측면에서부터 풀어나가야 하겠죠.

지　지금은 변화를 이뤄내기 위한 동력들이 없어진 것 같다는 생각이 드는데요.

정　지금도 노무현 대통령을 지지했던 그 심성이나 에너지는 그대로 있어요. 그 에너지를 정책으로 바꾸고, 실제로 삶을 개선하도록 반영한 것이 아닌 게 문제죠. 정말 노무현 대통령은 틈틈이 국민들이 구해줬잖아요. 나락에 떨어질 때마다 국민들이 동원되었는데, 그만큼 행운의 정치가였어요. 탄핵정국에서도 국민들이 자발적으로 살려냈는데, 그런 에너지를 정책화하는 데 쓰지 않았다는 게 문제죠. 오히려 자기는 냉정하고 올바른 것을 택한다는 심성으로 그 에너지가 잘못된 측면이 있던 것처럼 했던 게 잘못된 거라고 생각합니다.

지　얼마 전 김두관 경남지사 후보가 정동영 의장을 공격했는데요.

정　그건 잘 모르겠어요. 그런 정치적 게임은 잘 모르겠고, 원래 저는 행복했어요. 정치적 판단은 모두 시민이한테 맡기고, 저는 정책만 맡았었는데요. (웃음) 요즘은 조금은 하는데, 정치가 간단하지는 않더군요. 거기에 빠지면 안 된다는 생각은 합니다. 그런 사고는 되도록 안하려고 합니다.

{ "요즘 국정 브리핑은 조중동을 보는 것 같다"

지　이 시점에서 노무현 대통령에게 당부드릴 말씀이 있으신가요?

정　뭔가 역사적인 대통령이 되어야겠다는 생각을 좀 버렸으면 싶어요. 지금까지 한 일에 대해서 자신을 가졌으면 좋겠습니다. 한미 FTA 같은 외부 쇼크, 이런 생각을 안했으면 좋겠어요. 개혁이라는 것도 때가 있고, 사람이 있고 하는 건데, 생각하는 것만큼 못가면 할 수 없거든요. 그 다음에 또 다른 사람이 하게 되어 있는 겁니다. 그런 얘기도 하죠. 스스로도 말씀하셨듯이 구시대의 막차면 막차답게 해야 하는데, 지금은 잘못 가고 있습니다. 이회창 후보를 공격했을 때의 그 기조, 이회창 후보가 내세운 잘못된 기조로 가고 있거든요. 그건 잘못된 거죠. 그러면 그 전에 이회창 후보를 공격했을 때 내세운 논리가 잘못된 거라는 얘기거든요. 아니면 그때는 맞았는데, 불과 2~3년 만에 바뀌었다고 하면 한치 앞도 못 봤다는 얘기고요. 하지만 그런 건 아니라고 생각합니다. 대통령이 잘못 짚은 거고, 초조해서 자신감을 잃고, 관리들이 하는 얘기들만 듣고 '어쩔 수 없이 이게 대세인가보다' 생각하는 거거든요. 그런데 그게 아닙니다. 어떻게 치장을 해도 원래 대통령이 처음 생각했던 게 옳은 거고, 실제 경제도 그렇게 흘러가고 있어요. 그게 역사의 흐름입니다. 그런데 그걸 지금 자꾸 뒤집어서 생각하고 계신데, 그러기에는 대통령이라는 자리가 너무 막중합니다.

지　대통령의 모든 행동을 마음에 안 들어 했던 보수 언론들이야 그렇다고 쳐도 (요즘은 너무 좋아하긴 하지만) 지지자들의 입장에서도 연정 제의라든가 하는 것은 이해가 안 되는 것이었거든요.

정　개혁론 입장에서 보면 원래는 사회적 대타협, 아래와 위가 타협하는, 대통령이 그것을 중재하고, 조정하는 역할을 하려고 하셨는데, 그게 잘 안 된다는 판단을 하신 것 같아요. 그런데 사실은 시도도 제대로 안했습니다. 그런데 몇 가지 사안에서 노조에 실망을 하고, 안 될 거라고 지레짐작을 하고, 옆으로의 개혁을 시도한 거거든요. 독일을 흉내낸 건데, 그것은 사회적 대타협이 있고 난 다음에 옆으로의 연합이 있는 건데, 그것 없이 먼저 옆으로의 연합부터 시도했기 때문에 당연히 실패할 수밖에 없는 거죠. 오히려 굉장한 공격의 빌미가 되지 않았습니까? 그것조차 안 되니까 이제는 바깥에서의 혁명, 외부 쇼크에 의한 개혁을 생각하는 것 같은데요. 대연정 제의부터 방향을 잘못 잡은 거라고 생각합니다.

지　대연정만 하더라도 일부 지지자들은 "한나라당이 안 받을 줄 알았고, 열린우리당이 개혁을 못하니까 자극을 주려고 한 것이 아니냐"고 선의로 해석하고자 한 사람들도 있었는데요.

정　그건 너무 대통령 얘기를 정치 9단이라고 해석하는데, 전 그건 아니라고 생각해요. (웃음) 그런 정도의 꼼수를 쓰고, 물론 대통령은 힘이 있기 때문에 일단 방향을 바꿔놓고 일이 벌어지는 걸 보고 다시 수습하고, 방향을 바꿀 수는 있어요. 그러나 처음부터 그런 계획이 있었다고 보이지는 않습니다. 완전히 실패죠. 대연정 제의에 이어서 그것을 무시당함으로써 얼마나 많은 상처를 받았어요.

지　한나라당이 대통령 선거에서 연거푸 실패하면서 패닉 상태에 빠졌다가 지금 수습을 해가면서 저항을 넘어서 포위를 해나가고 있는 상황인데요. 대통령이 그것에 저항할 수 있는 수단이 대통령으로서 아젠다 세팅 능력밖에 없어 보이기도 합니다. 어쨌든 대통령이 얘기를 하면 씹기 위해서라도 기사화하니까요. 그런데 그게 올바른 방향이면 문제가 안 되겠지만, 지금은 『조선일보』에서 극찬하는 방향이니까 문제가 되는 것 같습니다.

정　요새 국정 브리핑 보면 조중동을 보는 건지 청와대 얘기를 듣는 건지 헷갈릴 때가 있습니다. 실제로 두 개를 떼어놓고 찾아보라고 하면 못 찾을 겁니다. 마찬가지로 멕시코 관료가 한 얘기와 미국 관료, 한국 관료 얘기를 섞어놓고 찾으라고 하면 못 찾을 겁니다. 얘기가 비슷비슷하니까요.

지　멕시코의 경우 부자와 정치세력, 기술관료 등이 FTA를 찬성하며, 그들이 미국의 USTR과 같은 생각을 한다고 말씀하셨는데요. 우리도 미국식으로 사고하는 분들이 많지 않습니까? 이런 상황에서 국민들이 감시하고, 저항하지 않으면 이대로 흘러가버리는 것 아닙니까?

정　그렇죠. 만약에 공대위나 이런 쪽에서 노력을 덜했으면 과거의 운동이 될 수 있어요. 시작할 때 한번 반대하고, 비준할 때 한 번 반대하고 끝날 수 있는데, 이번에는 그렇게 되면 안 됩니다. 아주 조급하게 뭘 하려는 것은 기대가 너무 큰 거고, 꾸준히 끊임없이 문제를 제기해야 합니다. 이 맥이 승리하지 못하면 상당기간 반동이 지속될 겁니다. 복원하는 데 상당히 오래 걸릴 겁니다. 멕시코를 보면서 그것도 느꼈어요. 과거의 혁명세력이 안주해서 부패했을 때 그걸 다시 복원하는 것이 얼마나 힘든가를 봤죠. 수구라고는 할 수 없지만, 새로운 방향에 대한 비전을 제시하지 못했을 때, 비록 사이비지만 구세력이 자기들의 한계를 생각하고 뉴라이트 같은 이런 것들을 제시해서 국민들을 현혹하는데, 다 이쪽에서 배운 거 아닙니까? 이 상황에서 뚜렷하게 방향을 제시하지 못하면 상당기간을 혼란에 빠질 가능성이 있습니다. 다시 경제 문제에서 민주주의 문제가 겹치는 시기라고 생각해요. 방향이 어느 정도 통일되었다고 보는데, 그런 생각을 가진 사람들이 정권에 점점 많이 갔어요. 그런데 여전히 힘이 부족하고, 이게 패퇴하고 무능한 것으로 찍히게 되면 한동안 반동의 시기를 겪는데, 그게 역사에서는 비용이 크게 드는 단계를 겪게 되는 거죠. 한미 FTA 투쟁은 앞으로 오랫동안 그 비용을 치러야 될 거냐 아니냐를 가늠하는 투쟁이 될 겁니다.

지　일부 관료들은 이 상황을 두고 100년 전에 (대원군 정권이) 쇄국을 해서 실기失機한 역사를 들먹이는데요. (웃음)

정　역사를 하나도 모르는 사람들이 하는 얘기죠. TV에서 토론을 좀 해봤으면 좋겠어요. 역사 공부를 하고 하는 얘긴지. (웃음)

지　굉장히 중요한 결정을 해야 할 시기이고, 이 결정에 따라 나라의 100년이 좌우될 수 있다는 점에서는 비슷한 상황 아닙니까?

정　군이 구한말에 비유하자면 동학사상하고 개방·개혁을 생각했던 김옥균적인 사상이 결합하는 게 가장 바람직하죠. 구한말에도 그 밖의 방법은 없었고, 지금도 그렇습니다. 그런데 그게 개혁 따로 개방 따로 하는 식으로 가게 돼버리면… 보통 개방하고 이것은 언제나 같습니다. 시장이 들어왔을 때 재판농노제도 그렇고, 그게 아까 얘기한 자산 문제인데, 부자들의 사상이 어떻든 간에 잘사는 사람들이 더 잘 적응하게 되어 있어요. 그렇게 되면 봉건적인 게 더 오래갑니다. 시장이 봉건적 유제를 더 오래 지속시키는 역할을 해요.

지　장하준 교수는 "전반적인 정책구도는 일반 국민을 힘들게 하는 신자유주의로 가면서 재벌 총수 몇 명 잡아가두고, 외국자본에 재벌기업 몇 개 매각하는 것이 진보라고 생각하는 노무현 정부도 문제"라고 얘기했거든요. 재벌정책은 어떻게 생각하십니까?

정　〈대안연대〉 대 〈참여연대〉 논쟁이요? (웃음) 그건 두 개가 합쳐져야겠죠. 실제로 정책을 하게 되면 시스템 위기에 대해서 대단히 민감해질 수밖에 없습니다. 그래서 마음이 약해지는 경우가 많아요. (웃음) 지금은 한국 대기업이나 은행의 건전성이 굉장히 높아졌기 때문에 일부러 내다파는 것은 정말 황당한 얘기죠. 분명히 공사 체제라는 것이 비효율적인 측면이 많지만, 그것을 민영화하고, 심지어 외국 자본의 소유로 만드는 것보다는 훨씬 낫습니다. 제일 좋은 것은 그 안에서 내부 개혁을 해서 경영합리화를 하고, 공공성을 생각하는 국영의 성격을 유지하는 게 제일 좋겠죠. 최상의 길이 있으면 그걸 택하는 게 맞습니다. 재벌 총수의 상속 문제도 있는데요. 정말로 상속을 하고 싶으면 규모를 줄여서 상속을 해야 하는 거고요. 상속 안하면 규모를 유지할 수 있는 거고, 재벌이 둘 중 하나를 택해야 해요. 상속세 내고 규모를 줄이면 되죠. 그게 싫으면 전문경영인 체제로 바꾸면 되고요. 더 쉬운 것은 엄청난 자산을 가진 금융을 팔아서 하면 되는 거고요.

지 "기업을 규제할 수 있는 장치가 점점 없어져서 초국적기업의 이익을 위해 주권과 민주주의, 인간적인 삶 자체가 훼손될 가능성이 대단히 높다"고 하셨는데, 이렇게 진행되다보면 허리우드 영화처럼 국가가 아니라 회사가 사람들을 지배하는 상황이 벌어질 수도 있을 것 같은데요. 국방이나 치안도 기업이 맡게 되고요.

정 극단적인 상상의 소산인데, 그렇게까지는 안 가겠죠. 저는 미국형이라는 게 그렇게 오래가지는 않는다고 생각해요. 정부가 어쩔 수 없다, 대세를 따르자고 하는 건 잘못된 생각입니다. 대세는 그게 아닌데….

지 난파선에 타고 나면 내리더라도 낙인이 찍힐 것 같은데요. (웃음)

정 대통령이나 그 측근과 운동이라든가 개혁세력을 동일시하는 것도 문제인 것 같아요. 그 사람들이 본류를 벗어나면 다른 사람이죠. (웃음) 동일시할 이유가 전혀 없죠.

지 유시민 장관은 어떤 입장을 가지고 있는가요? 그냥 자제하라고만 하십니까? (웃음)

정　친하면 그런 얘기도 안 해요. 서로 믿는 게 있어가지고. (웃음) 서로 완전히 벗어나거나 많이 가지는 않을 거라고 생각하는 거죠. 내가 인터뷰어라면 (안하려고 하겠지만) 문성근 선배를 인터뷰하겠어요. 제일 괴로워할 사람이 문성근 선배거든요.

지　지금 영화 열심히 하시는 것 같은데요.

정　괴로우니까 자꾸 영화하는 거죠. (웃음) 원래 본인 직업이긴 하지만.

지　그 이후에 대통령을 따로 만나거나 하신 적은 없으신가요?

정　1월 26일 이후에는 만난 적이 없습니다. 메시지도 받은 적이 없고요. 실제로 청와대와는 완전히 절연된 것 같아요.

지　마지막으로 해주실 말씀은 없으신가요?

정　지금도 너무 많은 얘기를 했어요. 속을 다 뒤집어놓은 것 같은데요. (웃음) 사실 저는 미술 하는 사람들이나 이런 사람들을 만나면 행복하거든요. 그런데 이걸 안하면 안 되니까 금년 말까지는 여기에 휩싸여 있을 수밖에 없을 것 같습니다. 요즘 끊은 게 많아요. 술도 많이 줄였고, 제가 드라마 광인데요. 청와대 있을 때 그 바쁜 와중에도 새벽에 가서 드라마를 봤는데요. 요새는 드라마를 못 봤어요. 아는 드라마가 없습니다. TV를 안 본 지가 2개월이 넘은 것 같습니다. 행담도 문제가 겹쳐 있을 때는 병원에도 입원하고 그랬었는데, 요즘 정신적으로는 좀 좋아졌습니다. 한미 FTA 관련 활동을 하는 동안 즐기는 건 안 될 것 같지만, 성실하게는 해야죠.

개봉 금지된 상자를 열어 희망을 남긴 '판도라'

누가 누구를 벌할 수 있겠습니까?
다만 푸닥거리를 하고 해원하면서 풀어주는 거죠.
제가 이건희를 죽이자고 했습니까?
삼성을 죽이자고 했습니까?
삼성은 우리 사회에서 중요한 하나의 의미 있는
커뮤니케이션의 흐름 한복판에 있는 큰 바윗돌이에요.
그것을 치울 수도 없고, 치울 생각도 없어요.
다만 그 때문에 흐르지 못하는 이야기들,
인위적으로 둑을 막아서 그들의 밭으로 돌렸던,
그들 논밭에 물대기 위해서 인위적으로 큰 바위 옆에
자기들 돌을 엇대서 물의 흐름을 막았던 걸 펴주는 것,
그럼으로 인해서 우리 사회에서 소통을 하자는 거죠.
기자질 하면서 그게 언론이 아닌가 생각을 했어요.
무슨 저널리즘이네, 언론인이네 하면서 꼴값떠는 것이
그래서 싫습니다.

—이상호, 본문 인터뷰 가운데서

● 1968년에 태어났다. 연세대학교에서 경영학을 전공했고, 동 대학원에서 국제정치학 석사학위를 받았다. 1995년이 MBC 보도국에 입사해서 국제부 기자 등을 거쳤다. 고발전문 기자로 불리면서 40여 건의 고소·고발을 당할 정도로 탐사보도의 정수를 보여왔다. 2005년, 자본과 언론이 대선에 개입한 내용을 폭로한 이른바 X-파일 사건으로 인해 취재활동을 제한당한 채 지난한 재판을 받고 있다. 그 해, X-파일 취재 및 보도활동을 주도한 공로로 민주언론운동시민연합 제정 제7회 민주시민언론상 수상자로 선정되었고, 한국신문방송인클럽 언론대상을 수상하기도 했다.

이상호

● 지난 해 한국 사회를 가장 충격 속에 몰아넣었던 사건은 X-파일 사건과 황우석 사건일 것이다. 정치계와 검찰을 한낱 재벌그룹과 언론사가 관리하려 들었던 증거를 담은 테이프 내용을 공개한 이른바 X-파일 사건은 목숨을 건 비장한 각오로 취재한 후 보도했던 기자의 의도와는 달리 '불법도청' 만이 이슈가 됨으로써 자본의 위력을 새삼 느끼게 해준 사건이기도 했다.

검찰은 지난해 12월 14일 이건희 삼성그룹 회장, 이학수 삼성구조조정본부장, 홍석현 전 주미대사의 고발 등에 대해 증거불충분으로 무혐의 결정했고, 뇌물공여 혐의는 공소권 없음으로 처리했다. 반면 도청 사건의 관련자들을 대거 사법처리하는 과정에서 이 사건 내용을 보도한 MBC 이상호 기자, 『월간조선』 김연광 편집장을 통신비밀보호법 위반 혐의로 불구속 기소했다.

2005년의 마지막 날인 12월 31일 오후에 만난 이상호 기자는 하고 싶은 말도 많았지만, 그걸 어떻게 설명해야 할지, 얼마만큼 공개하고 풀어나가야 할지에 대한 답답함을 가지고 있는 것 같았다. "고발은 사회에 대한 증오가 아니라 사람에 대한 사랑"이라는 신념을 가지고 40여 건의 고소·고발을 당한 베테랑 고발 기자로서도 이번 사건의 파장을 견뎌내고, 지속적으로 싸워나가기에는 힘겨운 일들이 많은 듯했다.

이상호 기자는 인터뷰 간간이 자신의 팔뚝에 침을 놓고 뜸을 뜨면서 "지난 1년 동안 이것이 없었으면 견뎌내기 힘들었을 것입니다. 홈페이지에 매일 매일 들어오는 제보를 보면 화가 나서 견딜 수 없습니다. 대한민국은 정말 이상한 사회"라며 그간의 고통을 털어놓았다. 이 기자는 사람들이 자본 위주로만 사고함으로써 우리가 잃고 사는 소중한 가치가 너무 많다고 안타까워했다. 또 그는 "천인공로할 일이 일상적으로 진행되고 있으니까 X-파일만 X-파일이 아닙니다. 대한민국 사회는 X-파일로 가득차 있습니다. 수많은 열리지 않은 X-파일들이 곳곳에서 요동치고 있고, 저는 사실 그런 것들 때문에 무척 괴롭습니다. 무슨 업보 같습니다"라고 고발기자로서의 힘든 심경을 토로했다.

개봉 금지된 상자를 열어 희망을 남긴 '판도라'

"집단에 의한 또 다른 집단에 대한 살육"

지승호(이하 **지**)　　마음고생이 심하실 것 같은데, 요즘 어떤 생각을 하면서 지내십니까?

이상호(이하 **이**)　　제가 지향하는 삶은 자유주의적 삶입니다. 자유롭기 위해서 기자를 하는지도 모르죠. 자유주의자로서 우리나라에서 평생을 견뎌낸 사람이 얼마나 있을 것 같습니까? 별로 없어요. 아무 말도 하지 않는다면 살 수도 있겠죠. 우리는 자유주의가 없기 때문에 민주주의가 안 되는 거고, 자유주의가 없기 때문에 똘레랑스도 없는 겁니다.

지　　정치적인 얘기만 안하면 자유주의자로서 살아남을 수 있을 것

같은데요. (웃음)

이 무슨 발언을 하든 마찬가지예요. 자유주의로 살기가 가장 힘들어요. 정치는 자유주의에서 논할 수 있는 가장 작은, 제한적인 영역입니다. 저는 정치적 자유를 얘기하는 게 아니라 인간의 자유를 얘기하는 거죠. 그 가운데 하나가 정치적인 자유죠.

지 고발기자 하시면서 우리 사회의 정치적인 자유가 어느 정도 수준까지 왔다고 느끼셨습니까? 절차적인 민주주의는 상당히 완성되었다고 보는 시각들도 많은데요.

이 고발기자와 자유? 글쎄요. 너무 큰 이야기랑 작은 얘기를 같이 하니까 대답하기 좀 그런데요. 전 그렇게 생각했어요. 제 기자적 삶에 대해서 간단하게 얘기해야 할 것 같은데요. 저는 처음부터 기자 하려고 생각지 않았어요. 우리 386들이 그렇듯이 그냥 뭔가 사회적으로 의미 있는 일, 기본적으로 인간의 자유를 억압하는 체제에 대한 반감 같은 것은 있었죠. 그리고 저는 1987년에 이한열 열사의 죽음에 가장 근접해 있었고요. 지금 생각해보면 저는 시위대를 쫓아다녔지, 운동을 한 사람은 아니었어요. 시위대를 쫓아다녔고, 그런 저항 문화를 좋아했고, 너무나 엄청난 사회 부조리를 보면서 이러지도 못하고 저러지도 못하고 눈만 멀뚱거리면서 '왜 세상이 이럴까?'라는 회의만 끊임없이 하는 시대의 부적응아였죠. 그때 제일 부러웠던 사람이 신부복 입은 신부님들이었어요, 정의사회구현사제단.

저는 어떤 옷을 입음으로 해서 삶 자체가 용기 있어질 수 있었으면 좋겠다는 생각을 했어요. 왜냐하면 그런 용기 있는 사람들이 거의 없었으니까요. 기자의 옷을 입은 사람도 그랬고, 교직자의 옷을 입은 사람도 그랬습니다. 그래서 '그들의 옷은 너무나 무력한 옷들이구나. 성직자의 옷을 입으면 자기 삶과 소신과 죽음까지도 일치될 수 있겠구나' 하는 막연한 생각에 동경하고, 연민했죠. 그런 경험들, 그리고 그냥 왠지 아름다움을 추구하는 게 좋았어요. 철학 공부도 해보고, 그냥 계속 기웃거리고 탐색하고, 그런 시기였죠. 하루하루가 너무나 고통스러워서 하루도 버틸 만한 확실한 그 무엇인가가 없던 시대였으니까요. 그렇다고 현장에 뛰어들고, 조직운동을 하는 사람들처럼 할 용기도 없었을 뿐더러, 전체 틀 속에서 스스로 규정될 만큼 제 자신이 녹녹하게 엮일 수 있는 사람도 아니었던 것 같고요. 정말 혼돈스럽게 지냈어요. 그러다가 대학 졸업할 때는 영화를 해볼까 하는 생각도 했습니다. 그런데 그때는 영화는 한국인의 언어에 맞지 않는 예술 장르가 아닐까 하는 생각을 했어요. 사실주의 한다고 하면 무조건 욕이나 뱉어내는 식으로 말이죠. 이러지도 저러지도 못하다가 대학원에 떠밀려 가는 그런 사이에 학내 언론사 영자신문에 있었어요. 제가 책임질 수 있을 만큼만 용기 있는, 감당할 수 없을 만큼은 비겁한 제 존재 양태를 설명해주는 거죠. 제가 시민단체에 있지 않고 언론사에 있고, 언론사 중에서도 MBC에 있는 것처럼 말입니다. 영자신문에서 3년 동안 편집장까지 하면서 최선을 다했어요. 100퍼센트 용기 있거나 치열하지는 못했지만, 제가 책임질 수 있는 한계선까지는 정해놓고, 그 틀 안에서는 가장 용기 있게 100퍼센트 살고자 했던 것, 그게 어쩌면 서로에게 거짓말하지 않고, 가장 합당한 게 아닌가 싶어요. 영자신문에 있다는 자체로 친구들한테 비난을 많이 받았지만, 그 속에서 어떻게 해보려고 노력은 많이 했던 것 같습니다. 마찬가지로 MBC 들어온 것도 어떻게 보면 현실 체제와의 타협이었지만, MBC에서도 나름대로 크게 비겁하지 않으려고 노력해온 것 같고, 제가 책임질 수 있고 감당할 수 있을 만큼의 수준에서 최선을 다했던 것 같아요.

지　이한열 열사가 최루탄에 맞았을 때 바로 그 뒤에 계셨다고 하던데요.

이　이한열 열사는 제 견고한 균형점을 상당히, 진보라든가 희생이라든가 그런 쪽으로 반보 정도 끌어준 분이죠. 저는 6월 9일까지만 데모하려고 했어요. 6월 10일 국민대행진에는 참석하지 않으려고 했습니다. 그런데 한열이 형이 앞줄에 서고, 제 손을 끌어서 뒷줄에 세워줬죠. 그때 뼈저리게 느꼈어요. 모든 게 그런 것 같아요. 시장도 그렇고, 정치도 그렇고, 여하튼 외부와 최전선에 있는 곳에는 갈등이 있고 생채기가 나잖아요. 그 한복판에 있는 사람들은 안온한 거고. 그런데 이한열 열사 같은 경우는 제 눈앞에서 살갗이 벗겨지고 피를 흘리는 걸 본 거잖아요.

지　그런 부채감이 고발기자로서 어려움을 버텨온 바탕이 된 것 같다는 생각도 드는데요.

이　요즘 '내가 왜 이렇게 살고 있을까, 왜 이렇게 살아 왔을까' 하고 많이 생각해봤어요. 돌이켜 생각해보면 그게 대단히 컸던 것 같아요. X-파일 사태 터지고 나서 학생들 몇 명이 "꼭 좀 대화 모임을 갖고 싶다"고 해서 몰래 가서 얘기한 적이 있어요. 보도 이후에 굉장히 고통스러웠을 땐데, 그때 이런 얘기를 한 적이 있습니다. "나는 왜 고발기자로 살고 있고, 왜 10년 동안 사고뭉치로 살고 있는 가, 나는 왜 체제 속으로 들어가지 못하고 있고, 그러면서 고통스러워할까” 하는. 그때 생각났던 게 이한열이었고, 그 다음이 제 자유지향의 열정이었던 것 같습니다.

지　X-파일 보도 나간 이후에 여러 반응이 나오고 나서 어떤 점이 가장 힘들었습니까?

이　다른 건 힘든 건 없었어요. 어차피 더한 희생을 치러야 할 문제라고 생각했으니까요. 뻔하잖아요, 이런 일 한두 번 해본 것도 아니고. 하도 많이 겪어보니까 보통 예견되는 프로세스가 있죠. 그런데 이것은 그 프로세스의 깊이가 훨씬 더 깊고 오래 가겠다는 생각은 들었죠. 고발을 하면, 상대방은 아무리 증거를 들이밀어도 아니라고 하고, 민형사 소송이 오고, 여론의 압박이 오고, 조직 내의 왕따가 오고, 그 다음에 가장 무서운 망각이 오고, 그런 거거든요. 이런 과정이 통상적으로 경험해왔던 것들보다 훨씬 더 깊고 오래가겠구나, 어쩌면 인생 자체가 달리 설계될지도 모른다는 생각들이 들었습니다. 가장 어려운 건 그거죠. 제가 10년 전이나 지금이나 똑같이 느끼는 것이 세상은 어른들의 세상이고, 보도국은 지혜로운(?) 어른들의 세상이에요. 그래서 항상 낯설죠.

지　MBC 광고에서 삼성이 차지하는 비중이 20퍼센트 정도 된다고 하던데요.

이　20퍼센트 조금 못 미칩니다.

지　　그래서 삼성에 대한 취재를 것을 내부에서도 탐탁지 않게 생각하는 사람들이 많았을 텐데요.

이　　당연히 그렇죠.

지　　어떻게 취재할 결심을 하셨습니까? 내부에서도 여러 가지 압력이 있었을 텐데요.

이　　그런 것은 제가 짧은 시간에 얘기해서 이해시킬 자신이 없어요. 너무 고통스러웠기 때문에…. 그래서 인터뷰가 두려운 거에요. 어떻게 납득시킬까 하는 부분도 어렵구요. 아직도 진행 중인 상황입니다. 보도를 못하게 했던 사람들은 아직도 원하지 않고요. 황우석 사태랑 또 달라요. 그것은 보도가 되면 일단락될 수 있는 사안인데, 이것은 절대 일단락이 안돼요. 자본주의가 영속되는 한, 한국 사회에서 삼성의 소유관계, 소유권력, 이른바 자본의 공세는 제 문제의식 자체를 끊임없이 불경시하겠죠. 끝날 수도 없는 싸움인 것 같아요. 제가 훌륭한 정치경제 철학자도 아니고, 저는 복잡한 시기를 거치면서 가장 단순하게 생각하려고 노력했어요. ‘그것은 잘못된 행위다. 보도가 이루어져야 한다.’ 우리 사회의 문제가 뭐냐 하면 지나치게 어른들이 많다는 겁니다. 스스로 지혜롭다고 생각하는 어른들이 너무 많아요.

지　　문제를 제기하는 것은 전부 철없는 행위로 치부하는 분들 말이죠. (웃음)

이　　친일역사 청산을 얘기해도 막는 어른들이 너무 많고, 아직 그 분들의 세상이죠.

지　원래 이런 사안 같은 경우 매체하고 같이 고발하는 게 맞지 않습니까? 이상호 기자만 고발한 것을 보면, 이상호 기자를 희생양으로 삼고, MBC와 묵시적인 타협을 하는 게 아닌가 하는 생각도 드는데요.

이　그런 생각이 드는 게 아니라 그거죠. (웃음) 현상을 얘기하는 것이 뉴스의 세계인데, 이미 진행되고 있는 얘기들이거든요. 결국 진정성에 대한 문제기 때문에, 제가 팩트를 제시할 수 있는 것은 밤새워 얘기해도 안 되는 부분이에요. 결국 이것을 어떻게 납득시킬 수 있는가 하는 것은 진정성의 문제라고 생각합니다. 또 그렇게 읽어줄 마음이 있는가 하는 부분이기도 하지요. 그래서 제가 자꾸 다른 얘기를 하는 거예요. 어차피 저보다 잘난 꼰대들은 제가 논점으로 제시하는 부분에 대해서 반론할 거고, 그렇지 않은 사람들은 관심도 없을 테니까요. 다만 그런 얘기를 하고 싶어요. 우리 사회에 대한 얘기를 하는 게 의미 있지 않을까? 이 시대에 개인은 어떤 마음으로 살아가는 게 필요한가, 그런 얘기를 하고 싶어요.

지　X-파일 취재는 어떻게 시작하신 겁니까?

이　제보를 받았고, 그게 중요하다고 생각하니까 한 거죠. (웃음)

지　검찰에서는 어떤 조사를 받으셨습니까?

이　저를 잡아넣기 위해서 말도 안 되는 통신비밀보호법(이하 통비법)으로 짜맞추는 수사가 이루어진 거죠.

지　수사가 '불법 대선자금 제공'에서 '불법 도청'으로 맞춰진 데에 삼성이 어떤 역할을 했다고 보십니까?

이 아주 지대한 역할을 했다고 봅니다.

지 지난번 미국에 취재를 떠나실 때 "자본의 심장에 도덕성의 창을 꽂으러 가는 심정"이라는 비장한 각오를 밝히셨는데요. 지금 현재 결과적으로 또 하나의 큰 장벽을 느끼셨을 것 같습니다.

이 잘 보셨네요. 어차피 예상한 길이고, 지금부터 시작되겠죠. 저는 아직 시작도 되지 않은 거라고 생각하거든요.

지 홍석현 전 대사나 이학수 부회장에 대해서는 무혐의나 불기소 처분이 이루어졌고, 문제를 제기한 이상호 기자님은 불구속 기소가 되었는데요. 그때 어떤 생각이 드셨나요?

이 기소당했을 때 당연하다고 생각했죠. 검찰이 그래도 좀 고민할 줄 알았는데, 그 시점에서는 절 기소하든 안하든 국민적으로 별 관심이 없었고, MBC가 가장 밑바닥에 박혀 있을 때였기 때문에 검찰로서는 부담 없이 기소한 거죠. 예상대로 검찰은 참 검찰스럽다고 생각을 했고요. (웃음) 오히려 잘됐다는 생각도 했어요. 제가 기본적으로 기자다보니까, 우리 사회에서 기자는 꼰대니까, 함부로 자기 처지에 대해서 얘기하면 안 되고, 기자는 기사로 얘기해야 한다잖아요. 그 말도 참 웃기잖아요. 물론 기사로 얘기하겠지만, 기사라고 하는 객관적인 결과에 숨어서 자기가 편할 수 있었던, 이른바 '객관주의 저널리즘'이라고 하는 환상이 먹힐 당시에 기자들이 편하게 살려고 하던 얘기죠. 어떻게 기자가 기사 속에서만 안주할 수 있습니까? 기사로 싸우기도 하고, 기사로 문제 제기도 하고, 도발하기도 하고, 그래야죠.

지 삼성의 정치권에 대한 비자금 제공, 검찰에 대한 로비 등 많은 국민적인 의혹이 있습니다. "몇몇 기자들의 허술한 취재로도 확인할 수 있는 것인데 대한민국 최고라고 자부하는 검사님들께서 왜 조사를 못하는지 너무 안타깝다"는 말씀도 하셨고, 기자회견에서 "이건희 회장이 소장 검사들의 떡값에 대한 반응까지 일일이 체크하더라"는 얘기도 하셨는데요. 삼성은 이미 검찰이 손댈 수 없는 지경에 왔다고 생각하십니까?

이 말이 안 되지 않습니까? 무슨 말을 할 수 있겠어요. 이를테면 지승호 씨가 삼성 비서실에서 나온 사람이면 같이 차 마시면서 얘기하겠어요? 성립이 안 되는 거잖아요. 삼성 비서실 가서 조사받는 것과 무슨 차이가 있습니까? (웃음) 다만 저는 최소한 검찰이 지닌 일말의 양심과 양식 있는 시스템이 조금이라도 굴러가기를 기대하고 조사를 받은 거죠. 말이 됩니까? 한마디로 돈 받은 집단에서 조사받은 거 아닙니까?

지 제보를 하신 분은 구속되지 않았습니까? 시민단체 등의 저항이 없었으면 구속이 될 수도 있었을 것 같은데요.

이 시민사회가 좀더 조용했더라면 검찰은 분명히 구속했을 겁니다.

지 재판이 진행되더라도 MBC가 적극적으로 개입할 것 같지는 않은데요.

이　소송은 당사자가 하는 거죠. MBC는 사람이 아니니까 그 안에 있는 사람들이 싸우는 거죠.

지　PD수첩에서도 여러 가지 고민을 하다가 후속보도를 하면서 국면전환이 된 거 아닙니까? 그것도 일종의 MBC 차원의 대응인 셈인데요. 그런 식으로 삼성과 검찰에 대해 뉴스로는 문제 제기를 할 움직임이 없다는 생각이 들거든요.

이　거의 없어요.

지　삼성의 광고 압력이나 이런 것 때문에….

이　그건 드러나는 이유일 뿐이죠. 분석하면 광고라는 수단과 방편만이 아니라, 삼성이라는 조직의 생존 자체가 지금의 산업사회와 다 연관되어 있잖아요. 삼성이라는 조직이 살아가는 사이클이 있고, MBC라고 하는 조직이 살아가는 사이클이 있는데, 시장 속에서는 그 사이클이 같이 이루어져요. 주파수만 차이가 있지. 그 접점에서 광고라는 매개로 연관을 맺고 있지만, 그보다도 더 큰, 이른바 자본주의 사회의 흐름이 있어요. 그 흐름 속에서 같이 흘러가고 있기 때문에 특별히 광고라고 하는 제한적인 영향력을 떠나서 전면적이죠. 삼성과 관련된 모든 인간관계, 인과관계가 우리 사회를 구성하고 있고, MBC는 그 사회를 어떻게든 영상으로 표출해야 하는 집단이니까 같이 돌아가고 있는 거죠. 그걸 분리하기가 어려운 수준에 있다니까요.

지　삼성공화국, 이건희 시대를 거부하기 힘들다는 말씀인 것 같

군요. 그런데 삼성의 행복이 대한민국 전체의 행복이 아닌 케이스
도 조금씩 발생하는 것 같거든요.

이　　삼성이라는 기업조직과 이건희 일가라는 인적집단을 구분해
서 봐야 하는데, 동일시하려는 의도가 있죠. 이건희 회장 측에서는
끊임없이 '이건희 = 삼성, 삼성 = 국익, 국익 = 국민의 행복'이라는
등식을 심어주려고 하고 있습니다. 그렇지만 각 등식 사이에는 엄청
난 과장과 논리 단절이 있죠. 국익과 국민의 행복이 꼭 일치하지는
않거든요. 현대 정치학 개념에서 국익은 가장 복잡한 개념 가운데
하나입니다. 왕의 이익이 국익인 나라도 있고, 소수 독재자의 이익
이 국익인 나라도 있고, 우리나라에도 국익의 개념이 변천되어온 역
사가 있잖아요. 그런데도 계속 마법과 주문을 거는 거죠, '이건희 =
국익, 국익 = 나의 행복.' 그래서 우리가 황우석 사태에서도 볼 수 있
듯이 집단에 의한 또 다른 집단에 대한 살육이 있었던 거 아닙니까?
언론이라는 건 무원칙하거나 특정인의 이익에 의해 매겨진 등식이
부등하다고 하는 것을 밝혀주는 거거든요. 그렇잖아요. 그 등식이
부등하다고 하는 것을 일깨워주고 끊임없이 일반 시민사회의 이해
와 일치하는 등식을 매겨주는 것이 언론이 할 일이거든요. 우리는
"짐이 곧 국가"라고 하는 등식에 저항해서 수많은 사람들의 피로
등식에 부등호를 매겨온 역사가 있지 않습니까? 그런 역사를 수행
하는 것이 언론인데, 지금은 신성불가침의 등식이 된 거죠. 그들과
나는 같지 않고, 그들의 이익과 내 이익이 같지 않다는 것을 인식하
지 못하면 영원히 자본 시대, 이건희 왕조의 일방적인 신민이 될 수
밖에 없습니다.

{ "언론은 금불상을 싣고 가는 당나귀"

지 X-파일을 취재해놓고도 통비법 때문에 MBC에서 보도하지 않았는데요. 그러다가 『조선일보』 보도 이후에 보도하지 않았습니까? 그 과정에서 내부에서 많은 논란이 있었을 텐데요.

이 많았죠. 지난 1년 동안 거의 시분초時分秒 단위로 기록해놓은 제 취재일지가 있어요. 저랑 대화할 수 있는 상대가 없었기 때문에 조직에서 나병환자처럼 지냈습니다. 그때 혼잣말처럼 제 일상을 적었어요. 딱 1년 됐는데, 1년의 기록을 몇 마디로 뭐라고 옮길 수가 없어요. 그냥 이상한 나라에 살고 있구나, 나는 왜 적응하지 못하나, 화해하지 못하나 하는 생각만 계속 들었죠.

지 그 과정이 참 외로우셨을 것 같은데요. 일부 사람들은 그 녹취록을 인터넷에 공개하라는 압박을 가하지 않았습니까? 그걸 가지고 비판하는 시각도 있었는데요.

이 그런 고민을 지금도 해요. 지금도 하고 있는데, 어떻게든 MBC가 풀어야 할 몫이라 생각합니다. 원래는 조선일보에 기사가 나기 직전에 그 주에 사직서를 내고, 기자회견을 하려고 했어요. 그런데 『조선일보』 기사가 났고, 그래서 MBC 이름으로 나가게 됐는데요. 많은 분들이 어차피 MBC에서 보도가 나가기 힘들다면 가지고 나와서 기자회견을 하라고 했었죠. 그러면 MBC는 포기하는 셈이 되는데, 그렇기 때문에 MBC의 이름으로 나가야 한다고 생각했어요. MBC는 데리고 가야 한다고 생각합니다. 그 믿음은 변함이 없어요. MBC는 잃고 가기에는 너무 소중한 자산이라고 생각합니다.

지　그럼 후속 보도를 해야 한다고 내부에서 요구하실 생각입니까?

이　보도 과정을 거치면서 보도국의 많은 사람들, 적지 않은 기자들이 X-파일 내용을 알게 됐습니다. 그 전에는 보안 문제도 있고 해서 밑도 끝도 없이 다 얘기하고 다닐 수는 없었으니까요. 많은 기자들이 알게 되면서 후속보도의 필요성을 인식하고 있고, 적절한 시기가 되면 다시 보도가 이루어질 수 있을 거라고 믿고 있어요.

지　"국민들이 그분들이 나누는 얘기를 직접 들으면 대단한 충격을 받을 것이다. 구체적이면서 반복적으로, 또 일상적으로 불법행위를 해왔다는 것을 느꼈다"는 말씀도 하셨는데요. 어떤 내용을 들으면서 그런 생각이 드셨습니까?

이　그 사람들한테는 회사 업무예요. 회사 업무 처리하듯이 진지하고 용의주도하게 챙겨요. 전 그게 가장 충격적이었어요. 이를테면 부끄러움이라는 것이 있고 양심이라는 게 있는데, 그렇게 불법적으로 돈을 주는 대화라면 "이 실장, 우리가 돈을 좀 줘야 되지 않겠어"—이런 은밀한 분위기가 있어야 할 텐데, 통상적인 업무 처리하듯이 해요. 그래서 '아, 이 테이프는 진짜 극히 일부다. 이른바 이건희 체제라고 하는 아성을 구축하기 위해서 얼마나 많은 뒷거래와 매수와 금품 수수가 있었을지, 또는 이권 교환이 있었을지, 또는 동종교배가 있었을지…' 하는 생각이 들더군요.

그런 생각 때문에 그걸 들으면서 고통스러웠어요. 이게 우리 사회의 DNA구나, 저 사람들이 저렇게 만성적으로 부정을 저지르는구나 하는 생각이 들었습니다. 초동목부들, 손수레 끌고 시장바닥에서 구두 파는 사람들은 겁이 나서 그렇게 못할 거예요. 과연 사회정

의라는 게 뭔지, 누구 좋아라고 우리가 이러고 사는 건지…. 하물며
그 대한민국 당대 파워엘리트들한테 그렇게 돈질을 일상적으로 업
무 삼아 하는데, 그 사람들 눈에 일반 국민들은 얼마나 하잘 것 없
이 보일까. 돈으로 거래할 것 없는 그 헐벗은 사람들, 가지지 못한
사람들은 얼마나 우습게 보일까, 하는 생각도 들었습니다.

거기 보면 DJ한테도 "그 늙은이"라고 하거든요. 기본적으로 그들
왕국에서 매수가 필요한 사람들에 대해서는 최소한 거명이라도 하
지만, 이름도 불리지 못하는 그 수많은 사람들은 어떻게 생각할까
하는 생각이 들더군요. 보도를 막은 사람들과 그들의 음모에 대해
서 제가 시원하게 얘기하면 좋은데, 제가 그 환경 속에서 살고 있기
때문에 제가 지금 그러는 게 도움이 안 될 것 같아요. 향후에 제가
싸울 때 간접적인 조력자가 될 사람들이고, 조직이고, 같이 뭔가 바
꿔보겠다고 하는 선의를 가진 사람들이 상처를 입으면 안 되니까
요. 하지만 크게 얘기할 수는 있죠. MBC라고 하는 이름은 고맙지
만, 그 안에 고맙지 않은 사람들이 좀 있긴 하죠. (웃음)

지　　이보경 차장도 「자본의 심장에 도덕을 수혈할 수 있는 날까지
연대해야」라는 글을 『미디어 오늘』에 기고했었는데요. 그런 게 지금
굉장히 어려운 일 같습니다. 어떻게 풀어나가야 한다고 보십니까?

이　　사실 제가 이런 얘기하면 뭐하나 하는 생각을 해요. 이미 신자
유주의가 완성된 게 아닌가 하는 그런 좌절감이 자꾸 듭니다. 어차
피 자본 만사인 세상이 됐는데, 우리가 인간의 얼굴을 잃지 말자고
한다고 씨알이나 먹히겠냐는 생각이 드는 거죠. 기본적으로 자본주
의 시장경제 논리라는 것이 인간적이거나 윤리적인 게임은 아닌 것

같거든요. 제가 연대에서 경영학을 했고, 대학원 때까지 런던 비즈니스 스쿨이라는 데서 경영학 공부를 하면서 마지막까지 기대를 못 버리고 잡았던 것이 뭐냐 하면 Ethical Resource Management라는 건데요. 자본주의 사회의 기업 경영에서 윤리적인 것도 하나의 자원이기 때문에 그것을 잘 관리하면 기업 생산성이 높아질 수 있고, 시장에서 더 큰 경쟁력을 가질 수 있다고 주장하는 일군의 학문적인 움직임이 있어요. 그런데 결과적으로 보면 시장 속의 양태는 어떻게 나타나느냐 하면 자본의 반공익적이고 사악함을 상쇄하기 위한 아편적인 도구로 많이 쓰이고 있습니다. 기부행위라든가, 소외계층에 대한 시혜적 차원이죠. 그들의 99가지 치부를 덮기 위한 한 가지 방편, 마법수 같은 거죠.

이건희 회장에 대한 문제 제기가 많을 때 언론에서 "삼성이 공익을 위해서 얼마나 많은 노력을 하고 있는가?"라는 기사가 많이 나오면서 안티테제로서 여론화되었던 것을 기억할 겁니다. 그러니까 기업이 윤리적일 수 있는가, 더 크게 질문하면 자본주의, 신자유주의 체제가 기본적으로 인간적일 수 있는가 하는 의문이 드는 거죠.

존 롤스라는 신자유주의 정치 체제를 구성하는 데 대단히 영향을 미친 학자 같은 경우도 그 사람의 논리 자체를 보면 대단히 분배의 문제라든가, 소외계층에 대한 문제의식이 있어요. 하지만 그나마도 시장 속에 끌려와서 부역한 논리가 아닌가 하는 생각이 듭니다. 그래서 저는 명확한 단죄밖에 방법이 없다고 생각합니다. 단적으로 우리가 자본에 도덕성의 피를 수혈하는 것만으로는 안 된다고 생각합니다. 환부를 잘라내고, 그리고 그 환부에 다시 암적인 세력이 득세하지 못하도록 방사선 치료하듯이 지속적으로 시민사회가 감시

해야 한다고 생각합니다. 최소한의 시장의 질서가 유지되도록 언론은 감시하고, 그리고 그 룰의 벗어난 일탈적 행위가 있는지 없는지 시장 속에서 감시하지 않으면, 모든 권력이 그랬듯이 시장 속의 지배자들도 스스로를 단죄하거나 규제하지 않을 겁니다.

지 언론이나 검찰은 삼성에 대한 문제를 제기하지 못한 것 같은데, 이번 국정감사에서는 약간의 문제 제기가 있었지 않습니까? 한마디로 삼성 국감이라는 말도 나왔고요. 올해 국정감사를 전반적으로 어떻게 평가하십니까? 이런 움직임을 통해서 삼성을 견제하고, 제동을 걸 수 있는 단초가 마련되었다고 보십니까?

이 그때 당시는 국민여론이 구동해낸 결과라고 생각해요. 대의제 아래의 정치라는 것은 국민의 여론이 주도하는 것 아니겠습니까? 삼성 문제에서 최초로 제한적이나마 대의제가 구동되었으나, 10리도 못가서 연료가 바닥난 셈이죠. 몇몇 소수 양식 있는 사람들이 굳어버린 엔진을 돌리고, 밀고 당기고 하는 노력이 있지만, 전반적으로 시민사회의 윤리적 자산이 현 단계에서는 바닥난 것 같다는 생각이 듭니다.

지 국감에 대해 '삼성 죽이기'라는 비판도 많았고, 이상호 기자님의 취재 활동에 대해서도 '잘나가는 기업 죽이려는 좌파적 시각'이라는 공격들이 있었는데요.

이 그 공격 누가 했나요? 『중앙일보』가 한 거 아닙니까? 그런 공격에는 별로 개의치 않습니다. 왜 우리가 삼성 공화국이라고 부르느냐 하면, 단순히 차를 만들어내고, 공장을 짓고 하는 게 자본이 아니라, 자본이 이미 시민사회 공적 영역에서 담론 형성의 기능을 빼앗아갔어요. 시장이 매일 매일 경제 신문 산업면을 통해서 지배 이데올로기를 양산하고 있고, 기업집단과 그 기업집단에 우호적인 파워엘리트들이 그 지배구조를 더 견고히 하고 있죠. 그들은 과도하게 기업지배집단의 이익을 이야기하고 있지 않습니까? 국민기업으로서 공동체의 이익을 이야기하는 것이 아니라, 조금 전에 얘기한 것처럼 삼성이라는 기업집단과 이건희를 동일화시키고, 이건희와 국익을 동일화시키는 프로파간다를 계속 만들어내는 겁니다. 그리고 지배적인 조중동 같은 기득권 매체를 통해서 확대재생산하고 있고요. 힘없고, 생산·소비 시장에서 소외되고 있는 다수들이 그것을 자기의 생각인양 반복해내는 암울한 현실이 계속되고 있는 거죠. 그렇기 때문에 "이건희가 삼성이 아니다, 이건희가 국익이 아니다"라는 식으로 등식을 깨나가야 하는 것이 언론인데, 유사 진실과 사이비 사실을 담론의 장에서 끌어내는 것이 언론인데, 오히려 언론들이 잘못된 게임을 주도하고 있잖아요. 그러니까 이 땅의 시민들한테 희망이 있겠느냐고요. 암울한 거죠. 삼성이랑 이건희랑 어떻게 똑같아요. 2퍼센트 지분밖에 안 가진 사람이고, 실제 등기이사도 아니잖아요.

지　언론 자체도 그렇고, 언론인들 중에서도 탐사보도를 용감하게 하는 기자들도 별로 없는 것 같고요. 대중들도 황우석 사태에서 보듯이 감정적으로 문제를 보는 경향이 있는 것 같습니다. 이런 상황에서 진실을 캐나간다는 것이 대단히 어려운 일 같은데요.

이　어렵죠. 그런데 그게 우리 일이니까요. 기자는 랜턴 같은 존재예요. 말이 난무하는 어둠 속에서 사회를 울리는 메시지들의 실체를 조명해서 (이를테면 퇴마사 같은 존재이기도 하죠) 의미 없고 소수 개인의 이익만을 위한 얘기는 배제시키고, 음모적인 시각도 배제시켜서 그야말로 청명한 가을 밤 귀뚜라미 울음소리 같은 거, 시냇물소리 같은 거, 그야말로 진짜 우리 공동체 존재와 맞아떨어지는 것들만 흘러가고 넘치도록 만드는 거죠. 그런데 그 랜턴들이 배터리가 없으면 배터리를 교체하거나 버려야죠. (웃음)

미디어라는 게 뭡니까? 이솝 우화에 나오는 당나귀가 미디어거든요. 금불상을 싣고 가는 당나귀 생각나세요? 당나귀는 자기얘기 하면 안 되거든요. 금불상이라는 진실을 지고 가는 당나귀, 즉 미디어의 삶은 고단한 거죠. 그렇더라도 그 불상을 떨어뜨리면 안 됩니다. 그런데 자기가 불상인 연하는 게 한국 언론의 현실이라고 생각해요. 특히 조중동 등 수구매체들, 저는 보수우익이라고 생각 안하거든요. 진정한 우익이면 역사 청산하자고 해야 우익이죠. 즉 수구기득권 매체들이 당나귀가 아니라 불상이 되어 가지고, 온천지를 휘젓고 다니면서 자기네 기득권 지배체제를 공고히 하는 것이 오늘날의 현실이고, 그 현실의 정점에 있는 것이 이건희 불상이라고 생각합니다. 이건희도 당나귀에 불과하거든요.

지　　"삼성이 내 일거수일투족을 감시한다"는 말씀을 하신 적이 있으신데요. 취재과정에서 여러 가지 압박이 있었을 것 같은데요. 전화도 많이 왔을 것 같고.

이　　20년 전에 (소식 끊긴) 친구한테서도 전화가 오더군요.

지　어떤 식으로 접근하던가요?

이　갑자기 그냥 보자고 해요. 그런 전화를 많이 받았어요. 슬퍼요, 지나간 어린 시절 옛 동무들까지도 불상이 되어버린 당나귀들의 뒷발로 채이는 것이.

지　그게 삼성의 사람과 사회를 관리하는 방식 중의 하나라고 하던데요.

이　그게 삼성의 인적 네트워크를 구성하는 방법이죠. 이미 다 포섭되어 있어요. 대단히 죄송합니다만 이 인터뷰를 보시는 분들 중에서 그런 전화를 안 받으셨거나, 그 네트워크에 안 계신 분이라면 삼성지배공화국에서는 한 3등 이하 시민이라고 생각하시면 됩니다. (웃음)

지　저도 3등 이하 시민이군요. (웃음)

이　불행한 현실이라고 말씀드렸지 않습니까? 전화 오는 거 거절하면 거의 관타나모보다 더 엄중한 감방으로 가는 거죠. 그게 무슨 감방인 줄 아세요? 왕따의 감방이라고….

지　한 40건 정도 고소·고발을 당했다고 들었는데요.

이　38~39건 정도 당한 것 같아요.

지　지금도 진행되는 게 있습니까?

이　유밀레 건이 좀 전에 끝났고, 몇 건이 더 있습니다.

지　고발 전문기자로서 지탱해 오신 힘이 무엇입니까? 분노가 가장 큰 이유일 것 같은데요. 어떤 때는 "나는 기자도 인간도 아니었다"는 자괴감을 표시하신 적도 있지 않습니까?

이　그건 최문순 선배가 쓴 글이고요. 너무 이상한 나라예요. 제가 지난 1년 동안 기록한 취재일지를 이름을 밝힐 수 없는 딱 한 사람한테 보여줬는데, 그 양반이 그러더군요. "이게 X-파일이네. 이게 X-파일이야." 우리 사회가 언론계를 통틀어서 얼마나 이상한 사회인지 알 수가 있어요.

지　그걸 출판한다든지, 공개할 생각은 없으십니까? 한국 사회에서 의미 있는 자료가 될 것 같은데요.

이　글쎄요. X-파일 보도는 분명히 재판이 열릴 텐데, 결국 기자의 진정성이 대단히 중요한 고리가 될 것이라고 주위에서 그러더군요. 왜냐하면 이게 실정법 위반이라고 주장하는 세력들이 있잖아요. 그것보다는 자기희생적 기반 위에서 상당히 진실이라고 믿을 만한 사안을 순수하게 오로지 공익적인 이해를 위해서 보도했다고 주장하려면 무언가 기록해 놓는 것이 좋을 것이라는 조언도 큰 힘이 됐거든요. 출판을 위해서 한 것은 아니고요.

지　그러면 재판 과정에서 제출해야 할 경우도 생기겠네요.

이　필요하면 제출해야죠.

지　그런데 그 진정성이라는 게 재판부나 삼성 입장에서는 중요하다고 생각지 않을 것 같은데요.

이 그건 좀 나이브한 생각이에요. 방송금지가처분 신청이 있었잖아요. 그때도 그쪽에서 제출한 서면에 따르면 "개인적인 공명심에 사로잡혀서 국민경제적인 이해를 고려하지 않고, 남을 흠집 내기 위해서 보도했다"고 주장하고 있습니다. 그 사람들은 제가 진정성이 있다고 생각지 않아요. MBC가 시청률을 올리려고, 이상호가 자기 공명심 때문에 국익을 저해하고 있다고 믿고 있는 거죠.

지 이인용 전 앵커가 삼성의 홍보전무로 가있는데요. 그에 대해 "MBC의 간판이 떨어져서 삼성의 연단 받침대로 갔는데, MBC 기자 사회에서 아무런 위기의식도 못 느끼고 있다"고 비판하셨는데요. 삼성에서 각계의 전문가, 특히 언론인들에 대한 스카우트 태도를 취하는 것에 대해서는 어떻게 생각하십니까?

이 그때 너무 슬펐어요. 그 이슈 하나만 가지고도 하고 싶은 얘기가 너무 많거든요. 그런데 말을 줄일게요. 한마디로 대한민국 언론계는 정말 형편없는 언론계죠. 그때 너무 서러워서….

｛ "유능한 사람들이 자기 분야에서 본분을 다 해야"

지 이인용 앵커 나름대로는 언론인으로서 좋은 이미지로 남는 꿈을 버린 셈 아닙니까? 손석희 아나운서 같이 정치권의 러브콜을 극구 사양하는 분은 거의 소수인 것 같은데, 많은 방송인들이 기업이나 정치권으로 가는 이유가 무엇이라고 보십니까?

이 거지근성 때문에 그렇죠. 무슨 말이냐 하면, 우리 집은 빵 만

드는 집이고, 술 만드는 집이고 그러면, 자기네 가게가 아무리 보잘 것 없다고 해도 끝까지 남아서 자기가 술 만들다가 죽으면 됩니다. 그리고 그 다음 사람이 계속 만들어서 2대, 3대가 하다보면 남는 거거든요. 삼성이 왜 삼성이라고 하냐 하면 똑똑하고 잘나가는 스타들을 다 데려갔어요. 그러니까 삼성공화국이라고 하는 겁니다. 그건 건강한 게 아니거든요.

훌륭한 사람이 MBC에도 남아 있어야죠. 대한민국에 좋은 게 여러 가지가 있어야죠. 시민사회에도 좋은 사람이 끝까지 남아서 시민운동 하다가 죽어야죠. 언론에도 언론에 끝까지 좋은 사람으로 남아 있다가 죽어야 휙 하고 바람이 불어도 언론이 모래성처럼 쓰러지지 않는 거죠. 삼성은 대중사회와 시장이 합쳐져 있는 신자유주의 체제에서 자기들이 강자가 되기 위해 다른 부분의 인재를 다 끌어들이고 있다고요. 그러면 어떻게 되느냐 하면 다른 부분이 취약해져요. 다른 부분이 삼성의 눈치를 보고, 삼성의 인력권 안에 접어들게 되는 거죠. 그러면 가로수들이 태양 쪽으로 기울어지듯이 전체 사회가 삼성 쪽으로 고개를 숙이게 되는 겁니다. 그렇게 삼성의 해바라기가 되는 거예요. 거기서 끌어들이니까. 그러니까 삼성공화국이라고 하는 거죠. 기자가 삼성에서 끌어들여도 가면 안 되죠. 시청자에 대한 배신입니다. MBC에서 수위를 하더라도 자기가 기자로서 자기 임무를 완성해야죠. 그래야 다음 기자가 와도 더 좋은 기자가 될 거 아닙니까?

지금 같으면 삼성 대변인 되려는 사람들이 MBC에 들어올 거 아닙니까? 옛날에 육군사관학교에 정치하려고 하는 사람들이 갔던 것처럼. MBC에서 자꾸 정치하고, 삼성으로 가고 하니까 그런 사람들만 들어올 거 아닙니까? 끝까지 언론 현장에 남아서 국민들의 이해와 시민적 복리를 위해 일할 사람이 안 남는 거 아닙니까? 그런데도 아무 얘기 안하잖아요. 이인용 선배 갔을 때 단 한 사람이라도 문제 제기를 한 사람이 있습니까? 저는 그게 대한민국 언론의 2005년의 현주소라고 생각해요. 그래서 제가 형편없는 언론계라고 한 겁니다. 제가 그거 썼다가 어떻게 됐어요? 그 글을 이인용 선배 때문에 쓴 거예요. 그거 한 줄 쓸려고. 그런데 그거 쓰고 엄청나게 불려 다니면서 혼났습니다.

지 MBC 윗분들한테요?(웃음)

이 MBC 안팎에서요. "네가 그런 거 쓰면 삼성에서 더 안 데려갈 것 아니냐"고 하더군요. 마치 고려대 학생들이 이건희 명예박사 문제를 제기 했을 때 동료 학생들이 "그러다가 삼성에서 취직 안 시켜주면 어떻게 할래?" 하는 것과 똑같은 경우를 당했어요.

지 〈PD수첩〉의 황우석 박사에 대한 보도와 그 후 벌어지고 있는 상황에 대해서 어떻게 생각하십니까? "〈PD수첩〉의 문제 제기가 옳다고 하더라도, 그런 식으로 문제 제기를 해서는 안 되는 것이었다"고 비판하는 분들도 여전히 적잖은 것 같은데요.

이 하나만 말씀 드릴게요. 우리 사회의 가치가 너무나 단일해요. 그게 좋을 때도 있지만, 위험할 때가 많죠. 다가치 사회가 되어야 되는데…. 이게 뭔지 아세요? 뜸이라는 거거든요. 제가 이거 때문에 살아남았어요. 정말 미칠 뻔했어요. 혼자서 침을 놓고 뜸을 뜨면서 지난 1년을 버텼습니다. 이게 열을 떨어뜨려주거든요. 한국 사회가 보면 관용도 없고, 너무나 급격하게 시장화되면서 너무나 많은 걸 잃은 것 같아요. 값어치를 매길 수 있는 게 아니면 없잖아요.

X-파일 토론회 하는 날 최민희 사무총장을 만났는데, 그 분이 그러시더군요. "황우석 싸움도 지난했지만, 그나마 황우석 싸움이 갈피가 잡혀가는 이유가 뭔지 아느냐?"고 묻기에 "글쎄요, 뭐라고 생각하세요?" 했더니 황우석 박사는 재벌이 아니라서 그렇다는 겁니다. 저는 그 말에 120퍼센트 공감하거든요. 양태는 이건희 씨와 비슷하지만 전선을 지속적이고 두텁게 유지할 수 있는 자본력이 없어서 그래요. 오래 못 싸우는 거죠.

지　황우석 박사를 통해서 먹고 살 수 있는 사람들이 더 많았다면 상황은 달라졌을 수 있겠네요.

이　초기라 그렇죠. 초기 자본화되는 과정이기 때문에. 제가 지금 말씀드리지 못하는 게 너무 많아요. 오죽하면 제 1년 동안 취재한 비망록을 스스로 X-파일이라고 부르겠어요? 심지어 회사 내에서 제게 아무도 말을 안 거는 시기가 몇 달 동안 지속되었는데, 하물며 친한 선배도 같은 사무실에 있는데도 전화가 와요. 어디서 잠깐 보자고. 지근거리에 있는데도 007 작전하듯이 만나곤 했죠. 저랑 같이 있으면 찍히니까.

지　높은 분들이 모여서 "재랑 같이 놀지 마라"는 지침을 내리지는 않았을 것 같은데요. 어떤 식으로 신호를 줍니까? (웃음)

이　지난 시간은 저의 진정성이 끊임없이 훼손되는 시기였으니까.

지   구찌 핸드백 사건 때도 "용기 있는 행동이었다"고 평가한 사람도 있고, 그냥 내부적으로 얘기해서 돌려주고 끝내는 게 옳지 않았느냐? 굳이 공개적으로 반성할 필요가 있었느냐는 시각도 있었거든요. 결국 프로그램이 막을 내리지 않았습니까?

이   그 분들 입장에 동의를 해요. 아직까지 그것 때문에 제가 무지무지하게 피해를 보고 있거든요. '못 믿을 놈'이라고 하고, 공명심을 위해서 선배 등에다 칼을 꽂은 놈이라고 하기도 하고요. 다 들어요. 인터넷 때문에. 그 분들 말이 일견 타당하다고 생각해요. 그런데 그 분들이 모르는 게 너무 많다는 거죠. 그리고 그걸 얘기할 단계가 아니라는 겁니다. 제 속은 오죽 하겠어요. 대한민국 언론계에서 신강균 차장만한 분이 많지 않거든요. 그나마 많지 않습니다. 왜 그럴 수밖에 없는 상황이 왔는지, 저는 더 고통스러웠죠.

지   신강균 앵커하고 상의를 못할 사정이 있었다는 건가요?

이   충분히 고통스러운 사정이 있었어요. 지금은 그걸 얘기할 단계가 아니고요. 유교적 가치가 지배하는 우리나라 같은 사회에서 선배 등에 칼 꽂는 것이 얼마나 무서운 건지 제가 제일 잘 아는 사람 중의 하나일 겁니다. 말씀드릴 수 없는 사정들이 많아요.

지   기자를 택한 걸 후회하신 적은 없으신가요?

이   '어떻게 하다가 이렇게 됐을까'를 계속 생각하고 있다니까요. (웃음) 그런데 달리 생각해봐도 어쩌지 못했을 것 같아요. 이러지 않고서는. 너무 사회가 부조리하게 느껴지고 그랬어요. 제 나름대로 가장 자유롭고, 심지어 정의로울 수도 있을 것 같아서 기자를 택했어요. 한 번도 후회는 안 해봤어요. 기자는 당연히 이렇게 하는 거라고 생각해요.

제가 한때 슈퍼탤런트 대회에 나갔던 적이 있어요. 저는 푸닥거리가 하고 싶었거든요. 제가 기독교인이기는 하지만, 무당의 사회적 기능을 많이 생각합니다. 무당은 별다른 게 아녜요. 아시다시피 사회적 소통 기제거든요. 이를테면 고부 갈등이 있는 여자가 오면 같이 울면서 고부 갈등에 처해서 아무한테도 풀어놓지 못한 이야기들을 들어주고, 같이 토닥거려주고, 그러다가 같은 여자로서 시어머니가 되서 시어머니 입장으로 잠시 분해서 시어머니 입장을 이해도 시켜보고, 그러다가 같은 여성으로서 가부장제 지배구조 속에서 피해자일 수밖에 없었던 두 사람을 극적으로 화해시키는 거거든요. 거기에 모든 언론의 역할이 있어요. 무슨 말이냐 하면 소통되지 못해서 울혈처럼 남아 있는, 이른바 말하지 못하는 억울한 메시지들을 풀어서 돌려주는 거죠. 또 반대편 입장에서 이른바 악역을 맡았던 자들을 상대로 푸닥거리를 하잖아요. 누가 누구를 벌할 수 있겠습니까? 다만 푸닥거리를 하고 해원하면서 풀어주는 거죠.

제가 이건희를 죽이자고 했습니까? 삼성을 죽이자고 했습니까? 삼성은 우리 사회에서 중요한 하나의 의미 있는 커뮤니케이션의 흐름 한복판에 있는 큰 바윗돌이에요. 그것을 치울 수도 없고, 치울 생각도 없어요. 다만 그 때문에 흐르지 못하는 이야기들, 인위적으로 둑을 막아서 그들의 밭으로 돌렸던, 그들 논밭에 물대기 위해서 인위적으로 큰 바위 옆에 자기들 돌을 엇대서 물의 흐름을 막았던 것들을 펴주는 것, 그럼으로 인해서 우리 사회에서 소통을 하자는 거죠. 처음부터 기자질 하면서 그게 언론이 아닌가 하는 생각을 했어요.

무슨 저널리즘이네, 언론인이네 하면서 꼴값 떠는 것이 그래서 싫습니다.

별거 아니거든요. 오해가 있고, 억울함이 있고, 실의失意가 있는 데로 가서 가장 낮은 자세로 이야기를 들어주고, 그리고 가장 높은 곳에 가서 있는 그대로 그들의 뜻을 전하고, 그런 게 기자의 역할 아닌가요? 저는 단순하게 그렇게 생각합니다. 이른바 우리 사회의 언로를 풀어주는 것, 그게 그들이 말하는 저널리즘인지는 몰라도, 저는 그게 음악이고, 시고, 미술이고, 연기고, 글쓰기라고 생각해요. 똑같은 거거든요. 특별히 제가 저널리스트라는 생각을 별로 안 해요. 방송에서 그런 일을 하는 거고, 남들이 기자라고 하니까 그런 줄 아는 거지요. 기자 시험 몇 번 떨어져서 슈퍼탤런트 시험 봤을 때도 같은 생각을 했어요. 제가 드라마에 나가면 우리 시대 다양한 모습들을 통해서 공감을 하고, 서로 어루만질 수 있는 극에 출연하고 싶었고, 연극도 하고 싶었고, 그로 인해서 본격적으로 글쓰기도 하고 싶었고, 다시 말해 사회와 관련된 각종 재생적 창작 행위를 해보고 싶었어요. 그런데 그게 안 되더군요. 실패했어요.

그래서 다시 언론사 공부를 했고, 기자가 됐는데요. 연기자에서 연자를 빼면 기자잖아요. 어떤 기자의 역할, 어떤 기자의 모델이 가장 제가 생각하기에 기자다운가 하는 것을 생각해봤을 때, 출입처에 연연하고, 자기가 처한 조직적 이해에 굴복하고, 가진 자들의 권세 앞에서 무릎 꿇고… 그런 것은 아닌 것 같거든요. 기자는 그런 거잖아요. 억울하다고 하면 가서 "억울하세요?" 하면서 같이 눈물도 흘려주고, 그러다보면 하나 같이 화가 나요. 그들한테 분노를 배웠어요. 내 안에 있는 분노를 확인하는 과정일지도 모르지만, 그러면서 굉장히 화가 많이 났어요. 10년 동안 너무 울화통이 치미는 일이 많았어요. 지금도 많아요. 대한민국에서 누구보다 내가 화가 많을 거예요. 그래서 막 화가 나면 최대한 차분해지려고 노력하죠. 침착해지는 법을 기자라는 이름으로 배웠고, 냉철하게 사고하고, 기사 쓰는 법을 익혔고, 그래서 기자처럼 방송하는 것뿐입니다. 그런데 제가 무슨 기자예요, 기자라는 이름으로 불린 지 10년밖에 안됐는데. 기자가 무엇인지 배워나가는 과정이죠. 만약에 기자라는 이름이 기사 쓰는 데 방해가 된다면 다른 걸 택해야겠죠, 소설을 쓴다든가. 형식은 제한되어 있지 않아요. 제 꿈 중의 하나가 라디오 DJ가 되는 건데, 기사만 쓰는 게 기자는 아니거든요. "기사는 기사로만 얘기한다, 판사는 판결로만 얘기해야 한다"는 건 정말 뭣 같은 얘기죠.

지 고발 전문기자 하면 이상호 기자가 처음으로 떠오르는 이름인데요. 우리 언론을 보면 탐사보도라는 게 거의 없지 않습니까? 한 분야를 집중적으로 6개월이든 1년이든 취재해서 보도하는 게 한국에서는 거의 없는 것 같은데요. 이유는 뭐라고 보십니까?

이 아직 언론이 출입처 제도에 묶여 있었기 때문에 그런 것 같거든요. 권력은 이미 분화되고 있는데, 언론은 거기에 못 따라가고 있을 뿐예요. 조만간 언론도 성장 할 겁니다. 실제로 2004년 후반기를 기점으로 해서 언론 사회에 탐사보도 열풍이 불고 있어요. 시행착오를 거치고 있는 기간이긴 하지만, 내년 정도 되면 많은 변화가 있을 거라고 봅니다. 제가 취재 안하고, 취재원이 된 지 1년이 됐어요. 취재하고 싶어서 미치겠어요. 다음 주면 김광석 10주기인데, 김광석 죽음의 의미도 취재하고 싶고요. 제가 그 사건은 10년째 취재를 해왔거든요. 그 사건을 유일하게 현재까지 취재하고 있는 기자는 저뿐인 것 같아요. 원래 10주년에 맞춰서 방송하고 싶었는데, 여러 가지 상황이 겹쳐서 못했죠. 저는 화나는 일을 많이 알아요. 제 홈페이지로 매일 매일 제보가 들어옵니다. 만날 만나는 사람들이 그런 사람들이에요. 억울하고, 어디서 터지거나, 사기 당했거나, 아니면 너무나 문제가 심하다고 생각해서 내부 고발을 했다가 왕따 되거나 그런 사람들이죠. 그래서 소금창고라고 만든 게 있어요.

지　얘기를 듣다보니 영화 「7인의 사무라이」가 생각나는데요. 농부들과 함께 사무라이들이 목숨을 걸고 싸우지만, 결국 승리는 농부들에게 돌아가는…. 탐사보도 기자의 운명도 그런 것 같은데요.

이　당나귀인 거죠. 끊임없이 금불상하고는 싶죠. 금불상이 당나귀한테 고맙다고 하나요? 하지만 당나귀는 그냥 가야 되는 운명이지, 머. (웃음) 당나귀가 당나귀 말고, 금불상하는 경우가 있잖아요. 그러니까 욕먹는 거죠.

❴ "기자의 고발은 증오가 아니라 사랑이다"

지　"고발은 사회에 대한 증오가 아니라 사람에 대한 사랑"이라고 하신 말씀이 감명 깊었는데요. 현재 우리 사회가 고발하는 사람에 대해 공격적이거나 양비론으로 가는 경향도 있지 않습니까? 내부 고발의 경우 배신자 취급을 하기도 하고, 다른 경우는 모난 돌 취급을 하기도 하는데요.

이　　　저도 동의해요. 고발 안했으면 좋겠어요. (웃음) 안 하려고 많이 생각하는데, 또 하게 됩니다. 우리 사회에는 화나는 것들이 너무 많아요. 제가 바보가 아니잖아요. 제가 그렇게 소송을 많이 당하고 싶어서 당했겠어요? 기네스 기록에 올라가고 싶어서 환장한 것도 아니고.

지　　　소송 결과는 보통 어떻게 되나요?

이　　　제가 진 적이 한 번도 없어요. 운이 좋았죠. 운도 좋았지만, 기사 쓸 때　소송하는 것처럼 자료를 준비합니다. 기사를 쓸 때 엄청난 입증 자료들을 준비를 하죠.

지　　　여러 가지 화나고 분노하는 일이 많았을 텐데, 누군가가 대한민국의 딱 한 가지 문제를 바꿀 수 있는 권한을 준다면 어떤 일을 하고 싶으세요?

이　　　전 교회 개혁을 한번 해보고 싶어요. 예수 가지고 사기 치는 사람들을 다 쫓아냈으면 좋겠어요. 저한테 권한이 생긴다면 예수 이름 팔아 먹는 나쁜 사람들 혼내주고 싶어요. 부시도 예수 이름 팔아서 대량학살 하고 있고, 우리 사회를 봐도 정말 이해 안 가는 게 많잖아요.

예수가 죽은 이유가 뭡니까? 예수가 수구기득권과 타협 한 적이 있습니까? 없어요. 마지막까지도 가장 비타협적으로, 가장 낮은 곳의 목소리로 임했잖아요. 그리고 자기한테 주어진 사명의 길을 포기하지 않았잖아요. "아버지여, 저로부터 이 잔을 거두어 주소서"라고 마지막까지 버티기도 했었지만, 가면서 "아버지 뜻대로 이루어졌

나이다” 하고 갔잖아요. 그런 사람이 어디 있어요. 물론 수많은 훌륭한 성직자들이 있지만, 대한민국 교회 조직을 보면 ‘만약에 예수가 오면 어떻게 하려고 하나?’ 하는 생각이 들어요. 예수의 존재를 믿는 사람들이 저러나 싶기도 하고요. 예수가 오면 맨 먼저 자기들부터 내칠 텐데, 아마 예수가 영영 오지 않을 거라고 믿기 때문에 그러는 거겠죠.

지 예수가 오면 또 작당을 해서 이단이라고 못 박을지도 모르죠. (웃음)

이 아까 저의 분노에 대해서 말씀하셨는데, 통상 윤리라는 것과 도덕성이라는 것은 성인군자의 옷자락 끝에 묻어 있는 것이 아니거든요. 정당한 분노, 수오지심羞惡之心, 이런 게 의義 아닌가요? 대한민국 농민들이 둘이나 죽었는데, 아무도 화 안내잖아요. 지금보다 훨씬 가난하던 1987년에는 이한열이라는 학생이 최루탄을 맞아 죽은 걸 가지고 온 국민이 들고 일어났어요. 그래서 우리 시민사회가 형성된 거죠. 그런데 지금 시민은 어디가 있어요. 농민들 홍콩에 가서 그 차가운 얼음바다에 뛰어든 것을 보고 “다이빙 잘 한다”며 비웃고 있을지 모르겠는데, 저는 화나고 슬프거든요. 저는 시장이 사람들을 그렇게 만들고 있다고 믿어요. 삼성공화국이 그렇게 만들고 있다고 믿는다니까요.
사람들이 하나도 진지해지지 않고, 만면에 웃음이 가득한 너무도 행복해 보이는 사람들 사이에서 눈물이며 분노, 이런 게 느껴지지 않아요. 전 그게 너무 가슴이 아파요. 대한민국 또 축구 때문에 난리칠 것 아닙니까? 저는 좀 많이 울고, 많이 분노하는 사회가 되었으면 좋겠어요. 모두가 다 웃고만 있어요. 하나도 진지하지 않고.

지　얼마 전 인혁당 사건에 대한 진실을 국정원에서 공개했지 않았습니까? 그것을 두고 일부 네티즌들이 "MBC 살리기 위한 물 타기" "노빠의 불끄기" 따위의 댓글을 다는 것을 보면서 절망하셨다고 하셨는데요. 이런 불신의 원인은 무엇이고, 이것을 극복하기 위한 방법은 뭐라고 보십니까?

이　시장에 굴복한 수구기득권 매체들이 만들어낸 일종의 부패한 냉소주의라고 생각해요. 『조선일보』에 인혁당 관련 판결 기사가 얼마만한 사이즈로 나왔는지 아세요? 손바닥보다 작게 나왔어요. 이른바 조중동이라고 하는 수구기득권 매체가 사회를 망치고 있다고 봐요. 부패한 자본의 앞잡이죠.

지　앞으로 어떤 형태로든 기자 생활을 하실 거죠?

이　그래야 할 것 같아요. MBC 안에서 취재를 하고 싶은데, 취재를 하고 싶어서 들어왔는데, 취재를 할 수 있는 환경이 아니고, 그래서 많이 좌절하고 있어요. 하루하루 고통스러운 시간을 보내고 있습니다.

지　지금은 대기발령 비슷한 상태인가요?

이　국제부에 있어요. 외신을 맡고 있죠. 제 업무를 자세하게 쓰면 국제부 조직원들한테 누가 되니까….

지　그동안 가장 보람 있었던 취재와 가장 아쉬웠던 취재는 어떤 것이 있습니까?

이 　김광석 타살의혹 사건을 아쉬움 속에 취재하고 있고, 천경자의 「미인도」 사건도 취재 중이에요. 그 다음에 족보 사건 하나 있어요. 골 때리는 사건이에요. 천인공로할 일이 일상적으로 진행되고 있습니다. X-파일만 X-파일이 아닙니다. 대한민국 사회는 온갖 X-파일로 가득 차 있습니다. 수많은 열리지 않은 X-파일들이 곳곳에서 요동치고 있고, 저는 사실 그런 것들 때문에 무척 괴롭습니다. 무슨 업보 같아요.

지 　앞으로의 특별한 계획은 있는가요?

이 　빨리 취재가 허락됐으면 좋겠어요. 그렇게 되면 다시 취재를 좀 해보고 싶은 바람이 간절해요. 그리고 문화적 전망과 관련된 일들을 좀 하고 싶어요. 황우석 사태나 X-파일을 보면서 결국은 문화의 문제라고 생각합니다.

정치의 시대에서 이제는 문화의 시대가 된 것 같아요. 문화적 전망 속에서 사고하고 발제하지 않으면 문제의 본질에 대한 접근은 진전이 없을 것 같습니다. 대한민국 좌파들의 가장 큰 문제는 문화적 전망이 부재하기 때문이라고 생각해요. 저한테 우파가 있느냐고 물어보시면, 저는 없다고 대답하고 싶습니다. 우리나라 우파는 가짜죠. 그리고 분배를 말하는 자들이 일방적으로 빵을 달라고 해야 소용이 없습니다. 이미 빵은 창고 안에 들어가 있고, 창고의 빗장은 문화의 열쇠 없이는 열 수가 없습니다. 왜냐하면 창고를 갈무리하는 자들이 눈에 보이는 자물쇠를 달아놓은 것이 아니라 문화적으로 견고한 시건장치를 걸어 놨기 때문입니다. 그 문화는 담론으로도 오고, 스포츠에서도 오는데, 온갖 문화는 아주 야들야들한 벨벳처럼 소프트한 양식으로 결박하고 있기 때문에 정치적 구호로는 절대 풀리지 않는다고 생각합니다.

지금 자본은 한 해에 수조 원 이상의 돈을 쓰면서 문화권력으로 이미 변모하고 있어요. 그런데 아직도 수많은 닭 쫓던 개들은 지금 적이 누군지조차 분간하지 못하고 있습니다. 그게 대한민국의 현실입니다. 이른바 문화 좌파들이 자유주의자들과 연대해서 장기적인 진지를 확보하지 못하면 이 싸움 자체가 없어질 위기에 있다고 생각하거든요.

이미 자유주의 진영은 스스로 자신의 자유주의적 지향성조차 잊고 이미 시장의 선동선전대가 되어 있습니다. 시간이 없죠. X-파일의 싸움이 지지부진한 게 바로 그런 이유라고 봅니다. 불행하게도 우리 사회의 개혁을 말하는 사람들이 문화적 전망이 부재하기 때문에 실질적으로 노무현 정부의 개혁도 실패했다고 생각해요. 지나치게 교조적인 운동권의 리더들이 정권을 장악했고, 그나마 정권도 온전히 통제하지 못하고 있는 상황이기 때문에 마치 한 번 더 집권하면 온전한 개혁을 이루어낼 수 있다는 환상을 가지고, 정권 재창출을 위해 뛰는 사람들도 보이는데, 문화적 전망이 부재한 상황에서, 이미 시장 속에서 모든 담론이 문화적으로 변모한 상황에서는 어렵다는 거죠.

이미 논쟁은 두 발짝 앞서 가고 있고, 이른바 윤리적이라고 하는 자들은 정치적으로 삼보일배하면서 따라가고 있습니다. 그 걸로는 따라잡을 수가 없죠. 이미 분노하지 않고, 눈물을 모르는 다중들이 시민사회를 점하고 있기 때문에 절대 탄력을 받을 수가 없어요.

지   그러면 다음번 대선에서 이른바 개혁세력의 집권이 어렵다고 보시는 겁니까?

이   개혁적 담론이 어떻게 형성되느냐가 가장 중요하겠죠. 주요 담론이 대선전에 임박해서 어떻게 형성되느냐가 문제일 텐데, 담론 발생 장치를 이미 시장과 시장을 대변하는 조중동이 장악하고 있기 때문어, 그리고 대부분의 시민대중들이 이미 시장적 가치와 지배질서에 공조하고 있는 상황에서 얼마나 개혁적이고 새로운 이슈를 창출해낼 수 있을까에 대해서는 다소 회의적입니다.

지   아까 보니까 조영남 씨 만나러 가신다던데, 두 분이 친하세요?

이   조영남 씨에 관해서 글을 좀 써보려고요. 우리나라에 자유주의적 전통이 척박하기 때문에 개인주의에 바탕을 둔 사회 속에서의 자유주의, 시민적 개인을 자각하는 사람이 많지 않잖아요. 개인이 없으면 전체를 논할 수가 없는데, 이전까지 우리가 사회적 개인을 가져본 적이 없거든요. 그런데 조영남 씨는 이전부터 개인으로서 존재해 왔던 사람이죠. 왜냐하면 개인으로 존재하지 않으면 노래를 못하잖아요. 나름대로 쉽지 않은 삶을 살아온 분인데, 쉽지 않은 것을 유지하는 사람들은 나름대로 뭔가가 있어요. 사회적 전망 속에서 자신의 자유주의적 경향을 설명할 수 있는 사람은 많지 않은데, 그런 사람 중 하나인 것 같아요. 돈이 노래하는 가수는 많은데, 개인이 노래하는 가수는 흔치 않았는데, 저는 나름대로 많이 배우고 있어요.

지   정리하는 차원에서 한마디 해주십시오.

이　제 개인적으로 지난 한 해가 힘들었던 게 사실인데, 생각해보면 지난 한 해는 사회적 관심이라도 받았지, 나머지 아홉 해도 크게 다르지 않았어요. 고통스러웠던 와중에 작은 희망들이 있었고, 보잘 것 없지만 보람도 있었고, 따지고 보면 제가 누구를 위해서 이 짓을 하는 것도 아니고, 제가 살기 위해서 어쩔 수 없이 이러고 있는 거거든요. 그런 차원에서는 저 스스로가 제 안에서 많은 희망을 만들어낼 수 있었으면 좋겠다는 생각을 하고, 어떤 희망을 가질 수 있을까 열심히 고민하고 있습니다.

고발을 한다는 게 정말 못할 짓이에요. 나이가 들다보니 정말 영원한 악인도 없고, 하나하나 선량하고, 용서가 가능하고, 어떻게 보면 같은 시대의 불행한 동행자들인데, 제가 인격적으로 부족해서 그 양반들이 감당해야 할 것 이상으로 제가 명예를 더럽혔거나, 주변에서 저 때문에 상처 입는 분들이 가급적 없었으면 좋겠다는 그런 생각을 나이 먹으면서 자꾸 합니다.

또 하나 얘기하자면 우리가 사회적 개혁이다 뭐다 하는 것은 다 개인의 성취를 위해서 그러자고 하는 것인데, 성취할 개인적인 목적과 지양을 스스로 갖지 못하고 있다는 생각이 듭니다. 자본과 사회가 주어진 가치만을 달성하려 하고, 이를테면 내가 고시를 패스하겠다거나 자격증 시험을 보겠다거나 하는 사회적인 목표나 시장이 부여하는(어떤 브랜드를 사겠다거나 월드컵 경기를 보겠다거나 하는) 것을 소비해나가는 데서만 존재를 확인받는 시장 속의 소비자들만 넘쳐나기 때문에 개인주의도 없을 뿐더러 탐욕스럽게 욕구하는 소비자들만 넘쳐나는 것 같습니다.

그런 개인이 형성되지 않은 상황에서는 자유주의도 있을 수가 없죠. 이른바 사이비 자유민주주의가 횡행하고 있지만, 자유가 진정하고 실존적인 것이 아니기 때문에 절차적 민주주의라고 말하는 것처럼 형식적으로만 그치고 있는 거죠. 거론되는 내용들을 보면 스스로 그 사회 구성원들을 소외시키는 결정들이 일어나지 않습니까? 자이툰 파병 같은 것도 왜 파병해야 하는지도 모르면서 자기 자식과 형제를 빼앗기고 있는 거죠. 이른바 그 잘난 절차적 민주주의의 도구를 통해서 집단적 살육을 부추기고 있는 것이고, 미성숙된 거죠. 그래서 전사회적으로 황우석 같은 거짓과 가짜가 판치는 겁니다.

자유주의의 실체가 뭡니까? 없는 것 가지고 자꾸 있다고 하면서 더 이상의 개혁을 가로 막는 것 아닙니까?! 똑같아요. 황우석도 도처에 있고, X-파일도 도처에 있는 게 오늘날 우리 사회의 현상이죠.

계란으로 바위를 깨뜨려버린 '고독한' 영웅

언론인들이 자기 발언 공간을 스스로 확보하려면
혼자서는 안 되고 연대를 해야 하는데,
내외의 다른 언론 동료들과 어깨를 같이 걸고,
언론 자유와 편집권 독립의 영역을 지켜 내려는
노력을 하지 않으면 점점 더 어려워질 겁니다.
'그래서 결국 자사의 이익에 종속되어서
종속된 언론인으로서의 역할에 머물다 보니까
멀리 못 보고 스스로 자기 목에다 개 줄을 걸어서
손잡이를 사주들 손에 쥐어 주는 꼴이 아닌가'
하는 생각을 합니다.
노동조합이 목소리를 제대로 내고 싸우기도 하면서
국민들로부터 '올바른 목소리를 내는구나' 인정도 받고,
펜을 부러뜨리거나 마이크를 빼앗아 가는 자가 있다면
내가 언제든지 가서 고발할 곳이 있다,
나와 함께 싸워 줄 조직이 있다는
확신을 심어 줄 수 있어야 한다는 생각입니다.

—최승호 본문 인터뷰 가운데서

● 1961년에 출생했다. 경북대 행정학과를 졸업한 후 1986년 MBC에 입사했다. 2003년 MBC 시사교양국 시사교양특임 차장, 전국언론노조연맹 부위원장, MBC본부 위원장을 역임했으며, 2005년부터 MBC 〈PD 수첩〉 CP로 활동했다. 2005년 12월 황우석 사태에 대한 〈PD 수첩〉 보도로 고초를 겪었고, 한학수 PD와 함께 2006년 제18회 한국방송프로듀서상 최고프로듀서상을 받았다. 현재 프로그램 〈W〉 CP를 맡고 있다.

최승호

● 이른바 '황우석 사태'는 지난해 한국 사회를 들었다 놓았다 했다. 쉽지 않은 과학적인 주제를 가지고 갑론을박이 벌어졌는데, 한쪽에서는 "대중은 곧 진리이며, 황우석 박사를 지키는 것이 애국"이라며 입에 거품을 물었고, 다른 한쪽에서는 그것을 파시즘의 전조로 해석하기도 했다. 그 엄청난 사태를 촉발시킨 프로그램을 제작한 사람은 〈PD 수첩〉의 최승호 CP와 한학수 PD였는데, 최 CP는 20년 PD 생활 하면서 "그동안 마음고생을 했던 걸 다 합친 것보다 10배는 더 힘겨운 경험을 했다"고 털어놓았다. 최 CP는 직접 취재를 했던 한 PD의 고충은 그보다 더욱 컸을 것이라면서 "한학수 PD의 취재력이 아니었으면 만들지 못했을 것"이라며 동료에 대한 신뢰를 드러냈다.

최 PD는 언론의 역할을 강조하면서 "언론사들은 독자나 시청자가 그런 형태의 보도를 요구한다고 변명하지만, 언론들이 독자나 시청자들을 그런 식으로 만들어왔다. 저널리즘의 총체적인 실패라고 본다. 저널리즘의 총체적인 실패는 여전히 문제고, 앞으로도 이 정도의 사태는 아닐지 모르지만, 아마 그런 자세 자체를 새로 가다듬지 않으면 희망은 없을 것 같다"고 하면서 언론이 원칙을 지키지 않으면 앞으로도 이런 일이 반복될 수 있다는 우려를 나타냈다. "앞으로 우리가 그 문제에 대해서 진지하게 성찰해서 좀더 나은 사회로 가지 못한다면 황우석 사태로 인해 우리 사회는 훨씬 더 어려워질 수 있다"는 데 대해 공감한다.

계란으로 바위를 깨뜨려버린 '고독한' 영웅

{ **"언론 스스로가 최소한의 검증 기능을 버렸다"**

지승호(이하 **지**)　　요즘 어떻게 지내셨습니까?

최승호(이하 **최**)　　요즘은 중압감이 없는 프로그램에 와서 마음이 좀 편합니다. (웃음) 〈W〉는 해보고 싶었기도 하고요. 국제적인 문제를 많이 다루는 프로그램이라서 여러 가지 공부도 많이 하고, 배우고 있죠. 지금은 굉장히 행복한 시간을 보내고 있는 셈입니다. (웃음)

지　　그동안 마음고생이 심하셨을 텐데요.

최　　그렇죠. 제 개인적으로 보면 PD 생활을 20년 했는데, 20년 동안 했던 마음고생이란 게 있다면 그걸 다 합쳐서 10배 튀긴 정도의 경험을 이번에 한 게 아닌가 생각합니다. (웃음)

지 그동안 PD 저널리스트로서 협박도 많이 당하고, 고생도 많이 하셨을 것 같은데요. 그걸 다 합친 거보다 10배나 힘드셨다면….

최 아휴, 완전히 종류가 다른 거죠. 〈PD 수첩〉이 제가 원래 좋아하는 프로그램인데요. 〈PD 수첩〉에서 제 자신이 만든 프로그램들 가운데는 유난히 논쟁적인 프로그램이 많았어요. 논쟁적이라기보다는 남들이 볼 때 좀 겁이 없다고 얘기하는 프로그램들을 많이 했죠. 순복음교회를 비롯해서 대형 교회들을 고발하는 프로그램도 한 적이 있고, 언론을 다뤄본 적도 있어요. 재벌도 다뤄봤고요. 1990년대 초에 아직까지 냉전구도가 남아 있는 상황에서 냉전의 성감대를 건드린다고 할까요? 그런 것도 했거든요, 「금정굴」이라고. 9.28 수복 이후에 경찰하고 우익 민병대들이 좌익이라고 해서 사람들을 수직갱에다가 몰아넣어 놓고 쏴 죽인 사건이 있습니다. 제가 만든 게 1992년인가 그랬으니까 수십 년 동안 묻혀 있었던 거죠. 그 당시에 그걸 직접 발굴해서, 사회적으로 상당히 얘기도 많이 되고, 우익 할아버지들이 몹쓸 놈이라고 야단도 많이 치시고 그랬습니다. (웃음) 그런 일을 비교적 많이 겪은 편에 속하는데, 황우석 건하고는 비교가 안 되는 거더군요. 그런 부분들은 기본적으로 PD가 자기 확신이 있으면 얼마든지 "내가 방송을 한 것이 옳다. 내가 틀렸다는 증거를 가지고 오시오"라고 하면 되는 것이고, 그것이 어렵더라도 금방 지나갈 수 있는 문제고, 사람들도 금방 잊어버리기도 하는데요. 이것(황우석 사태)은 방송을 하기 전부터 방송을 하고 난 후까지 저로서는 굉장히 길게 느껴졌어요. 이것이 아직 우리 사회의 상처로 남아 있다고 할까요? 그런 측면이 있고, 또 다른 측면에서는 제가 몸담고 있는 MBC가 기업으로서의 생명이 자칫하면 끊어질 수도 있을 정도로 엄청난 파고를 몰고 왔다는 거죠. 그냥 파도가 아니라 거대한 폭풍을 수반한 해일이 몰아닥친 상황이었으니까 말이죠. 그렇게 치달아가는 상황에서 그 일을 저지른 장본인으로서 느끼는 조직 내에서의 미안함이라고 할까, 미안함만 가지고는 설명이 안 되는 참 그런 부분들이 어려운 부분이었어요. 그것만 아니면 나머지 부분은 다 감당할 수 있겠다는 생각이 들더군요. MBC라는 공영방송이 국가적으로 중요한 자산이고, 국민의 입장에서 봐도 상처를 받으면 안 되는데, 너무 국민들을 지나치게 자극해서 국민들로 하여금 지나친 매를 때리도록 해서 고장이 나버리면 그 부분은 정말 감당이 안 되는 문제라는 생각이 들었어요. 그 부분이 참 어려웠어요. 그 이전까지는 그런 정도의 경험은 없었는데….

지 대형 교회 같은 것을 공격하더라도 수만 명이 모여 집회를 하는 경우도 있었지 않습니까? 그런데 그전에는 그런 것만 각오를 하면 되고, 어떤 반발이 올지 예상할 수 있었을 텐데, 이번 경우에는 그런 차원이 아니라서 더 힘들었을 것 같습니다.

최 이 부분은 뭐, 예를 들어서 사이비 종교의 교주를 다룬다면 그 종교의 신도들이 몰려오겠죠. 그 신도가 많아봤자 얼마나 되겠습니까? 다 몰려온다고 쳐서 1만 명이 몰려와 에워싸더라도 그 나머지 분들은 우리를 성원해주시고 계신다는 믿음이 있지 않겠습니까? 그렇다면 별로 두려워할 바는 아닌데, 이건 그게 아니고, (4500만 국민 가운데) 1만 명만 우리를 지지하고 4449만 명이(물론 그 정도는 아니겠지만) 반대하는 정도로까지 느껴지게 되니까 이것은 종류가 완전히 다른 거죠. 그런 정도로 국민들의 격한 감정을 불러일으키고, 또 그중에서 과격한 분들은 MBC를 어떻게든지 무너뜨리고자 행동하지 않았습니까? 제가 생각할 때 언론의 잘못이 상당히 크다고 봅니다. 한국 사회의 언론이 황우석이라는 한 사람을 본인 자신도 감당을 못하고, 우리 사회도 도저히 감당할 수 없을 정도로 어떤 지고지순한, 우리의 미래를 해결해줄 것 같은, 거의 신성을 가진 인물인 것처럼 묘사하고, 그것을 국민들한테 세뇌시켰기 때문에 그런 반응이 나왔다고 생각합니다.

지 그렇게 된 가장 큰 이유는 뭐라고 보십니까? "권력이 자본으로 넘어갔다"고 한 대통령의 얘기와도 맞물리는 것 같은데요. 박정희 시대만 하더라도 그렇게 광적인 반응을 보이지는 않았을 것 같거든요. 국가권력이 "저 사람은 빨갱이야"라고 해도 속으로는 '아닐 수도 있어' 하는 분위기가 있었다면, 지금은 대중들이 적극적으로 국가권력과 자본권력을 옹호하는 현상이 벌어지고 있는 것 같은데요.

최 글쎄요. 박정희 시대 때는 이런 보도를 할 수도 없었겠죠. 기본적으로 그건 불가능한 거고요. 황우석 현상은 진보 매체건 보수 매체건 할 것 없이 MBC를 포함해서, (황우석을) 영웅으로 만들었고, 어느 언론이건 간에 어떻게 황우석 입에서 신통한 말 한마디를 들어서 1면 톱기사로 올릴 수 있을까를 고민할 정도로 언론 스스로가 최소한의 검증 기능을 버렸기 때문에 그런 현상이 일어났다고 봅니다. 어떻게 보면 세종대왕 이래로 존경받는 인물이 없는 상황에서 언론이 그렇게 묘사를 했고요. 국민들 입장에서는 경제적으로도 오랫동안 침체를 겪고 있어 하루하루 살아가는 것이 굉장히 힘겹고, 미래가 안 보이는 상황에서 '그래도 우리한테는 황우석이 있잖아'라고 하는 미래의 탈출구 같은 이미지로 다가온 것이 아닌가 싶습니다. 그래서 국민들이 광적인 지지를 보내고, 그러면 언론은 또 대중에 추수하여 다시 보도하고, 정권은 그걸 이용하여 자기 치적으로 돋보이도록 하기 위해서 여러 가지 무리한 지원을 해주고, 이런 것을 통해서 스스로가 그런 사기극을 공인하고, 이런 여러 가지 현상들이 복합적으로 이루어졌기 때문에 그런 정도의 철옹성 같은 우상이 만들어진 게 아닌가 하고 생각합니다.

지　한때 황빠 vs 황까로 나눠져서 유사 이래로 가장 뜨거운 논쟁이 벌어졌었는데요. 마치 용광로 같았습니다. 그게 수면 아래로 가라앉았을 뿐 완전히 해결된 것 같지는 않다는 생각이 들거든요. 전처럼 많지는 않지만, 여전히 〈PD 수첩〉을 비난하고, 나머지 사람들을 매국노 집단으로 모는 사람들이 있는 것 같은데요.

최　게임은 끝났다고 봅니다. 게임은 끝났는데, 다만 극렬하게 지지하는 소수들이 남아 있는 거죠. 어느 사회든 간에 한 가지 사건에 대해서 다양한 시각을 가진 사람들이 존재할 수밖에 없고, 그게 민주사회의 특성 아니겠습니까? 그런 정도로 이해하고요. 그러나 대부분의 국민들은 '줄기세포 논문 조작 사건'이라는 것이 실제적으로 지닌 문제점에 대해서 분명히 인식하고 있고, 〈PD 수첩〉이 한 역할에 대해서도 기본적으로 그런 보도를 할 수밖에 없었다고 하는 부분은 인정해주고 있다고 봅니다. 다만 그걸 적극적으로 해석해서 "〈PD 수첩〉이 정말 용기 있는 일을 했다"고 평가해주는 국민들도 있고, "언론으로서 당연한 일을 했는지는 모르지만, 너무 많은 상처를 줬다. 그리고 그 과정에서 잘못도 있지 않았느냐”고 판단하는 국민들도 있는 것 같아요. 그러나 “〈PD 수첩〉 보도가 날조다. 음모에 따라 저지른 것인데, 삼성이 사주한 것”이라는 식의 마타도어 수준의 얘기를 믿고 있는 국민은 지금 상황에서는 거의 없다고 생각합니다.

지　초반에는 90퍼센트 가까운 사람들이 “〈PD 수첩〉을 폐지하자. MBC를 문 닫게 하자”는 주장을 했을 때 어떤 생각이 드셨습니까? 그동안 했던 〈PD 수첩〉의 사회적 공헌도 있는데….

최　처음에는 상당히 놀랐습니다. 우리는 이걸 취재하면서 방송을 최소한 두 번을 해야겠다고 생각했어요. 하나는 난자를 수급하는 과정에서의 윤리적인 문제에 대한 것, 또 하나는 줄기세포 자체가 진짜가 아니라는 것, 이 두 가지를 방송하려 생각했어요. 순서도 난자를 먼저 내고, 줄기 세포를 두 번째 내자고 생각했죠. 그 당시에 이미 ‘난자 윤리 문제’를 방송하면 〈PD 수첩〉에 대한 비난이 상당히 많을 것으로 예측하고 있었습니다. 언론이 빚어놓은 ‘황우석 신화’가 너무 커서 상실감이 만만치 않을 것이라고 생각한 거죠. 난자 문제는 연구의 실체적인 진실과는 상관없이 〈PD 수첩〉이 마치 일부러 흠집을 내는 것 같은 생각이 들 수 있습니다. 훌륭한 연구를 했지만 그 과정이 잘못되었다는 식의 비판으로 들릴 테니까요. 그런 면에서 “왜 너희들이 이런 보도를 해서 국익을 훼손하느냐”는 비판이 분명히 있을 것이라고 생각했어요. 그러나 저희들은 그 반응이 ‘한 6:4 정도만 됐으면 좋겠다’는 정도로 생각을 했죠. 4 정도는 우리를 이해해주고, 6 정도는 비판을 하는 그런 정도 상황이라면 (일주일 차이로 방송할 생각이었으므로) '두 번째 방송을 하고 나면 그 부분이 정리가 되지 않겠느냐, 연구의 실제적인 부분에 대한 보도를 통해서 국민들이 그동안 속아 왔다는 것을 아는 순간에 그런 부분이 어느 정도 정리되지 않겠느냐' 하는 생각을 했습니다. 그런데 웬걸, (첫 번째 방송 예고 뒤인 11월 24일 방송을 했나 그럴 텐데요) 방송은 화요일에 하는데, 월요일 오전에 난자의 윤리 문제를 방송한다는 홍보 문안을 돌리자마자 인터넷 언론에서 난리가 났고, 그 다음에 인터넷 공간 안에서 네티즌들 상당수가 〈PD 수첩〉 시청자 게시판에 몰려오기 시작했어요, 전화통도 불이 나고. 그 당시 반응의 주류는 "방송을 하지 마라"는 거였습니다. 국익을 훼손하는 방송이니까 하지 말라는 거였는데, 그런 반응이 너무 압도적이어서 국민들이 지닌 (맹목적인) 정서에 대해서 오판을 했구나 생각하게 됐죠. 그때부터 12월 15일에 두 번째 방송을 하기까지 격렬한 비난 여론에 휩싸인 〈PD 수첩〉과 MBC는 완전히 고립되어 거의 아사직전까지 갔다고 봐야죠. 그런 정도의 상황을 겪어야 했습니다.

지　그 이후 『프레시안』과 『브릭』의 문제제기가 없었다면 두 번째 방송을 하기도 어려웠을 텐데요. 그렇게 되었다면 사태가 어떻게 진전되었을 것 같습니까?

최　12월 4일에 YTN의 보도가 있었는데요. 우리는 황우석 교수의 청부 보도로 보는데요. 그 보도가 나간 뒤에 MBC에서 잘못된 결정을 내려서 방송을 유보했죠. 〈뉴스데스크〉에서 모든 것을 다 인정하는 것처럼 완전히 항복 선언 비슷하게 뉴스를 내보냈어요. 그런 다음에 한학수 PD하고 저하고 같이 고민 많이 했습니다. 그 당시 우리는 '이렇게 되면 이 문제를 국내에서는 다른 언론에 의해서 더 이상 이슈화하기 어려울 수도 있으며, 따라서 방송도 못하고 이대로 묻힐 수도 있겠구나' 고민한 끝에 '우리가 그동안 취재한 것을 가지고 밖으로 나갈 수밖에 없을 것'이라고 생각했어요. 기자회견을 하든지, 시민 단체와 연계해서 그것을 밝히라는 요구를 하든지 하는 식으로 우리가 취재한 팩트를 공개하는 방식을 통해서 검찰이 수사에 착수하도록 하자는 생각을 가지고 있었어요.

둘이서 여차하면 그런 생각을 실현하기 위해서 그 당시에 여러 시민단체들도 접촉했죠. 그랬는데 다행히『브릭』에서 12월 5일 새벽에 사진이 조작되었다는 것을 터뜨리는 바람에 거기서부터 전세가 달라지기 시작했죠. 다행이었는데, 만약에『브릭』을 통해 문제제기한 네티즌이 없었더라도 우리가 취재한 '팩트'를 완전히 덮고 갈 수는 없었으리라 봅니다. 다만 그것을 밝히는 과정이 더 더디고 험난했을 수는 있었겠죠. 그러나 결국 그것을 밝히지 않을 수는 없었을 겁니다.

{ "본질을 가리고 왜곡하는 장난질은 치명적인 독"

지　한학수 PD는『인물과 사상』과의 인터뷰에서 "저는 이번 일로 대한민국이 발가벗었다고 생각합니다. 우리 사회 구성원들이 생각하는 진심의 정도가 대단히 적나라하게 드러난 것"이라고 했는데요. 그 사태로 인해 우리가 얻은, 또는 얻어야 할 교훈은 뭐라고 보십니까?

최　이번 사태의 와중에서 가장 화두가 되었던 것이 '진실이냐, 국익이냐'였을 겁니다. 그런 부분에 대해서 같이 논의라도 해봤다는 것이 성과가 아닌가 생각합니다. 둘 중 하나를 선택하라는 식에 대해서는 저는 전혀 동의하지 않아요. 진실을 밝히는 것이 결국 국익에도 도움이 된다는 것이 입증되어야 이 사건의 자양분을 우리 사회가 흡수하는 게 아닌가 생각하고요. 그런 측면에서, 서울대조사위원회가 구성되어 주체적으로 사실을 밝힌 부분은 굉장히 중요하다고 생각합니다. 서울대에 연구진실성위원회 같은 것들이 설치되고, 각 대학별로도 연구의 진실성과 관련된 시스템이 제도적으로 갖춰지고 있고, 그런 부분들이 과학계 내부에서 학자들 간에 주요한 이슈로 드러나고, 심지어는 교육 부총리가 논문 중복 혐의를 받아 쫓겨나기도 하는 등 이런 일련의 과정이 궁극적으로는 대한민국의 투명성을 제고할 거라고 봅니다. 이런 투명성 제고를 통해 연구 역량 같은 부분들이 제대로 발휘될 수 있는 환경이 만들어지는 게 아닌가 생각합니다. 어떤 측면에서는 언론도 허황된 국익 위주의 환상을 만드는 보도를 경계하게 되고, 국민들도 언론이 어디까지 잘못할 수 있느냐 하는 부분에 대해서 명백하게 지켜본 사태가 아닌가 생각합니다. 그런 부분에서 많은 교훈을 얻었다고 봅니다.

지　사실은 국익이라는 게 실체가 없었고, 오히려 그걸 밝히는 게 국익에 도움이 될 수 있었다고 생각하는데요. 지금 황우석 박사가 연구를 재개할 준비를 하고 있다는 보도도 나오던데, 이에 대해서는 어떻게 생각하십니까? 다시 연구할 기회를 주어야 한다는 사람들도 많은데요.

최 　저는 그 분들이 연구를 계속하겠다는 것을 뭐라 할 입장도 아니고, 연구를 계속해서 성과가 있다면야 좋은 일이죠. 다만 또 연구를 한다면 그런 식으로 거짓말을 하는 연구여서는 안 되고, 진실하게 연구를 해야겠죠. 그것을 국가적인 차원에서 지원하거나 하는 문제는 또 다른 문제고요. 개인이 연구를 재개하겠다고 하고, 그것을 지원하고 싶은 사람들이 있어서 개인적으로 지원하는 거야 개인의 자유 영역에 속하는 부분이므로….

지 　『인물과 사상』과 인터뷰하셨을 때 "황우석 박사가 하루만 지나도 거짓말로 드러날 수 있는 부분에 대해 확신에 차서 얘기하는 걸 보고 놀랐다"고 하셨는데요. 취재하는 과정에서 황우석 박사를 어떤 사람이라고 생각하셨습니까? 아직도 주류에 의해 배척된 아웃사이더로 인식하는 사람들도 많은 것 같은데요.

최 　언론에 대한 감각, 국민들의 심리를 파악하는 능력, 이런 부분들이 상당히 뛰어난 사람이라는 생각이 들었어요. 그리고 그러한 판단에 의거해서 거짓말을 너무나 태연하게 할 수 있는 그런 사람이라는 생각이 들었습니다. 그 양반이 우리가 첫 번째 방송을 하고 난 뒤에 기자회견을 하고, 그 뒤에 두 번인가 했는데요. 그 양반이 얘기하겠다고 하면 기자회견이 되잖아요, 언론들이 앞 다퉈 모이니까요. 그 과정에서 한 얘기들이 지금 보면 검찰 수사 결과 다 거짓말로 드러나지 않았습니까? 백번 양보해서, 예를 들어서 〈PD 수첩〉이 처음 취재했을 때는 몰랐더라도 그때는 다 알고 있었고, 줄기세포가 가짜라는 부분에 대해서 자기네들 내부에서 핑거프린팅까지 해서 결과를 다 가지고 있었음에도 불구하고, 눈 깜짝하지 않고 거짓말을 했잖아요. 그런 걸 보면 엄청난 양반이죠.

핑거프린팅 결과 줄기세포가 가짜로 나온 결과를 들고 가서 처음 만나러 가는 길에 걱정을 많이 했어요. 한학수 PD가 저보고 "아, 이 거 우리가 이것을 밝혀냈다고 생각하기 어려울 텐데, 혹시라도 (그 양반이 큰 수술을 한 적도 있는데) 충격을 받으면 자칫 위험해질 수 도 있지 않을까요. 구급차를 대기시켜야 하지 않을까요?" 하는 얘 기까지 했어요. 얘기를 들어보니까 저도 그런 걱정이 들더군요.

그런데 조금 더 생각해보니까 아무래도 너무 오버한 것 같기도 해 서 "우리가 좀 조심을 하자"며 가서 만나봤는데요. 핑거프린팅 결 과를 보여주면서 한학수 PD가 설명했을 때 참 놀랐습니다. "가짜 로 나왔습니다" 하면 자기 앞으로 끌어당겨서 보고, 분석이 제대로 됐는지 검증도 해보려고 노력하는 것이 당연하잖아요. 그런데 보지 도 않아요. 조금 떨어져 있었는데, 그냥 그 자세 그대로 "말도 안 된 다"는 거예요. "어디서 분석했느냐? 검사를 잘못 해가지고 그런 식 으로 하면 어떻게 하느냐?"고 하는 등 어떻게 보면 너무나 준비된 답변을 하더군요. 그때 윤태일 씨가 와 있었는데 (그 당시에는 윤 태일 씨가 뭐하는 사람인지도 몰랐고 이름도 몰랐어요) 황 교수가 자기를 도와주는 후배라고만 소개를 했어요. 그런데 그 윤태일 씨 가 그래요—"(그걸 보도하면) 엄청난 파문이 일어날 거요, 국내뿐 아니라 국제적으로도. MBC도 굉장히 힘든 입장에 처하게 될 겁니 다." 아주 세게 경고한 거죠.

그 양반들은 국민들이 어떻게 반응할 것인지 우리보다 더 정확하게 읽고 있었다고 볼 수도 있죠. 우리는 진실을 얘기하면 국민들이 납 득할 것이다, 아무리 그래도 진실은 드러나게 되어 있고, 진실을 얘기하면 처음에는 실망하더라도 나중에는 납득할 것이다, 하는 입장이었잖아요. 결과적으로 보면 상당 부분 그 양반들의 예측이 맞은 거죠. 그처럼 국민들의 심리, 언론의 생리 같은 것들을 꿰뚫고 있었기 때문에 그런 무리수를 계속 둬온 것이 아닌가 생각합니다. 내게 사소한 잘못이 있더라도 내가 얘기하면 국민들은 다 믿어준다, 이런 것 있잖아요. 그런 부분에서는 확신이 서 있는 것 같더군요.

지　〈PD 수첩〉은 아주 상식적인 판단을 한 것이고, 그쪽은 국민들이 어떻게 생각할지 짐작하고 있었다는 건데요. 일부에서는 그런 반응들을 보면서 "이러다가 나치처럼 가는 것 아니냐?"고 우려하기도 했습니다. 한학수 PD의 표현을 빌리면 "진실을 보도했는데 진실을 보도하지 말라고 한 것은 한국 언론사에서 처음 있는 일"이었는데요. 분위기가 반전되었을 때 가슴을 쓸어내리기는 했지만, 국가주의나 자본지상주의를 경계해야 할 진보세력이 완전히 무너졌다는 징표인 것 같아 두려웠습니다. 진보개혁세력이 또 한 번 분열되고, 그 중에서 박정희식 개발주의 마인드를 가진 세력이 있다는 것을 확인하게 된 것 같은데요.

최　글쎄요. 여러 가지 스펙트럼이 있는데, 『서프라이즈』같은 데서 보인 반응은 아마도 황우석 박사의 연구 실적이 노무현 대통령의 중요한 치적이라고 생각한 나머지 그것에 얽매어 팩트를 제대로 보지 못하고, 해서는 안 될 선택을 했다고 생각해요. 그런 의식을 갖고 있는 사람이라면 '개혁적이다, 진보적이다' 하기는 어려울 것 같고, 그렇게 되면 개혁세력을 모독하는 것이 될 것 같습니다. 기본적으로 역사의 진보를 믿는다면 그래서는 안 되죠. 어떻게 보면 실체가 제대로 드러난 게 아닌가 생각해요. 진보 안에서도 파시즘 또는 국가주의하고 저렇게 쉽게 결부될 수 있는 스펙트럼이 있었구나 하는 것을 분명하게 보여줬다고 할까, 하나의 리트머스 시험지로 색깔이 분명히 드러난 상황이라고 생각합니다. 반면에 너무나 어려운 상황에서 올곧은 목소리를 내신 분들도 많이 있거든요, 그런 언론도 있었고. 그런 분들이 어떤 신념과 가치와 판단으로 그렇게 할 수 있었는지에 대해서 고민하고 받아들여야 하는 부분이 있겠죠.

지 사실 회사의 운명을 좌지우지할 수도 있는 엄청난 사안임에도 불구하고 방송을 허락한 MBC 내부에서의 신뢰는 어디서 왔다고 보십니까?

최 그것은 알려진 것과는 조금 다른 부분도 있는데요. 우리가 첫 번째인 난자 문제를 방송하기 전까지는 회사 상층부에서 우리가 어떤 내용과 어떤 계획을 갖고 있는가에 대해서 구체적인 것까지는 몰랐습니다. 완전히 보고하지는 않았던 상황이었고, 그렇게 할 수 있는 것은 MBC가 기본적으로 노동조합과 회사가 맺은 단체협약 안에 공정방송 조항, 일종의 편집권 독립 조항이 있어서 경영진이 방송 내용에 일일이 간섭하지 못하도록 하는 차단장치를 해놓은 것이 있어서 가능했던 부분이고요. 그럼에도 불구하고 첫 번째 방송을 하고 난 뒤에 전 국민적인 분노가 일어나고 MBC가 상당히 어려워지고, 이런 상황 속에서는 가급적 있는 그대로 소상하게 보고하려고 노력했습니다. 두 번째 방송을 할 때는 경영진에서도 취재 내용을 완벽하게 알고 있었죠. 취재 내용을 완벽하게 알고 있었기 때문에 이것은 방송해야 한다, MBC가 아무리 어려워도 방송해야 한다는 판단을 경영진과 사장이 했기 때문에 방송이 가능했던 겁니다. 사안이 조금 차이가 있죠.

지　이른바 '황우석 사태'에 대해 언론의 책임이 가장 크다고 하셨는데요. 보수 언론이라는 게 언론사의 이익을 위해서 왜곡보도도 많이 해왔는데요. 이걸 MBC의 〈미디어 비평〉 프로그램 등을 통해 견제를 해왔지 않습니까? 그렇기 때문에 보수세력들이 방송을 장악하려는 시도를 많이 하고 있는 것 같은데요.

최　방송을 장악하려고 하는 것은 보수뿐 아니라 그동안 진보로 알려져 왔던 노무현 정권도 마찬가지예요. 이번에 방송위원이나 EBS 사장 같은 인사 결정 과정을 보면 '아직까지도 이런 정도의 한심한 수준이구나' 하는 것을 느낍니다. 이런 (야만의) 과정을 아직 우리가 겪고 있다고 생각합니다. 제가 언론의 책임이 크다고 얘기했던 것은, 물론 다른 분야에서도 비슷한 부분이 있습니다. 진영 논리로 인해 진보 언론은 보수 쪽에서 하는 것의 진정성을 인정해주지 않고요. 진보 쪽의 색깔만으로 보려는 게 있습니다. 보수 언론은 진보 언론이 하는 것보다는 훨씬 더 사태를 정확하게 전달하지 않고 왜곡하고 있죠. 그런 언론 내부 진영 싸움으로 말미암아 팩트도 제대로 전달되지 않고 있습니다. 팩트라도 제대로 전달한 다음에 주장을 전달하면 독자나 시청자들이 팩트만 가려서 보고나서 주장에 대해서는 '저건 쟤들의 주장이구나' 하면 되는데, 그것을 팩트에다가 같이 적용시켜서 하기 때문에 국민들이 정확한 판단을 내리기가 어렵다는 거죠. 그래서 한국 사회에서는 여론이 늘 분열되는 양상으로 나타나는데, 언론에 상당히 큰 책임이 있다고 생각합니다.

굉장히 근본적인 책임이고, 언론인들이 반성해야 할 대목입니다. 물론 저부터도 팩트를 정확하게 전달하려는 기본적인 노력을 해야겠지요. 그것이 금과옥조로 가장 중요시되어야 하는 시점이라는 고민을 하고 있는데요. 그러한 폐해가 가장 극단적으로 드러난 게 황우석 사태죠. 우리가 캐낸 줄기세포의 진실을 언론이 (작당을 해서) 거의 덮을 뻔했으니까요. 물론 모든 언론은 아니었지만, 특히 『조선일보』를 비롯한 보수 언론들은 심했죠. 12월 2일에 우리가 기자회견을 했는데, 한학수 PD와 제가 그날 처음으로 〈PD 수첩〉이 한 핑거프린팅, 줄기세포 유전자 지문검사 결과를 발표했어요. "2번 줄기세포는 분명히 가짜"라고요. 그런데 그 부분에 대해 언론들은 줄기세포 검사 과정에 여러 가지 문제가 있었다고 하면서 검사 과정의 문제점만 부각시키면서 파고들었어요. 조중동을 비롯해서 많은 신문들이 그랬습니다. 그때는 방송사도 마찬가지였습니다, KBS, SBS 할 것 없이. '황우석 장학생' 소리를 듣던 사람들이 주도한 건데요. 검사 과정의 문제점만 침소봉대해서 보도했는데, 결국은 "〈PD 수첩〉이 한 유전자 지문 검사는 믿을 수 없다, 전혀 신뢰할 수 없다"는 식으로 여론몰이를 했습니다. 그래서 〈PD 수첩〉의 유전자 지문 검사 자체가 완전히 묻혀버렸어요. 그런 상황이었으므로 『브릭』의 시의적절한 문제제기가 없었다면 상당히 어려운 상황이 올 수도 있었던 거죠. 그럼에도 불구하고 결국 진실은 밝혀질 수밖에 없다고 봅니다. 우리 사회에 언론만 있는 것은 아니니까요. 그러나 정작 진실을 밝혀야 할 사명을 지닌 언론이 그걸 오히려 덮으려 한 것은 슬픈 일이죠. 특히 YTN의 행태는 언론사로서는 치명적인 불신을 산 행위라고 생각합니다. 그 과정에는 우리가 갖게 된 의

문은 'YTN이 과연 독자적으로 판단해서 그런 엄청난 무리수를 두었느냐' 하는 것인데, 거기에 어떤 커넥션이 있었는지는 결국 밝혀질 것으로 봅니다.

지　정부나 이런 쪽의 개입이 있었다고 보시는 겁니까?

최　우리는 그 부분에 대해서 의문을 갖고 있습니다.

지　한 언론사가 그 정도 판단을 하기는 어려울 거라는 말씀이시죠? 실익은 별로 없고, 잘못하면 엄청난 타격을 입을 수 있는 상황에서….

최　뭔가 의심스럽다는 정도가 아니에요. 우리가 알기로는, 황우석 교수가 이미 그 당시에 혼자서 움직인 게 아니고, 모든 대책을 자기 혼자서 판단해서 한 것이 아닙니다. 황 교수의 행적이 정부 각 기관에서 초미의 관심사였어요. 그렇기 때문에 정부의 입장이라든가 이런 것들이 황우석 교수한테 영향을 주는 것이고, 황우석 교수가 결정하는 것도 정부에 영향을 줬겠죠. 그런 가운데서 단편적으로는 국정원 직원이 돈을 나르는 데 도움을 줬다는 등의 얘기들이 나왔다가 그건 아니라는 식으로 넘어간 상황인데, YTN이 그런 행동을 하기 참 어려운 게 〈PD 수첩〉이 취재윤리를 위반했다고 하는 게 무슨 특종이 아니잖아요. 그게 특종입니까? 그게 아니고 "줄기세포가 진짜냐 가짜냐"가 특종이잖아요. 그런데 〈PD 수첩〉이 취재윤리를 위반했다는 것을 밝히기 위해서 기자를 파견하고, 더군다나 황우석 박사로부터 비행기 값에다 숙식비도 받았잖아요. 비행기 값은 나중에 돌려줬다고 하지만, 나중에 자기네들끼리 얘기가 있으니까 위험할 수도 있다고 해서 줬다는 건데요. 그때 이미 어떤 일이 있었느냐 하면요. 황우석 교수가 11월 17일에 우리한테 "줄기세포 검사를 당신네들한테만 하라고 준 게 아니다. 당신네들을 우리가 못 믿기 때문에 다른 언론사들에도 줬다"고 얘기했어요.

우리는 그 얘기를 이 사람이 우리를 견제하기 위해서 하는 일종의 엄포 정도로 생각했습니다. 그런데 그게 나중에 YTN이었다는 것이 나오는 거죠. 그래서 나중에 밝혀진 것을 보면 YTN은 우리하고 비슷한 시기에 줄기세포를 황우석 박사로부터 받았어요. 그래서 그걸 고려대 법의학과에서 검사를 했습니다. 검사를 해보니까 이게 가짜로 나왔어요. 그랬는데 황우석 교수가 YTN 기자한테 "아, 이거는 이번에 문제가 있었어. 다음에 또 해보지 뭐" 그랬다는 거예요. 그래서 그걸 그냥 얼버무렸다는 겁니다, 이미 검사한 것을 보도하지도 않은 채. 그것부터가 말도 안 되는 얘기잖아요. 말이 안 되는 얘기일 뿐더러 그게 이미 11월에 벌어진 일이라고요. 우리가 12월 2일에 기자회견을 했어요. 거기서 줄기세포는 가짜라고 얘기했고요. 줄기세포는 가짜라고 이야기하기 전에 이미 "〈PD수첩〉이 유전자 지문 검사를 해봤는데 가짜"라는 보도자료가 이미 나가 있었어요. 그런 상황에서 YTN이 기자를 미국으로 보낸 겁니다. 그건 뭘 얘기하느냐는 거죠. 자기네도 검사를 해보니까 가짜라는 결과를 갖고 있었어요. 그런데 〈PD수첩〉이 가짜라고 판명한 내용이 자기네들 결과하고 같아요. 그러면 언론사라면 당연히 "우리도 해봤더니 가짜"라고 보도해야 하잖아요. 그런데 보도는 하지 않고, 그것을 보도한 언론사를 죽이기 위해서 (기자를 미국으로) 보냈다는 말이에요. 그게 무얼 의미하냐고요. 언론이라면 도저히 일어날 수 없는 일이거든요. 엄청난 위험부담을 안고 언론이 가장 기본적으로 지켜야 할 것을 스스로 훼손하는 일을 한 건데, 그러한 부분에 대해 어떻게 의문을 안 가질 수가 있느냐는 거죠. 과연 그게 YTN 혼자서 판단하고 행동한 걸까요? 상당히 어려울 거라고 보는 거죠. YTN이 굳이 위험을 무릅써야 할 이유가 없잖아요.

지　정부의 책임도 만만치 않다고 하셨는데요. 아직도 정부의 언론 통제가 상당히 이루어지고 있다는 겁니까?

최　통제 수준은 아니고, 통제를 할 수 있는 상황도 아니고요. 그러나 언론과 정치권력이 부분적으로는 얼마든지 서로의 이익을 위해서 주고받을 수도 있다고 보는 거죠.

지　이번에 이해관계가 합치될 수 있는 상황이 벌어졌으니까….

최　저는 구체적으로 어떤 부분에 뭐가 있는지는 잘 모르겠지만, 그런 모종의 커넥션이 있지 않았는가 하는 생각이에요. 언젠가는 밝혀지겠지, 하고 있습니다.

{ "언론이 권력과 영합한 사회는 불행하다"

지　언론의 문제라는 게 이 사안에만 드러나는 게 아니라 경마저 널리즘 식의 보도로 인해 본질과 다르게 선정적으로만 몰려가는 부분도 있는 것 같은데요. 이게 언론개혁과도 연결되는 것 아니겠습니까?

최　언론개혁이라는 것도 하나의 구호가 되어버렸죠. 지금은 어떻게 보면 언론의 문제는 그대로 남아 있는데, 언론을 개혁해야 한다는 목소리가 대다수 국민들에게 그 진정성이 전달되기보다는 언론을 이용하려는 하나의 용어로 받아들여지고 있는 게 사실이고, 그렇게 된 데는 정부 여당의 잘못이 굉장히 크죠. 그 문제는 앞으로도 해결하기가 상당히 어렵다고 봅니다.

지　황우석 사태에 대한 〈PD수첩〉 보도와 그 결과가 시사교양 프로그램 전체에 어떤 영향을 미쳤다고 생각하십니까?

최　『조선일보』부터 시작해서 PD 저널리즘을 왜곡하여 보도했었죠. "PD 저널리즘은 왜곡과 조작을 일삼는다"는 식으로 보도를 많이 했기 때문에 그런 면에서는 상처도 입었다고 봅니다. 그러나 또한 PD 저널리즘이 아니면 이런 부분들이 제대로 밝혀지기가 쉽지 않았다는 것도 사실이에요. 공功과 과過가 다 같이 있는 건데, 한쪽은 과만을 이야기했거든요. 결국 〈PD 수첩〉이 내놓은 팩트가 사실로 밝혀졌기 때문에 그런 측면에서는 긍정적인 역할을 하지 않았나 생각합니다.

지　한국에서 탐사보도 하면 거의 PD 저널리즘에서만 볼 수 있는 것 같은데요. 이른바 PD 저널리즘을 비난하고 경계하는 사람들도 많지 않습니까? 영화 「살인의 추억」에서 형사가 범인을 잡기 위한 의지가 너무 강해서 무리가 발생하듯이 PD 저널리즘에서도 그런 일이 벌어질 수 있을 텐데요. 이번 취재윤리 문제도 그랬고요.

최　그런 것도 당연히 있습니다. KBS 같은 경우도 그런 면에서 실수를 하고 그랬잖아요. 그러나 그건 PD 저널리즘에만 있는 문제는 아니고 모든 언론에 다 있는 문제죠. 저널리즘 전체가 반성할 문제라고 생각합니다. 황우석 건에 대해서는 저널리즘이라는 자체가 없었으니까요. 아무도 그 사람이 얘기하는 사립문을 아홉 개 열었다는 둥, 한 개 남았다는 둥, 금방이라도 치료에 적용할 수 있는 것처럼 국민들에게 얘기하고, 난치병 환자들에게 실현되기 불가능한 희망을 주고, 그랬던 부분에 대해서 최소한의 검증도 없었던 거죠. 어떻게 보면 우리 언론들은 여유가 없는 것 같아요. 사안을 종합적으로 보고 정확하게 전달하기보다는 어떤 식으로든 사안을 돋보이도록 하여 자기네 보도가 다른 언론보다 '튀도록' 하기 위해 때로는 사실을 왜곡·조작하는 데 너무 익숙해져 있다고 생각합니다. 예를 들면 황우석 교수가 그 당시에 난자 윤리 방송을 처음하고 난 뒤에 24일 기자회견에서 "난자 윤리 문제에 대해서 책임을 지고, 공식 직책에서 사퇴하겠다"고 하면서 지방으로 내려갔잖아요. 당연히 "황우석 교수가 연구 윤리를 지키지 않았으며, 그것을 시인했다. 앞으로 이런 일이 반복되지 않도록 제도적인 보완이 따라야 할 것이다. 황우석 교수는 잘못에 따른 합당한 책임을 져야 한다"고 보도하는 게 올바른 언론의 태도일 텐데, 그 다음부터 곧바로 "황우석 교수가 없어졌으니 연구를 어떻게 하나" 하는 식의 보도를 일삼았죠. 방송사 중계차들이 서울대 수의대 앞에 버티고 있으면서 "연구원들이 오늘은 몇 시에 나와서 뭘 했다"는 둥 이병천 교수 같은 이들을 인터뷰해가지고 "교수님이 늘 새벽 6시에 나오셔서 연구 결과를 검토하시고, 다음 연구 방향을 일러주셨는데, 지금 교수님이 안 계시니까 연구 방향을 얘기해줄 사람도 없고, 연구가 어떻게 될

지 걱정"이라는 따위의 (치밀하게 계산된 협박) 기사를 톱으로 내
고 이런단 말이에요. 참 한심하고 비참한 거죠. 황우석 교수는 해외
출장 시간이 많은데다가 국내에 있을 때도 워낙 강연이나 공식석상
에 얼굴을 자주 내미는 양반이라서 연구에 신경 쓸 시간이 그리 많
지 않았던 것으로 파악되었습니다. 그리고 황우석 교수가 해외 출
장을 나가면 연구가 스톱이 됩니까? 황우석 교수가 국내에서 어디
가서 며칠 있으면 연구를 못하는 겁니까? 잠시라도 황우석이라는
사람이 없어지면 대한민국의 줄기세포 연구는, 대한민국의 생명공
학은, 대한민국의 미래는 크게 손상당한다는 식으로 보도를 했다는
말이죠. 그건 사실 있을 수 없는 얘기거든요. 그 당시에 MBC도 그
런 식으로 보도를 했으니까요. 기자들 스스로가 말이 안 된다고 얘
기를 허요, 기자들 스스로가. 그런데도 그런 보도를 한다고요. 왜냐
면 시청자들이나 독자들이 그런 보도를 요구한다고 생각들을 해요.
그리고 시청자들이나 독자들의 요구 속에서 자기네들의 보도행위
가 어떤 의미를 가지는지도 몰라요. 예를 들어, 황우석 교수가 서울
대에 입원해 있으면 "며칠 새 초췌해진 교수님이 오늘은 밥도 못
먹었다"는 식의 감성적 기사 있잖아요. 신문에는 "오늘 측근이 갔
더니 의미심장한 한마디를 남겼다" 하는 식의 기사를 "시름에 잠긴
황 교수"라는 타이틀로 대문짝만하게 뽑아서 보도를 하고, 그것이
마치 엄청난 특종이라도 되는 양 포장을 해서 독자들을 자극하는
행위를 일삼아왔습니다. 이런 행위에 대해 언론사들은 독자나 시
청자의 이름을 팔아 변명하지만, 언론들이 독자나 시청자들을 자꾸
그런 쪽으로 몰아가는 거죠. 저널리즘의 총체적인 실패라고 봅니
다. 아마 이런 보도 자세를 혁파하지 않는 한 희망은 없을 것 같아

요. 팩트를 검증하고 그 팩트에 따라 사건의 핵심을 냉정하게 보도한다는 원칙을 지키지 않으면 앞으로도 그와 같은 코미디는 계속 벌어질 거라고 봐요.

지 FTA에 관련한 〈PD 수첩〉의 보도로 인해 여론조사에서 처음으로 한미 FTA 졸속 추진에 대한 반대가 더 많아졌는데요. 〈KBS 스페셜〉로 인해 주의가 환기되고, 〈PD 수첩〉 보도로 여론이 일단 뒤집혔습니다. 하지만 앞으로는 그런 일도 점점 어려워질 것 같은데요. 아직도 언론 전체에서 그런 프로그램들은 극소수고, 그런 프로그램들로 인해 여론이 바뀔 수 있다는 것은 희망적이지만, 그 희망들이 조금씩 사라지는 듯한 여러 징후들이 보였던 것은 아닌가 하는 불안감이 들기도 한데요. 이걸 어떻게 바꿔나갈 수 있을까요?

최 글쎄요. '우리 사회에 얼마나 중요한 문제인가, 이거는 정말 문제다, 이거는 정말 이렇게 가면 안 되는데…' 하는 진정성이랄까, 그런 부분들이 점점 언론인들 사이에서 사라지는 게 아닌가 생각해요. 엄청나게 중요한 문제인데도 불구하고 정부나 국민이 제대로 판단하도록 보도하려는 의지가 없어 보여요. PD들을 봐도 그렇습니다. 골치 아픈 문제를 피하려는 분위기가 지배적이에요. '왜 내가 굳이 그런 걸 보도해서 분란을 일으키고, 스스로를 힘들게 할 필요가 있는가' 하는 거죠. 언론인 개개인이 팩트와 기자적 양심에 따라 보도하기보다는 점점 데스크나 언론사 전체가 요구하는 방향에 함몰되는 것 같아요. 결국 조직 속에서 살아남기 위한 보도만 남게 되고, 시청자나 독자가 아니라 조직 내에서 인정받을 수 있는 즉 조직의 입맛에 맞는 보도 거리만 찾으려는 경향이 점점 더 강해지는 듯싶어 걱정됩니다. 언론 지형에서 보수적인 언론들이 영향력 면에서는 더 강하다고 봐요. 그러한 강한 보수적인 언론 지형 속에서는 FTA 찬성이라는 부분을 적극적으로 다뤄내고 이슈화하려는 의도를 가지고 계속 추진하는 것 아니겠어요. 반면에 조금 진보적인 매체들에서는 (방송은 진보라고 할 수도 없고요) 데스크나 회사가 장악하는 그런 힘은 덜하다고 봅니다. 위에서 시켜서 하는 구조라기보다는 기자 스스로 필이 꽂혀서 하는 경우가 많다고 생각합니다. 양쪽의 목소리가 좀 팽팽하게 나와서 국민들이 이쪽뿐 아니라 저쪽도 보면서 판단하게 되면 좋은데, 그런 면이 부족해서 일방적으로 가게 되지 않나 생각합니다.

지　기자정신이라는 것이 점점 없어지는 것 같습니다. 그게 어느 정도는 PD 저널리즘을 통해 살아 있었던 것 같은데, 그것도 여러 가지 벽에 부딪히고 있지 않습니까? 공격도 많아지고. 이상호 기자만 하더라도 X-파일 보도 이후 숱한 어려움을 겪고 있는 것 같은데요. 방송의 사회 감시 기능마저도 없어지면 우리 사회가 더 어려워지지 않을까 생각합니다.

최　멸종이야 되지 않겠지만, 아까 말씀드린 것처럼 전체적으로 보면 자기 목소리를 제대로 정확하게 내는 언론인이 크게 줄어들었어요. 그건 사실이에요. 원인이야 여러 가지겠지만, 무엇보다 언론사의 살림이 너무 어려워졌어요. 신문들도 사실 한두 개 말고는 너무나 어렵잖아요. 방송은 그나마 나은 형편인데도 "지상파가 위기"라는 말이 나올 지경이에요. 이런 부분이 언론인들의 입을 막고 있다고 생각합니다. 하지만 입을 막는다고 해서 말을 하지 않으면 언론인이라고 할 수 없죠. 그런데 최근 들어, PD나 기자들이 회사의 이익에 종속되는 그저 그런 샐러리맨으로 전락하고 있지 않느냐는 걱정이 큰 게 사실입니다.

지　FTA 문제라든지, 여러 가지를 보면서 이른바 개혁적인, 민주화운동을 했던 사람들이 정권을 잡으면서 여러 가지 정책적인 실패를 했고, 그래서 사회 변화의 여러 동력을 잃은 게 아닌가 생각합니다. 안티조선 운동, 과거사 청산 문제도 그렇고요. 제대로 하지도 못하고, 죽도 밥도 아닌 상황인 것 같은데요.

최　실제로 그렇죠. 현 정부가 저지르고 있는 실책이 한두 가지가 아니지만 대언론 실책도 굉장히 많다고 생각합니다. 정부 부처도 〈PD 수첩〉이 무슨 잘못을 지적하면 그것을 인정하고 시정하려는 노력 대신 어떻게 하면 그 지적이 틀렸다는 것을 증명해 보일까 하는 데만 매달리는 상황이 벌어지곤 합니다. FTA 같은 걸 하면 국정홍보처나 청와대 브리핑 같은 것을 통해서 계속 홍보성 글을 올리고, 그게 큰 영향력이 있는 것은 아니지만, 정부 스스로가 실패의 원인을 과도하게 언론의 책임으로 돌림으로써 국민들로부터도 스스로 유리되고 있는 것 같습니다. 정부 스스로도 방향을 수정하고 시정해나가는 기회를 스스로 차단하는 그런 과정이 반복되어 왔다고 생각합니다. 물론 악의적으로 정부를 헐뜯고, 사소한 것을 침소봉대하여 톱기사로 내는 언론들의 문제는 말할 것도 없죠. 문제 많죠. 그렇더라도 "우리는 잘하고 있는데, 언론만 그런다"는 식의 주장이 국민들한테 얼마나 무책임하게 비춰질까 생각해야겠지요.

지　초기에는 일정하게 시대정신과 진보적이고 개혁적인 언론과 맞아떨어지니까 친정부 언론이라고 하면서 자기들에 대한 비판을 받아넘겼었는데, FTA 문제니 해서 보수 언론과 정부의 입장이 비슷해지지 않았습니까?

최　『중앙일보』야 삼성이라는 대재벌 기업과 관련이 있으니까 'FTA 하면 좋다'는 판단을 하고 있을 테니까 그 영향을 받는 것이고, 기본적으로는 그런 부분들이 있다고 봐야 되는 것이죠. 큰 신문들 입장에서는.

지　재계나 보수적인 언론 쪽에서는 〈PD 수첩〉 보도가 편파적이었고, 멕시코의 상황을 왜곡했다고 얘기하고 있는데요.

최　제가 세세한 것을 언급할 수는 없지만 우리는 팩트만 보도한 것이에요. 물론 멕시코 경제가 성장하고 수출도 늘어난 측면이 있죠. 하지만 그 배경에는 농업 부문의 희생이라든지 비정규직화의 가속화라든지, 빈부격차의 심화라든지 하는 문제가 있어요. 이런 부분은 중요한 문제고 엄연한 사실인데도 그동안 언론들이 그런 문제를 (의도적으로) 비껴간 측면이 있어요. (제대로 보도해줄 만한) 언론들은 입을 다물고, 보수 언론들은 "만사가 잘 되어가고 있는데 〈PD 수첩〉이 마치 거기에 재를 뿌리고 있다"는 식으로 보도하고 있습니다. 정부는 충분한 준비도 되어 있지 않은 상황에서 마구잡이로 밀어붙이고, 엄청난 예산을 끌어대서 광고를 하고 있잖아요. 태평양을 건너기만 하면 마치 미국 시장을 다 먹을 수 있는 것처럼 선전하고 있기 때문에 그런 선전이 갖고 있는 한계와 문제점을 얘기하고 있는 겁니다. 그런 한계와 문제점을 인정하고 토론을 통해 전체적인 밑그림을 그린 결과 '결국은 갈 수밖에 없다'고 판단한다면 얼마든지 수긍할 수 있는데, 자기네들이 언제 국민들하고 논의나 해봤나요? 공청회도 거의 눈 가리고 아웅 하는 식이에요. 공청회 다음날 바로 FTA 협상 개시 선언을 하는 것만 봐도 공청회가 요식행위에 불과하다는 것은 삼척동자도 알 수 있는 거죠. 정부가 이런 식의 행위에 대해서는 반성하지도 않은 채 〈PD 수첩〉이 왜곡했다고 주장하는 것은 웃기는 일입니다.

"언론이 살아 있어야 큰 불행을 막을 수 있다"

지 이 정부가 아마추어적인 부분이 있으면 차라리 아마추어적으로 풋풋하게 나가면 오히려 나을 텐데, 잘못을 인정하지 않고 오만한 태도들을 보였던 것도 국민들에게 실망을 준 것 같습니다. 동원호 선원 납치 사건을 다루시면서 한국 정부의 외교에 대해서 많은 생각을 하셨을 것 같은데요. 정말 무책임하고, 아마추어적이지 않았습니까?

최 그런 문제를 해결하는 데 있어서 아마추어임에도 불구하고 프로인 것처럼 보이기 위해서 거짓말하고 왜곡한 전형적인 사례가 동원호 같은 경우죠. 동원호 같은 경우에는 납치된 초기부터 풀려나기 얼마 전까지(〈PD 수첩〉에 방영하기 얼마 전까지) 외교통상부가 쭉 주장했던 것이 "소말리아 과도정부를 통해 외교적으로 풀려나오도록 하는 협상을 계속하고 있다"는 것이었습니다. 장관이 소말리아 외무장관을 만났고, 대통령도 소말리아 과도정부에 영향을 줄 수 있는 아프리카 정상을 만나서 얘기했다는 둥, 이런 보도자료를 계속

냈다는 거죠. 심지어는 소말리아 해적들이 국내 여론을 인터넷을 통해서 탐색하고 이용할 우려가 있다고 얘기해서 국내 언론들이 동원호에 대해서 일체 보도도 못하게 닫아 놓는 짓을 한 겁니다.

우리가 "소말리아 과도정부는 정부라고도 할 수 없는, 아무런 힘이 없는 곳이고, 해적들은 정부의 영향력이 전혀 미치지 못하는 그야말로 해적인데, 과도정부를 통해서 외교적인 노력을 기울이고 있다는 거짓말을 계속 하느냐"고 보도했습니다. 그런데 외교통상부에서는 "우리는 처음부터 과도정부와의 협상으로 해결될 문제는 아니라고 판단했고, 동원수산과 해적이 직접 몸값 협상을 통해서 해결할 수밖에 없다고 판단했다"고 뒤집어서 주장한다는 말이죠. 그러면 정부가 그동안 숱하게 외교적인 노력을 해왔다고 한 것은 무슨 얘기입니까? 거짓말을 한 거거든요. 왜 그런 거짓말을 했을까요? 그 이유는 정부도 뭔가 한 것처럼 보이기 위한 거란 말이죠. 지난번에 김선일 씨 사건 같은 경우도 그렇고, 국민이 납치되었다고 하는 것은 여러 가지 예민한 감정적인 문제를 발생시키니까 뭔가 하는 것처럼 보이기 위해서 말도 안 되는 거짓말을 계속 해온 겁니다. 그 거짓말로 말하자면 국내 언론들의 입을 다 틀어막았어요. 언론들도 문제죠. 외교통상부 기자단이 (거기 기자단이라는 게 있는 것드 문젠데) 외교통상부가 그런 얘기를 하니까 '그런가보다' 하고, 아무도 실상을 제대로 취재해보려는 진지한 노력을 안했던 것이고, 결국 그러다보니까 동원호라는 존재는 처음 한 달 동안만 이런 저런 얘기가 나오다가 그 다음부터는 국내 언론에서 일체 보도가 없었잖아요. 보도하면 마치 큰일이라도 나는 것처럼 외교통상부가 겁을 주었으니까요. 그런 외교통상부의 주장을 곧이곧대로 받아들인 국내 언론에도 책임이 있겠죠.

다행히도 김영미 PD가 용감하게 들어가서 취재해왔는데, 해오니까 해적과 공범이라는 둥 말도 안 되는 주장을 동원수산에서 하고, 외교통상부에서도 공범이라고까지는 얘기하지 않았지만, 해적한테 이용당했다고 주장했죠. 외교통상부가 근본적으로 너무 권위적이고 폐쇄적이고, 국민 알기를 발가락의 때만큼도 생각 안 하는 것 같다는 생각이 들었습니다. 자기네들의 프로페셔널리즘, 그런 착각에 갇혀 있는 집단이 아닌가 생각했습니다.

지 방송 나가고 나서 해결이 되지 않았습니까? 그걸 보면 국민의 한 사람으로서 답답한 생각이 드는데요. 방송이라는 게 어려운 과정을 통해서 나가는 거고, '보호받지 못하는 국민들의 문제가 방송을 통해서 해결된다면 그렇지 못한 국민들은 어떻게 해야 되나' 하는 생각이 들거든요. (웃음) 그렇게 해결되는 걸 보고 좋으면서도 비슷한 사례가 얼마나 많을까 하는 생각이 들어서 답답했습니다.

최 방송이 나가서 해결됐는지는 (모든 팩트가 정확하게 다 밝혀진 건 아니니까) 모릅니다만, 그렇게 생각할 수 있을 정도로 협상이 급진전되었고, 결국은 풀려났죠. 풀려났는데, 근본적으로 우리 정부 관료들이 국민 하나하나의 안위나 이런 문제에 대해서 진정으로 중요하게 생각하고 판단하는 정신이 살아 있었다면 이런 일은 안 벌어졌다고 생각합니다. 그런 정신이 없는 거죠. 그런 정신이 없기 때문에 기본적으로 이것은 동원수산에서 처리할 수밖에 없는 일이라 생각하고, 자기들은 뭔가 하고 있다는 폼만 잡는 정도에서 스스로 주저앉고 만 게 아닌가 생각합니다. 이런 행태가 외교통상부에만 있겠어요? 도처에 있을 거잖아요. 결국 각 분야에 있는 언론인들이 이런 문제를 지적해서 다시는 안 그러도록 하는 방법밖에 없겠죠.

지　종교, 언론, 정치, 교육 등 각 분야에 다 문제점이 있는 것 같은데요. 가장 취재하기 어려운 성역은 어디인가요?

최　특별히 뭐 저는… 이번에 황우석 사태 말고는 취재를 못할 정도로 성역이라고 생각한 분야는 없어요. 아마도 앞으로는 언론사들이 광고주의 영향력에 종속되는 경향이 점점 더 강해지리라고 봅니다. 그런 면에서는 삼성이나 현대를 비롯한 대재벌에 대한 보도가 제대로 이루어져야 합니다. 그들이 한국 경제에서 차지하는 비중이 너무 엄청나잖아요. 그런 기업들이 잘못되면 회복 불능일 정도의 치명적인 타격을 받게 될 텐데, 그런 부분들에 대한 견제를 언론이 제대로 해낼 수 있을까 하는 것이 걱정이에요. 『시사저널』 같은 경우도 그 문제 때문에 기자들이 안에서 극심한 고초를 당하고 있다는 얘기를 들었는데요. 그나마 그래도 아직까지는 그런 발버둥이라도 있는데, 언론사들의 경제 상황이 점점 더 어려워지면서 튀는 언론인을 못 봐주는 상황으로 가고 있습니다. 그래서 더 어려워지지 않겠느냐 생각합니다.

지　물론 케이스마다 다르겠지만, 팩트를 두고 취사선택이 있을 수 있지 않습니까? 매카시즘을 일정하게 매카시의 방식으로 공격한 유명한 프로그램도 있었지 않습니까? 물론 그게 역사에 긍정적으로 작용했지만요. 보인다는 것이 굉장히 강한 인상을 주니까 그런 부분에 대한 고민도 많을 것 같은데요.

최 　전체적인 본질과는 다른 지엽적인 본질, 즉 큰 방향과는 반대되는 마이너한 팩트만 선택해서 방송하는 것은 안 되죠. '일단은 큰 방향에서 어떤 사태가 잘못되고 있다. 여기서의 핵심은 뭐다'라고 했을 때 그 속에서 팩트를 꺼내서 그것을 비판해야죠. 예를 들어, 큰 방향은 제대로 가고 있는데 거기서 약간의 일탈행위가 일어났어요. 그런데 그걸 가지고 마치 전체가 잘못된 것처럼 보도하는 것은 (보도하는 사람은 팩트를 보도했다고 주장할지는 모르지만) 진실을 보도했다고 말하기 어렵죠. 항상 그것은 큰 방향에서의 실체적인 진실과 작은 팩트의 취사선택, 이런 부분들이 서로 결부되어야 한다고 생각합니다. 이번 경우에도 "황우석 교수가 줄기세포는 다 만들었는데, 만드는 과정에서 뭘 좀 잘못했다. 그랬는데 다 만든 것과 상관없이 만드는 과정에서 일어난 사소한 잘못을 가지고 침소봉대했다"고 얘기하는 사람도 초기에는 있었어요. 그런데 우리가 봤을 때는 이것이 큰 방향에서 진실과는 거리가 멀었기 때문에 보도를 한 것이죠. 그러므로 보도를 할 때는 늘 많은 고민을 하고 계속 따져봐야 합니다. 마지막까지 고민해야죠. 우리 한국 언론은 굉장히 바쁘게 살기 때문에 그런 부분에서 마지막까지 고려하기 어려운 측면도 있습니다. 그나마 〈PD 수첩〉이 팩트의 오류를 줄일 수 있는 이유는 장기 취재를 하고, 우리가 거둬들일 수 있는 팩트를 다 거둬들여서 몇 번씩 채에 쳐서 걸러내고 하는 과정이 있었기 때문이죠. 그것을 방송하고 난 뒤에 (아주 사소한 것 말고) 큰 팩트가 틀렸다거나 하는 건 없었어요. 대체로 잘되고 있는데 작은 것을 문제 삼거나 하는 경우는 발생하지 않죠.

지　시사 고발 프로그램의 생명은 뭐라고 생각하십니까?

최　저 프로그램은 팩트를 얘기하는구나, 그런 신뢰를 얻는 게 생명이죠. 그게 하루아침에 이루어지는 것이 아니고, 굉장히 오랫동안 신뢰를 심어줘야 되는 거고요. 황우석 사태 같은 걸 한번 겪으니까 전처 국민들은 아니지만 그래도 지식인들은 '쟤네들은 팩트를 취재하면 팩트대로 보도하려는 애들이구나, 그런 프로그램이구나' 하는 인식은 좀 심어준 것 같아요. 아무리 열 번 잘해도 한 번 잘못하면 신뢰가 어그러지는 것인데, 그렇게 되지 않으려면 항상 칼날을 달고 살얼음판을 걷는 심정으로 긴장을 늦추지 말아야겠죠. 저는 지금 막 그런 상황에서 벗어났기 때문에 십자가에서 내려온 기분입니다. (웃음) 어쨌거나 그런 고민들을 끝까지 해야 한다고 생각합니다.

지　십자가에서 내려온 기분이라고 했는데, 좀 추슬러지면 다시 올라가실 생각은 있는가요? (웃음)

최　사람의 앞일이라는 것은 알 수가 없죠. 노조위원장 끝나자마자 〈PD 수첩〉으로 가게 될 것도 몰랐고 이번에 〈W〉로 오게 될 줄도 몰랐어요. 그러니까 해야 할 상황이 되거나 임무가 주어지면 어떤 거라도 해야죠.

지　진실을 이야기하는 것도 놀라웠지만, 밝혀내기 상당히 힘든 얘기였잖습니까? 한학수 PD는 사이언스 논문을 새로 쓰는 심정이었다고 하던데요. 짧은 시간에 관련 논문을 수백 번 읽었다고 들었습니다. 물론 한학수 PD가 취재를 했지만, 그 프로그램 제작을 결정하고 보도하는 과정에서 여러 고민이 있으셨을 것 같은데요.

최 그렇죠. MBC 시사 교양국에는 다른 데와는 다른 정신적인 흐름이 있습니다. 중요한 문제는 보도를 하는 데 있어서 여러 압력이 있더라도 거기 움츠려들지 않고, 어려움에 처하면 내부 PD들이 다 뭉쳐서 같이 대응하는 전통이 있기 때문에 그런 면에서는 아주 어렵지는 않았어요. 누구보다 우리 최진영 국장이 〈PD 수첩〉에 애정이 많으신 분이었고, 그 문제에서는 크게 고민하지 않도록 만들어 준 셈이죠. 국장은 저보다는 고민을 더했을지도 모릅니다. 자기 위에는 보고를 안 한 상태에서 일을 진행시키고 있었으니까요. 국장 입장에서는 좀 부담스러웠을 수 있는데, 그래도 잘해줬어요. 내부 PD들도 황우석을 취재하면서 한학수 PD 한 사람이 완전히 빠져서 취재를 했기 때문에 바쁘게 돌아가면서 프로그램을 만들어야 했던 상황이고요. 그럼에도 불구하고 싫은 표정 하나 짓지 않고 모두 '이 거는 취재해서 밝혀야 한다'는 생각을 가지고 있었습니다. 무엇보다 한학수 PD가 발군의 취재 능력을 가지고 있었기 때문에 밝혀낼 수 있었죠. 그 친구가 없었다면 취재하겠다는 생각조차 갖기 어려웠을 거라고 생각합니다. 그 친구가 마침 〈PD 수첩〉에 와 있었기 때문에 할 수 있었죠. 저는 CP로서 그 친구를 믿으니까요. 한 PD에게는 누구보다 정밀하고 끈질기고 힘 있고, 다양한 PD의 덕목이 있는데, 그것을 많이 갖춘 친구예요. 그래서 믿을 수 있었죠.

지 앞으로 다루고 싶은 문제는 뭔가요?

최 빈부격차가 고정화되는 것, 가난이 가난을 재생산하고 부가 부를 재생산해서 계층 이동이 불가능한 상황이 되는 것, 이런 부분은 우리 사회에서 근본적인 문제라고 생각합니다. 여기에 대해서 뭔가 다양한 고민들과 대책들이 나와야 한국 사회가 좀더 열린사회가 될 수 있고 발전할 수 있다고 생각합니다. 또 통일 문제를 생각하지 않을 수 없는데, 어느 순간에 (우리의 주체적인 노력에서든, 객관적인 힘의 변동에서든) 통일은 찾아올 수밖에 없는데, 과연 현재 우리 사회가 지닌 자기모순을 가지고 그 상황을 감당할 수 있느냐 하는 생각이 듭니다. 참으로 걱정스럽고 고민스러운 부분이에요. 동독이 1990년에 무너졌던가요? 십 몇 년이 지난 오늘날에도 여전히 내부 갈등이 사라지지 않고 여러 가지 어려움이 끊이지 않는 상황이라고 들었는데요. 우리 사회는 아마 그것보다 몇 배의 고통을 받지 않을까, 하는 부분을 미리 고민하고 준비하지 않으면 자칫 엄청난 재앙이 닥칠 수도 있겠다는 생각이 듭니다. 언론도 그렇고, 정부도 그런 것 같고, 그런 부분에 대해서 아주 체계적인 준비랄까 하는 노력이 없는 것 같아요.

지　"한-미 FTA는 IMF가 10개 오는 것과 같다"는 플래카드가 MBC에 걸려 있던데요. 빈부격차가 심해지는 것은 당연한 것 같고요. 통일까지 생각하면 이 자본주의 사회에서 북한 주민들은 3등, 4등 국민이 될 것 같습니다. 그런 상황을 극복하려면 언론이 제 역할을 해야 할 텐데요. 희망을 보여주는 언론인이 거의 없는 것 같습니다. 그런 언론인을 만들어내려면 어떻게 해야 할까요?

최　만들어낸다는 것은 참 어려운 얘기죠.

지　시스템이 갖춰져 있으면, 가령 MBC에 들어오는 사람이라면 다른 사람보다 좀더 이런 문제에 눈을 뜰 것 같다는 생각이 드는데요. 우리가 하는 일로 세상을 변화시킬 수 있구나 하는 희망이 있으면 참여하게 되어도, 그런 희망이 없으면 그런 노력 자체를 아예 포기하게 될 것 같거든요.

최 언론사 노동조합의 역할에 대해서 좀더 고민할 필요가 있습니다. 언론사 노조가 생긴 계기가 있어요. 5공 정권 아래서 기자들이 할 말 못하고 땡전 뉴스 만들고 했던 자괴감에서 제대로 된 보도를 하기 위한 자기 성찰을 바탕으로 만든 거란 말이에요. 언론사 노조는 처음부터 월급 많이 올리려고 만든 노조가 아니고, 보도를 제대로 하기 위해서 만든 노조란 말이죠. 그런데 지금의 방송사 노조는 노조라는 형태는 유지하고 있지만, 내부 구성원들의 이익을 지키는 쪽으로 활동이 이동해 있는 상황이거든요. 신문사 노조는 노조가 있다고 할 수 없을 정도로 자기네들의 생존권조차도 제대로 지켜내지 못하는 상황이 되고 있어요. 결국 언론인들이 자기 발언을 하는 그런 공간을 스스로 확보하려면 혼자서는 안 되고 연대를 해야 하는데, 다른 언론인들과 언론사에 있는 내부 동료들과 어깨를 같이 걸고, 이런 언론 자유의 영역, 편집권 독립의 영역을 지켜내려는 노력을 하지 않으면 점점 더 어려워질 겁니다. '그래서 결국은 언론인으로서 최소한의 생존권도 보장받지 못하는 그런 방향으로 갈 수밖에 없지 않느냐, 언론인들이 자사의 이익에 종속되어서 종속된 언론인으로서의 역할에 머물다 보니까 멀리 못보고, 스스로 자기 목에다 개 줄을 걸어 가지고 손잡이를 사주들 손에 쥐어주는 형국이 되고 있지 않느냐' 하는 생각을 합니다.

노동조합이 제 역할을 찾아서 정당한 목소리를 제대로 내고 싸우기도 하면서 국민들로부터 '올바른 목소리를 내는구나' 하는 인정도 받고, 내부적으로는 '내가 언론인의 양심에 따라 이런 보도를 내려고 노력하는데, 내 펜을 부러뜨리거나 내 마이크를 빼앗아가는 자가 있다면 내가 언제든지 가서 고발할 곳이 있다, 나와 함께 싸워줄 조직이 있다'는 확신을 심어줄 수 있어야 한다는 생각입니다.

지   그동안 협박도 많이 받지 않았나요?

최   개인적으로 크게 받은 것은 없고요. 사소한 것들이죠. 이메일로 오는 정도인데, 그건 항상 있는 일이니까 크게 신경 쓰지 않습니다.

지   한학수 PD는 상당한 위협을 느꼈던 것 같습니다.

최   한 PD가 아내하고 아이하고 찍은 가족사진이 인터넷에 유포되었으니까요. "이 세 명을 죽이자"고 했던가요. 가장으로서 무척 걱정됐겠죠. 그래서 당시에 가족을 피신시켰고, 본인도 집에 못 들어가고 다른 데서 출퇴근을 했어요. 애가 두 달 정도 어린이집에도 못나가고, 결국 이사했어요. 한 PD가 지금 어디에 사는지는 극비사항입니다. (웃음)

지   그런 여러 가지 어려움을 겪으면서 저널리즘을 만들어가는 원동력은 무엇입니까? 집에도 잘 못 들어가고 그럴 텐데요.

최   결국은 언론인으로서 그런 걸 밝혀나가는 과정이 사회에 중요한 화두를 던지고 어떤 (바람직한) 변화를 주는 것이니까, 그걸 보람으로 삼는 부분이 가장 클 거예요. 제가 회사에서 이걸로 인정을 받아야지, 특종을 해야지, 사회적으로 인정을 받아야지 하는 것보

다 그게 더 큰 거죠. 사실 위험도 크기 때문에 현실적인 부분만으로
는 설명이 안 되는 거죠. "이건 정말 중요한 문제이므로 (어떤 위험
이 따르더라도) 포기할 수 없다"는 사명감이 없다면 할 수 없는 일
입니다.

지　가장 기억에 남는 프로그램은 뭔가요?

최　아무래도 가장 기억에 남는 건 황우석 박사 건이죠. (웃음) 앞
으로도 이런 일은 없을 것 같아요.

{ "국민에 대한 최대의 보답은 진실을 알리는 것"

지　〈PD 수첩〉을 떠나서 〈W〉를 맡으셨는데요. 프로그램의 변화
는 있는 건가요? 서방 세계 위주의 시각에서 벗어나 다양한 세계를
많이 보여줬다는 평가를 받는 프로그램인데요.

최　조금 더 분석적인 프로그램을 해보려고 해요. 지금까지도 괜
찮았는데, 초기에 시청자들한테 〈W〉라는 프로그램을 각인시키기
위해서 조금 덜 중요하지만, 시각적으로는 호소력이 있는 프로그램
들을 좀 많이 했다면, 앞으로는 (물론 그런 것들도 있어야겠지만)
중요한 정세에 대해서 심층적인 인식과 지식을 주는 프로그램을 많
이 하려고 합니다. '월드 피플'이라는 코너를 신설해서 지난주에는
아베 신조 신임 일본 총리를 다뤘어요. 그 사람의 성장 과정이 정
치 성향에 미친 영향을 상당히 내밀하게 분석적으로 다룬 프로그램
이에요. 그 다음에는 룰라(브라질 대통령)를 다룰 겁니다. 10월 1일이

브라질 대통령 선거예요. 룰라가 재선될 것으로 보고 있는데요. 지금 브라질이 남미의 뉴파워란 말이에요. 남미의 맹주격인 국가로 부상하고 있는데요. 그 양반을 통해서 브라질이라는 나라를 보는 프로그램을 방송하려고 하죠.

한국 언론들이 외신을 그동안 상당히 외면했잖아요. 신문이 조금 낫지만, 방송은 시간제한도 있고 해서 해외 토픽거리만 다루고, 우리나라하고 직접적으로 연관된 것(북핵문제라든지 6자회담이라든지) 말고는 크게 관심을 두지 않았는데요. 세계화가 되면서 우리한테 영향을 주는 국제적인 요소들이 굉장히 많아지고 다양해지기 때문에 그런 부분에 대한 국민들의 인식 수준을 높여주는 게 전체적으로 국익에 도움이 될 거라고 생각합니다. 그런 부분들을 충실하게 다루려고 생각합니다. 우리 사회가 좀더 개방화되고 다른 많은 가치들에 대해서 포용성을 넓히도록 할 수 있는 화면들을 보여주고 싶은 거죠. 뭘 봐야지 '저렇게 사는 방법도 있구나' 하는 것을 알게 될 것 같거든요. 그렇지 않으면 내가 이렇게 사는 게 지고지선至高至善인 것처럼 생각하기도 쉽고, 그러면 돌파구를 찾기도 상당히 어려운데, '남들이 어떻게 사나, 무슨 생각을 하고 사나' 하는 부분을 정성들여 제공하면 그 과정에서 우리 사회가 겪을 수 있는 시행착오도 상당히 줄일 수 있을 것으로 생각합니다.

해외에 대한 정보나 지식을 독점하고 있는 식자층들은 너무 일방적인 한쪽의 논리에 따라 편향된, 예를 들어 미국 일변도의 지식이라든지 사고방식을 가지고 있고, 그것이 우리 사회에 굉장히 공고하게 자리잡고 있죠. 그래서 전시작전권 같은 문제가 논란이 되는 것을 보면 적나라하게 드러나는데, 〈W〉 같은 프로그램들이 오랫동안 지속되면서 세계에 대한 국민들의 인식 수준을 높이고, 다양한 세계를 다양하게 보는 스펙트럼을 만들어냄으로써 그런 문제를 줄일 수 있을 거라고 생각합니다.

지　수박 겉핥기 식 태도로 보도를 하다보니까 우리가 미국에 대해서 어떤 부분이 장점인지, 어떤 부분이 단점인지도 모르는 것 같고요. 남미의 중요한 변화도 거의 보도하지 않는 것 같습니다. 그런 점에서 〈W〉의 역할이 중요한 것 같습니다.

최　열심히 만들어봐야죠.

지　『미디어 오늘』과의 인터뷰에서 "너무 힘들어서 PD로 돌아가 프로그램 제작하고 싶었는데 또 부장을 맡게 됐다. 워낙 큰 일이 많았기 때문에 1년 반이 아니라 한 15년은 한 것 같다"고 말씀하셨는데요. 다시 CP를 맡으신 이유는 뭔가요?

최　아무래도 연조나 이런 부분들이 조직 내에서의 위치를 규정짓는 측면이 있고, 그래서 한 번 더 CP를 해달라고 해서, 제가 조직에 짐을 많이 지운 사람이고 해서 하라면 하는 수밖에 없죠. (웃음) 막상 CP 와 보니까 〈W〉 CP는 재미있더군요. 다양한 세계를 다양한 PD들이 취재해오는 것을 통해서 많이 보게 되고, 나 자신이 다양한 세계의 움직임에 대해서 집중적으로 공부할 기회가 생겨서 좋다고 생각합니다.

지　한학수 PD와 다시 만나셨는데요. 우연인가요? 아니면….

최　한 PD는 줄기세포 문제를 방송한 다음에는 〈PD 수첩〉에 더 이상 있기 어려운 처지였죠. 한 PD가 다시 나와서 보도를 하게 되면 (상당히 많은 시청자들이 화가 나 있는 상황이었기 때문에) 프로그램이나 한 PD 자신에게나 부담스러운 상황이었기 때문에 한 PD를 일단 회사에서 연수를 보냈고, 연수 갔다 와서는 본인이 희망하여 〈W〉로 왔어요. 저는 사실 〈W〉 PD를 하고 싶었는데, 제가 해외 취재 경험이 그리 많지 않아서 "PD는 안되고 CP 해라"고 해서 온 거죠.

지　　초창기 최윤영 아나운서의 파격적인(?) 복장을 두고 네티즌 사이어서 논란이 있었는데요. 그 점에 대해서는 어떻게 생각하십니까? 별로 야하지도 않던데…. (웃음)

최　　그런 느낌을 줄 수는 있다고 생각합니다. 그런 반응들을 이해는 합니다. 그게 아마 목걸이라든지 장신구가 화려하게 느껴져서 그랬던 게 아닌가 생각합니다. 옷차림만 놓고 보면 그렇게까지 얘기할 건 없다고 봐요. 최윤영 아나운서의 미모가 워낙 화려하다보니까 옷까지 화려해 보이면… 잔이 넘친다고 할까요? 그런 느낌은 줄 수 있죠. 그런데 주로 아프리카의 굶주린 애들 상황이라든지 AIDS 문제라든지 제3세계의 빈곤과 관련된 문제를 다루다보니까 프로그램 이미지와는 동떨어져 보여서 비난하시는 것 같은데요. 꼭 비난받을 정도는 아니지만 그런 오해의 소지가 있어서 요즘은 의상 같은 부분을 조심하고 있어요. 조금 보수적으로 하고 있습니다.

지　　아나운서나 기자들이 연예 프로그램에 나가고 하는 것이 논란이 되곤 했었는데요. 그런 건 어떻게 생각하십니까?

최　저는 별 문제 없다고 생각하거든요. 지난번에 그게 문제가 됐죠. 여성 월간지에서 야한 사진을 찍었다고 해서 문제가 됐었는데요.

지　그런 부분에서는 MBC가 보수적인 태도를 보이는 것 같은데요. 예능 프로그램에 아나운서를 적극적으로 내보내지 않고 있고, 성경환 국장도 그다지 바람직하지 않다는 반응을 보였던 것 같은데요.

최　MBC는 흐름이 있어요. MBC는 아나운서 자신이 언론인이라는 생각을 하고 있어요. 여러 가지 역할이 있잖아요. 엔터테이너로서의 역할, 언론인으로서의 역할이 공존하고 있는데요. 뉴스 진행을 하면 언론인으로서 역할을 하는 것이고, 오락 프로그램을 하면 엔터테이너로서 역할을 하는 것인데, 이런 부분들이 아나운서라는 직책 속에 복합적으로 존재하는 건데, MBC는 손석희 선배로 시작되는 흐름 자체가 언론인으로서의 역할이 강조되는 그런 흐름들이 있었어요. 과거 굉장히 어려운 시절인 1988년에 처음 파업을 했는데, 아나운서들이 '공정방송 민주방송'이라는 리본을 달고 뉴스에 출연해서 보도를 한 역사적 경험이 있습니다. 그런 부분에서 아나운서들이 너무 연예인처럼 가는 것은 그렇지 않냐, 탤런트나 개그맨처럼 화보에 나가서 광고 모델처럼 사진 찍고 하는 것은 문제가 있지 않느냐 하는 의식들이 아직까지 많이 남아 있는 것이고, 그런 부분도 지켜주시는 분들이 계셔야 한다고 생각합니다.

아나운서 역할이라는 것은 국가 전체적인 상황에서 보면 언어를 지켜나가는 사람들이란 말이에요. 한글이라는, 우리말이라는 것을 가장 체화시켜서 최상의 발성으로 하나의 기준을 제시해주는 역할을 하는 사람들입니다. 어떻게 보면 아나운서에게서 그 부분이 너무 많이 무너지기 시작하면 안 된다는 거죠. 요즘은 말이라는 게 굉장히 거칠어지는 것도 많고 해서 그런 역할을 해주시는 분들이 계신다는 것은 좋은 일이죠. 젊은 아나운서들 입장에서 보면 그런 부분들이 고루하다고 느낄 수도 있을 거예요. 점점 사회적인 상황이라는 것이 방송사 내에서 아나운서가 뉴스 앵커 역할만 해서 생존이 가능한 상황이 아니고, 어쨌거나 하나의 스타로서 여러 가지 다양한 영역에서 능력을 발휘해야 인정받는 상황이므로… 그렇다고 해서 MBC 아나운서들을 연예 프로그램에 안 내보내는 것은 아닙니다. 김성주 아나운서가 〈황금어장〉 같은 프로그램에 가서 무너지잖아요. 그런 것은 아무 일 없이 다 되고 있죠.

지　시청자들도 예전과는 달라져서 그런데 가서 망가진다고 '저 사람 신뢰감 없어' 하는 게 아니라 망가질 때는 철저하게 망가져주는 데서 더 신뢰감을 느끼는 것 같거든요.

최　그렇죠.

지　이재용 앵커가 삼성에 홍보 전무로 갔고, 이상호 기자에 따르면 신강균 앵커가 삼성의 로비스트라는 폭로가 있기도 했는데요. 자본이 언론인들을 포섭하는 이런 상황에 대해서 어떻게 생각하세요? 아까 황우석 장학생 얘기도 나왔는데, 삼성이 유력한 언론인들을 포섭해가는 것이 우려할 상황 같은데요.

최　언론인들 스스로가 그런 데 대한 경계심이 많이 약해져 있어요. 옛날 같으면 언론인들이 정치에 진출도 많이 했지만, 언론인 출신으로 정계에 나와서 언론 탄압을 자행하는 경우도 많았잖아요.

노동조합이 생겨서 그런 점을 강력하게 비판하는 것이 많이 있었는데요. 지금은 어떻게 보면 그런 부분에 대해, 물론 과거처럼 언론탄압 역할을 맡아서 하는 건 줄어들었다고 볼 수 있지만, 언론인으로서 언론의 영역을 지나치게 정치화시키고 있는 측면을 경계하지못하는 상황으로 가고 있지 않나 싶습니다.

삼성 부분과 관련해서는 개인의 선택이겠지만, MBC 안에 있는 다른 사람들과 삼성으로 간 분의 후배들도 "그 분이 MBC에서 나름대로 유력한 역할을 했던 기자였기 때문에 MBC와의 관련성을 삼성에서 고려하지 않았겠느냐" 하는 얘기를 하긴 했죠. 곱지 않은 시선도있는 반면 이상호 기자의 지적처럼 '잘 갔다'고 생각하는 사람도 있는 것이고요. 사실 과거에도 그런 일이 있었는데, 홍보 쪽으로는 많이 갔죠. 하지만 경계하는 마음이 희미해지고 있고, (그쪽으로 옮겨가는 것이) 과연 잘한 결정인지 언론인들 스스로 고민해야 하는데, 혼자 고민해서 해결될 문제가 아니에요. 그래서 저는 노동조합의역할이 중요하다고 생각합니다. 그 노동조합의 역할을 언론인들 스스로 방기한 결과 (저도 노조위원장을 한 사람이지만) 노동조합의지도자들도 그걸 제대로 견인해내지 못했기 때문에 그런 문제가 점점 심각해지고 있지 않은가 생각합니다. 혼자서는 해결이 안 돼요. 개인한테 "언론인으로서 품위를 지키라"고 말만 해서는 해결될 문제가 아니거든요.

 언론인에 대한 국민들의 신뢰감이 점점 더 떨어지고 있는데요. 그 중 하나는 존경받는 언론인이 많지 않기 때문에 그런 것 같기도 합니다. 유력한 앵커 출신의 정치인들이 정치를 잘하지 못하여 언론인으로의 좋은 이미지를 깎아먹은 면이 있는 것 같거든요.

최　존경할 만한 언론인이 사실 별로 없죠. 그나마 언론 탄압이 심했던 시절에는 그 속에서 올곧은 언론인이 있었죠. 그 많은 어려움을 겪으면서도 국민들이 볼 때 '그 양반은 훌륭한 언론인'이라고 여겨지던 분들이 있었고, 후배들이 볼 때도 '아, 저 선배는 정말 대단하다. 나도 저 선배처럼은 못하더라도 표상으로 삼아야지' 하는 분들이 있었는데, 그런 분이 지금은 거의 없죠. 물론 정치 상황도 변했지만, 언론 자체가 섹터화하고 지형이 나뉘면서 언론이 스스로 언론을 소외시킨다고 할까요? 언론인들이 개별 진영의 하나의 하수인 비슷한 역할을 하게 되면서 그만큼 회사인들이 양산되고, 그 속에서 어떤 연대나 언론인들 간에 공감대를 형성하기 어려운 구조가 되었습니다. 그러다보니까 그런 현상이 자꾸 반복되지 않는가 생각합니다. 옛날엔 리영희 선생이나 송건호 선생, 김중배 선생 같은 지사적인 언론인이 있어서, 그 분들이 "이건 옳지 않아" 하고 얘기하면 그게 진실인 것으로 사람들 가슴에 와서 꽂혔는데, 지금은 그런 존재감을 지닌 언론이 없죠. 앞으로도 나오기 힘들 것 같은데요.

지　그게 시대의 변화이기도 한 것 같은데요. 지식인이 일정하게 엔터테이너처럼 될 수밖에 없는 상황이 지식인의 죽음을 가져오는 것 같습니다. 언론인도 지식인이고 지사였으니까 마찬가지 어려움을 겪고 있는 것 같은데요.

최　그런 부분들도 있죠.

지　이상호 기자의 경우 밖에서 보기에는 MBC 측의 지원 없이 고립되어서 혼자 싸우고 있는 것 아닌가 하는 느낌도 들던데요.

최 그 부분에 대해서 얘기하는 게 예민한 부분인데요. 제가 기자면 얘기를 하겠는데, 기자가 아니고 PD니까 자세하게 얘기하기는 그러네요. 제가 기자라면 얘기하겠는데….

지 『딴지일보』의 김어준 총수 같은 경우에도 열심히 자신의 주장을 폈는데요. 그 주장에 대해서는 어떻게 생각하셨나요?

최 주장이 계속 바뀌었던 것 같은데요. 그 당시에는 무슨 소린지 알았었는데, 사태가 지나고 나니까 기억이 잘 안 나네요. (웃음)

지 KBS 문형렬 PD가 제작한 것을 방송 못하게 해서 시위가 벌어지곤 했는데요. 그때는 어떤 생각이 드셨습니까?

최 그런 게 아까 이야기한, 전체 흐름은 이게 아닌데 부분적인 팩트에 집착해가지고 큰 진실을 호도할 수도 있는 대표적인 사례라고 봐야죠. 문형렬 PD가 주장했던 것은 특허권 문제가 있었고, 바꿔치기가 있었을 가능성이 있다는 것에 대해서 취재하려고 노력을 많이 했던 것 같은데요. 특허권 문제는 기본적으로 그 과정에서 무슨 문제가 있었는지 상세하게 살펴보지 않았기 때문에 잘 모르지만, 줄기세포든 뭐든 실체가 있어야지 특허권이 있는 것 아니겠습니까? 뭐가 있어야 국익에 중대한 영향을 줄 수도 있는 것이고, 그걸 지켜야 한다는 얘기도 성립할 수 있는 것 아니겠어요? 결국은 시청자들한테 황우석 교수에 대해서 〈PD 수첩〉이 왜곡보도를 하고, 어떻게 보면 서울대조사위원회는 순전히 거짓말을 했다는 식의 인식을 심어줄 수 있는 그러한 접근 방법이었죠. 그런 부분들이 본인은 작은 팩트를 봤다고 이야기할지 모르지만, 그것이 큰 맥락 속에서 보면 오히려 사람들을 혼란스럽게 만드는 역할을 하고 만 것이라고 봅니다. 그것이 참 안타까웠죠. 그래서 저도 〈추적 60분〉 팀에게 '우리가 가지고 있는 정보를 잘 몰라서 그런 게 아닐까' 해서 알려보려고 노력도 하고 연락도 시도하고 했는데 잘 안됐어요. 그래서 결국은 그 방향으로 가더군요.

지　특별한 계획 같은 것은 없으십니까?

최　〈W〉를 잘 만들어서 더 많은 시청자들이 볼 수 있도록 하는 거고요. 〈W〉는 단기간에 목표를 삼을 수 있는 것은 아니고, 장기적으로 국민들의 국제 문제에 대한 인식 수준을 높이는 데 기여하는 것이 목표니까 차근차근 그 역할을 해야죠. 개인적으로 요즘 영어 공부도 좀 열심히 하고 있는데 계속 하고 싶고요. 그래서 국제적인 시야도 갖춰야 하겠고…, 그런 것이 결국 여러 부분에 도움이 되지 않을까 생각 합니다.

지　마지막으로 해주실 말씀은 없으십니까?

최　얘기 다 한 것 같은데요.

셀프 인터뷰 ; 나를 위한 변명

날것 그대로의 생각을 전달하는 전업 인터뷰어

전 누구에게 딱지를 붙이거나
어떤 사람을 하나의 잣대로 판단하는 걸 꺼려요.
제가 지식인이냐 아니냐가 뭐가 중요해요?
제가 무슨 말을 하느냐가 중요하죠.
'지식인'이라는 말을 쓰는 사람을 가만히 보면,
상대방 뒤통수치고 싶을 때 '지식인' 어쩌고 그럽니다.
자기들은 더 싹수없는 방식으로 계몽하려 들면서 말이죠.
우리에게 뭔가 깨져야 할 게 있어요.
일부 네티즌들을 보면 솔직하지도 않고 비겁하면서도
'지식인'들 어쩌고 하면서 도덕적인 잣대를 들이댑니다.
인터넷이라는 동네가 계급장 떼고 싸우는 동네거든요.
그 말이 맞느냐 틀리냐가 더 중요합니다.
지식인 논객이라고 해서 글씨가 크게 나오는 것도 아니고,
네티즌이 봐주는 법도 없어요.
그래서 내가 하는 말이 중요하지, 지식인이냐 아니냐 하는
규정은 필요없다고 생각합니다.
서로들 좀더 솔직해졌으면 하는 생각입니다.

—지승호, 본문 인터뷰 가운데서

● 1966년 부산에서 태어났다. 『인물과 사상』, 『말』의 인터뷰를 맡고 있으며, 『인터넷 한겨레』의 하니리포터, 여성주간신문 『우먼타임스』, 월간 『아웃사이더』, 『서프라이즈』의 〈인터뷰 정치〉 등을 맡아서 했다.
지은 책으로 『비판적 지성인은 무엇으로 사는가』, 『크라잉 넛, 그들이 대신 울부짖다』(공저) 『사회를 바꾸는 아티스트』, 『마주치다 눈뜨다』, 『유시민을 만나다』, 『7인 7색』, 『감독, 열정을 말하다』 등이 있다.

지승호

● 10번째 책을 기념해서 셀프 인터뷰를 한번 해봤습니다. 다른 이에게 요청을 할 수도 있었지만, 그것보다는 한번쯤은 제 스스로 질문과 대답을 해봄으로써 제 자신을 정리하고, 제 작업의 의미를 돌아보고 싶었습니다. 그래서 제 스스로 질문을 만들어보기도 하고, 그동안 다른 매체에서 받았던 질문에 답을 좀 더 덧붙이기도 하고, 인터넷을 통해 질문을 달라고 해서 거기에 스스로 대답하기도 했습니다.

그리고 이 텍스트는 그동안 인터뷰 기법에 대한 강연을 요청한 분들에 대한 대답이기도 합니다. 인터뷰를 전업으로 삼고 있는 제가 이런 얘기를 하면 믿기지 않겠지만 저는 지독하게 낯을 가리는 편입니다. 일대일 소통 방식 외의 다른 방식은 자신이 없습니다. 그래서 강연 같은 것은 하지도 못하고, 하고 싶지도 않습니다. 그래서 이런 글을 통해 제 나름대로의 인터뷰에 대한 생각을 정리해서 보여드리는 게 그런 요청에 대한 최소한의 도리라고 생각했습니다.

자신을 남에게 드러내는 것은 참 고통스러운 일이라는 생각이 듭니다. 그래서 전 제 인터뷰 대상자들을 부러워하기보다는 연민의 눈으로 봅니다. '나도 이렇게 아픈데, 저 사람은 얼마나 아플까?' 생각하는 거죠.

홍상수 감독의 영화를 보면서 지식인이나 예술가들은 많이 불편해합니다. '씨바 저렇게 허접한 게 내 모습이야?' 라면서. 하지만 사람은 때로 실수도 하고 사는 거겠죠. 그걸 통해서 어떤 성찰하는 게 더 중요한 거겠죠. 정치인이든 지식인이든 하나의 역할일 뿐이라고 생각합니다. 사회가 점점 그렇게 나아가야겠죠. 그들에게 감시와 함께 적당한 권한과 책임을 줄 생각을 해야지, 걸리는 놈 하나 제대로 두들겨 패는 방식만으로는 절대 좋아질 수 없다고 생각합니다.

저는 인터뷰를 통해 상대방을 이해하고 사랑하는 법을 배우고 싶습니다. "고상하게 미워하지 말고 유치하게 사랑하자." 이게 제 요즘 모토입니다. 강준만 교수의 말대로 이 시대의 진정한 시대정신은 '역지사지易地思之'라고 생각합니다. 그리고 좋은 인터뷰는 역지사지를 많이 하는 인터뷰라고 생각합니다. 그리고 제 인터뷰는 그런 인터뷰이기를 간절히 바랍니다.

"동시대인의 얘기를 글로 남기는 것이 바로 인문학"

질문(이하 **질**) 한국 최초의 전문 인터뷰어라고 불리시는데요.

대답(이하 **대**) 사실은 굉장히 민망한 얘기이기도 한데요. 우선 인터뷰가 전문적인 영역인지부터 의심스럽고요. 음악 전문 인터뷰, 영화 전문 인터뷰 같은 얘기는 가능할 것 같기도 합니다. 하지만 학문 간의 벽이 너무 높이 쳐져 있어서 학문의 전문성은 높아지지만, 각 분야의 상식을 두루 꿰고 있는 교양인은 드물어져가는 세상 아닙니까? 그런 면에서 하나의 실험이 아닌가도 싶은데요. 스스로는 매체를 끼지 않고 인터뷰 작업만을 꿈꾸는, 한국 최초의 전업 인터뷰어를 꿈꾸는 사람이라고 설명하고 싶네요.

질　왜 인터뷰어라는 독특한 직업을 갖기로 마음먹으셨나요?

대　독특한 직업인가요? 모든 기자들이 인터뷰어인데요. 사실 널린 게 인터뷰어죠.

질　독자들의 반응 중 가장 기분 좋았던 반응은 어떤 건가요?

대　제 의도보다 더 정확하게 제 책을 읽어주고, 그 의미를 평가해줄 때 기분이 좋죠. 보고 나서야 "맞아, 이건 이렇게 얘기하는 게 더 정확한 건데" 할 수 있는 평, 그게 진정한 평론이나 서평의 영역 아닐까요? 그런데 우리 사회의 프로라는 사람들의 한심한 평에 비해서는 애정이 담긴 아마추어들의 평을 보면서 놀랄 때가 많습니다. 〈알라딘〉이나 〈미디어몹〉 〈예스24〉 등에 실린 서평을 보면서 놀랄 때가 많죠. 감사하기도 하구요.

질　책을 꽤 많이 내셨는데요. 돈은 좀 버셨나요?

대　아주 안 나가는 편은 아닌데, 아직 이 분야에서 책 내서 먹고 살기는 힘든 것 같아요. 그래서 책 달라고 하는 사람이랑, 책 냈으니 술 사라는 사람이 제일 싫습니다. (웃음)

질　이제는 책을 내는 게 쉬운 편 아닌가요? 지승호라는 이름 정도면 웬만한 출판사에서는 (인터뷰라는 컨셉으로는) 책을 내줄 것 같은데요.

대　그렇지 않습니다. 점점 더 어려워지는 것 같아요. 하도 상처를 받다보니 어쩔 때는 '세상엔 너무 많은 바보가 있고, 그 바보들에게 너무 많은 권한이 주어진 건 아닌가' 하는 생각마저 들 때가 있습니다. 언제나 결과만 가지고 얘기하거든요. 『감독, 열정을 말하다』가 물론 많이 팔린 책은 아니지만, 의미가 있는 책이라고 생각하거든요. 그런데 그 책이 나올 수 있었던 것은 수다 출판사에서 저를 전적으로 신뢰했기 때문이죠. 그 책의 컨셉은 단 한 가지입니다―'지승호가 영화감독을 만나고 싶어 한다는 것.' 감독 리스트건 질문 의도건, 그런 것 하나하나 따졌다면 그 책은 나올 수 없었을 겁니다. 그런데 그런 책이 나오고 나면 이런 얘기들을 합니다―"지난번 책은 컨셉이 확실했는데…." 그것처럼 답답한 이야기도 없죠. 다행히 시대의창에서 제가 그동안 해온 작업에 신뢰를 갖고, 앞으로 그것을 해나갈 수 있는 최소한의 환경을 보장해준다고 하니 감사할 따름입니다. 그때도 제가 부탁드렸던 것 가운데 하나는 "무조건 절 믿고, 앞으로 나올 한 권만큼은 제 마음대로 하게 해달라"는 것이었습니다. 그게 실패하면 다음에는 출판사의 의도에 따르겠다고요. 하도 현실적인 고민을 많이 해서 인터뷰집에 관해서는 그게 어느 정도의 퀄리티가 나올지, 어느 정도 판매가 될지 예상이 되거든요. 물론 척이 나오게 되면 최악의 상황과 희망적인 상황을 상상하면서 천국과 지옥을 오가죠. 고종석 선생이 "책 나오기 한 달 전과 책 나온 지 한 달 후까지는 늘 술을 마신다"는 얘기를 했는데, 그런 스트레스 때문일 겁니다. 전업으로 글을 쓰는 사람의 비애라고 할 수도 있고….

질　사람을 어떻게 규정하는 걸 싫어하는 것 같아요. 자신이 규정 당하는 것도 극도로 싫어하는 것 같고요.

대　사실 사람의 마음을 재단한다는 게 인간의 영역이 아니라는 믿음을 갖고 있어요. 자꾸 "네 본심은 뭐냐?"고 하는데, 자기도 자기 마음 모를 때가 있거든요. 단지 여러 행동을 통해서 유추할 수 있을 뿐이죠. 좀 극단적인 비유를 하자면 마음속으로 모든 사람을 경멸하고 죽이고 싶어도 그걸 밖으로 드러내지 않고 평생 주위 사람들에게 호감을 사고 죽은 사람이 있다면 전 그 사람은 좋은 사람이라고 보거든요.

질 지승호 씨 책이 독자들에게 어떻게 읽혔으면 하나요?

대 제 책이 주로 지식인 또는 문화인, 정치인에 대한 얘기지만, 책을 덮었을 때 철학책 같이 느껴졌으면 좋겠다는 말을 한 적이 있는데요. 사람들이 인터뷰로 책을 내는 것을 학문과는 거리가 먼 것으로 생각하는 것 같아 안타깝습니다. 인문학이란 게 사람 인人자에 글월 문文자 아닙니까? 그렇게 따지면 동시대 사람의 얘기를 듣고 글로 남기는 것만큼 인문학적인 게 어디 있습니까? 그리고 사회란 게 사람이 모여서 이루어지는 거니까 그 사람들이 다른 사람과 관계를 맺는 방식에 대해서 얘기하는 것만큼 사회과학적인 게 어디 있어요? 그런데 대부분 공부 좀 했다는 사람들은 고상하게 서양의 옛날 이론이나 마르크스, 칸트 이런 것만을 인문학이라고 말하죠. 그러나 핑크플로이드, 서태지도 시간이 지나면 우리 시대의 고전이라고 여겨지지 않겠습니까? 그런데도 아직까지 그런 것을 폄하하는 풍토가 있기 때문에 그런 부분에서 화가 나죠. 인터뷰는 굉장히 중요한 1차적인 사료라고 생각합니다.

질 인터뷰 준비는 보통 어떻게 하세요? 오지혜 씨는 "나보다 날

더 잘 아는 것 같다"는 말을 하던데요.

대　그런 말을 들으면 당황스럽기도 합니다. '내가 오지혜 씨를 오지혜씨보다 더 잘 알아? 나란 사람에 대해서도 잘 모르는데'라는 생각이 들거든요. 단지 상대적으로 다른 인터뷰어에 비해 열심히 준비하는 것 같다는 뜻으로 받아들이고 있습니다. 전 '난 저 사람을 잘 알아'라고 단정 짓는 사람은 좋은 인터뷰어가 될 수 없다고 생각합니다. 자기 자신에 대해조차도 끊임없이 '너는 너 자신에 대해 얼마나 알고 있니? 그건 정확하니?'라고 끝없이 질문해야죠. 오히려 잘 안다고 하는 사람일수록 덜 된, 자기반성을 하지 않는 인간일 수도 있다는 생각을 합니다.

질　뛰어나다고 생각하는 인터뷰어는 누가 있나요?

대　오지혜 씨는 저와 다른 방식의 인터뷰어지만, 대단히 훌륭한 인터뷰어라고 생각합니다. 사람을 정말 편하게 해주거든요. 그런 면에서 인터뷰어로서의 자질은 여성분들이 더 뛰어난 것 같아요. 세계적인 인터뷰어로 평가받는 오리아나 팔라치, 바바라 월터스, 오프라 윈프리 모두 여자잖아요. 한국에서는 김미화, 손석희, 김어준 같은 분들이 뛰어나다고 생각해요. 다만 김어준 씨는 예전 같은 파워가 없는 것 같아 안타깝기도 하지만요.
사실 굉장히 좋은 인터뷰어들이 많이 있죠. 제 자신이 인터뷰 기사를 좋아하다보니 많이 봅니다만, 인터뷰어라는 정체성을 가지고 인터뷰를 하는 사람은 없는 것 같습니다. 다른 인터뷰어를 논평할 자격도 능력도 필요성도 못 느끼고요. 다만, 예전에 김경 씨가 『김훈은 김훈이고, 싸이는 싸이다』라는 책을 냈는데 거기에 김어준 총수가 추천사를 이렇게 써줬어요. "대개들 자기가 보고 싶은 것만 본다. 인터뷰도 마찬가지다. 인터뷰어 자신이 원래 가지고 있던 상대에 대한 이미지만 부분적으로 확인하고 달랑 돌아오는 경우가 태반이다. 그리고 그 애초 이미지에 부합되는 분절 정보의 산술합으로 아바타 하나 재구성하여 이게 그 사람이라 들이민다. 사기다. 사실은 구체적 실존으로서의 상대를 만난 적도 없는 게다. 이건 윤리의 문제가 아니라 능력의 문제다. 그녀는 그런 사기를 치지 않는, 드문 인터뷰어다. 김경 만세!" 그걸 보면서, 제가 자격지심을 느껴서 그런지는 몰라도, 저 들으라고 하는 얘기 같아 좀 불편하더군요. 그런데 그건 능력의 문제가 분명히 맞긴 하지만, 어떤 사람을 불과 2~3시간 만나고 나서 그 사람을 제대로 파악하기는 힘들다고 보거든요. 부부간에 30년을 살아도 모르는 부분이 있는데요. 그런 상황에서 '난 저 사람을 알아. 알아낼 수 있어'라고 생각하는 건 오히려 그 사람을 제대로 알기 힘든 방식일 수도 있습니다. 아까도 말했지만 오히려 '난 저 사람을 모를 수도 있어'라는 겸손한 태도가 필요한 거죠. 일단은 '그 사람의 마음을 다 알아내고, 두 시간 안에 실체를 벗겨내야지'라고 생각하는 게 인터뷰어의 기본 태도일 수 있는데, 실제로 그런 건 쉽지 않은 부분이라는 거죠. 그래서 전 그게 능력의 문제가 아니라 윤리의 문제라고 거꾸로 얘기하고 싶은 겁니다. 제가 그런 분들만큼의 재능은 없지만, 우직하게 제 영역을 만들어가고 있다는 생각은 들고요. 이대로 꾸준히 10년 정도 버티면서 결과물을 내면 지승호만이 가질 수 있는 아우라 같은 게 생길 듯해요.

질　그건 어떤 건가요?

대　영업 비밀이라 알려드릴 순 없지만, 대충 짐작할 수 있는 않습니까? 힘이 드는데도 불구하고 전 제 텍스트가 휘발성이 아니라 기록으로 남을 수 있게 노력해왔거든요.

질　스토커 수준의 인터뷰어라고도 하던데요.

문　사실 봉준호 감독 인터뷰를 앞두고 전날 새벽까지 140개가 넘는 질문을 만들어놓고도 '이 사람이 날 바보로 보지 않을까'라고 고민하며 한 개의 질문도 던지지 못할 것 같은 기분에 빠진 적도 있는데요. 사실 그렇게 집요하게 준비하는 편은 아닙니다. 1시간만 준비하고 갈 때도 있고요. 오히려 그럴 때 더 좋은 인터뷰가 되는 경우도 있습니다. 긴장도 많이 하게 되는 반면 자유로워질 수도 있거든요. 물론 전반적인 것은 기본적으로 꿰고 있어야겠죠. 질문을 많이 준비하면 장점도 있지만, 그 질문에 갇히는 측면도 있거든요. 다츠비나 다케시는 "인터뷰를 제대로 하려면 그 사람이 쓴 모든 책을 다 읽고 관련 분야의 책을 250권 정도는 읽고 가야 한다"고 했는데, 그 말에 동의하는 편입니다. 그러니까 인터뷰는 가장 비전문가의 영역이기도 하면서, 가장 전문가적인 영역까지 올라가야 하는 이중적인 면이 있는 것 같습니다.

{ ## "다른 사람을 비판하려면 이름을 걸어라"

질　댓글에 반응하는 법에 대해서 의견이 극단적으로 갈리던데요. "쟤 왜 저러나?" 하는 것 하고, "변하지 않는 걸 보니 보기가 좋다"

는…. (웃음)

대　혹자는 제가 틀렸을 때 화를 낸다고 하는데, 전 제가 틀렸다고 생각하면 화를 내지 않아요. 고치면 되잖아요. 그런데 야비한 공격이라고 생각될 때는 자제가 안 될 때가 많습니다. 특히 자본주의 사회의 계급적인 부분을 가지고 경멸할 땐 견디기 힘들죠. 책 나오면 홍보를 하는 걸 가지고도 비아냥거리는 사람들이 있는데, 나는 자기 책 홍보가 지식노동자로서 굉장히 정직한 행위라고 생각합니다. 열심히 책 내서 사달라고 얘기하는 게 뭐가 잘못된 겁니까?

질　댓글에 상처 안 받을 때도 되지 않았나요? 면역이 안 생기나요?

대　농담처럼 하는 얘기지만 천하의 문희준도 32만 개 댓글에는 두 손 들었어요. 정신병원에 다닐 뻔 했다고 하지 않습니까? 공인이니까 자신들의 어떤 부당한 얘기를 듣더라도 받아들여야 한다는 건 말이 안 되죠. 그럼 결국 소통을 안 하게 되고, 댓글을 안 읽거나 무시하게 되고, 그러면 소통은 끊어지는 거죠. 그런 것에도 상처받지 않는 사이보그들만 글을 쓰는 세상이 되지 않겠습니까? 그런데 치사한 건 로그인을 해서 댓글을 달게 하면 그런 게 대폭 줄어들거나 없어지지는 것입니다. 씁쓸하죠. 자기 이름 걸고 얘기도 못하는 분들이 왜 그렇게 뒤에서는 야비하게 그러는지 모르겠어요. 내가 좋아하고 사회적으로 의미 있는 일을 정직하게 해왔다고 생각하는데 그런 분들 때문에 너무 질리기도 했습니다. 이제 그런 것에 상처받고 소모되고 싶지 않아서 인터넷 댓글을 아예 안 보기로 했죠.

질　인터뷰 전문 논객 내지는 기자라고도 불리는데요.

대　사실 저는 기자의 정체성도, 논객의 정체성도 가지고 있지 않아요. 인터뷰를 주로 기자들이 하니까, 별다른 호칭을 쓸 것이 없으니 기자라고 하고, 인터뷰만 하니까 그렇게 부르는 거겠죠. 사실 그것 역시 듣기 대단히 민망합니다. 저는 어떤 딱지나 호칭, 타이틀에 별로 신경을 안 써요.

질　인터뷰이들이 대단히 신뢰감을 가진 듯합니다. 비결은 뭔가요?

대　일부 기자들은 특종 욕심 때문에 긴 얘기 중 특별히 하나만 따서 본질을 왜곡시키기도 하지만 저는 인터뷰이가 오해받지 않도록 하기 위해 노력해왔습니다. 지승호는 최소한 그런 것 가지고 장난치지 않는다는 것, 그걸로 신용을 얻은 것 같은데요. 그리고 저는 늘 제 인터뷰가 치유의 과정이었으면 하거든요. 정신과 치료에서도 그렇잖아요. 자기 얘기를 솔직하게 하고, 자기 자신을 위치를 파악하는 것에서부터 치료는 시작되잖아요. 그리고 누군가가 자기 자신을 진심으로 이해하고, 사랑해준다는 느낌을 받는다면 잠시라도 행복해질 것 같아요. 그런 인터뷰어가 되고 싶은 거죠.

질　그런데 스스로는 아직 만족을 못하시는 것 같아요.

대　『데일리 서프라이즈』와의 인터뷰에서 "아직 청소년기도 못 온 것 같다. 유아기는 벗어난 것 같고 소년기 정도가 아닐까 생각한다"는 얘길 했습니다. 그 기자분이 깜짝 놀라더군요. 요즘 언론이 다 어렵지 않습니까? 기자들도 예전처럼 자부심을 느끼지 못하는 상황이고, 직업적으로 안정적이지도 못하고요. 그런 상황에서 저를 롤 모델 비슷하게 높이 평가하는 분들이 계십니다. 그런데 제가 그런 말을 하니 '겸손이냐 위악이냐' 하고 물어보시던데, 그런 건 아니에요. 그만큼 제가 인터뷰를 어렵게 생각하거나, 제가 도달하고자 하는 영역이 높은 것일 수도 있는 것 같아요. 그게 『감독, 열정을 말하다』를 낼 무렵이었는데, 가만히 생각해보니 제가 『7인 7색』을 낼 때부터 조금은 깊어진 것 같다는 생각이 듭니다. 지금 와서 남들한테 '제가 이 책을 냈거든요. 읽어 봐주세요.'라고 할 만한 책은 이 두 권인 것 같거든요. 물론 이번에 나올 책은 더 깊어지고 애착이 가는 책이 될 것 같습니다. 물론 상업적으로는 좀 떨어질지 모르겠지만, 그건 누구도 알 수 없는 거니까요.

질 정치적인 이슈에 관한 질문이 꼭 들어가는 것 같은데요.

대 모든 게 사실 정치적인 부분이 있지 않습니까? 가족 간의 관계만 하더라도 예전에는 가장이 집에 들어와서 "밖에서 고생하고 들어왔는데, 집은 좀 편해야 되는 거 아냐?" 하는 건 폭력적인 질서가 지배하는 거라고 생각하고요. 자식이 무슨 생각을 하는지, 아내가 무슨 생각을 하는지 대화를 나누고 이해관계를 조정해야 한다면 조정하는 것도 정치의 한 영역일 수 있거든요.

질 아까 어떤 때는 140문항을 만들어 놓고 인터뷰를 시작한다고 하시던데요? 대체 얼마나 준비하세요?

대 사실 인터뷰 시간이 정해지면 남은 시간동안 관련된 책을 읽고, 인터뷰와 관련된 자료를 봐야 되기 때문에 스스로 무서울 때가 있습니다. 정신병 생길 것 같기도 하거든요. 인터뷰를 요청했는데, 내일 하자고 하면 "죄송합니다. 준비하는 데 시간이 좀 걸릴 것 같은데요”라고 하는데, 너무 길게 잡으면 제가 힘들어지거든요. 만약 한 달 후로 잡아 놓으면 그것만 생각하고, 다른 일을 못하는 경향도 좀 있고요. 제가 만나는 분들은 대체로 제가 좋아하고, 이미 알고 있거든요. 이번 경우도 영화를 적게는 한두 번씩 아니면 서너 번 이상씩 본 영화들을 찍은 감독들과 인터뷰한 거거든요. 그런 경우 일주일에서 열흘 정도 준비하는 게 적당한 것 같아요. 인터넷에 올라와 있거나 활자화 된 각종 자료들을 보고, DVD 등을 구해서 서플먼트나 감독, 배우 코멘타리들을 챙겨서 보고 가죠.

질　아무 준비나 사전정보 없이 시작한 인터뷰가 오히려 편견 없이 시작했기 때문에 인터뷰이를 새롭게 발견할 수 있는 계기를 마련해 주지 않을까 하는 생각도 드는데요.

대　제가 분명히 놓치는 부분이 많을 수밖에 없을 거예요. 실제로 준비를 많이 해 갔을 때보다 거의 준비를 안 해갔을 때 더 좋은 인터뷰를 한 적도 있습니다. 그런데 모든 게 선택이거든요. 제가 제일 답답해하는 게 뭐냐면, 아주 단순화해서 두 가지 방향이 있다고 할 때 그 중에서 한 방향을 선택해야 되거든요. 저는 이쪽으로 가기 위해서 이쪽을 포기한 건데, “이쪽 방향이 더 좋은 것 같은데, 왜 택하지 않았니?”라고 물어보는 건 이해합니다. 그런데 어떤 분들은 왜 두 가지 방향을 모두 택하지 않았느냐고 하시거든요. 그러면 저로서는 할 말이 없는 부분이 있습니다. 조금 전에 말씀드린 것처럼 성격상 준비되지 않으면 못하는 부분도 있고요. 하지만 아무리 제 스스로 ‘이제 소년기에 접어든 아마추어’라고 하긴 해도, 인터뷰집만 9권을 낸 숙달된 조교입니다. 준비하지 않아도 일반적인 경우보다는 잘하겠죠. 하지만 인터뷰어가 여러 종류가 있을 수 있으니까 선문답하는 식으로 대화하면서 남들이 전혀 보지 못한 것을 시적으로 캐치해내는 사람이 있을 수 있습니다.

전 그런 재능 있는 분들이 인터뷰어로 많이 나서서 좋은 기록들을 많이 남겼으면 합니다. 그런 인터뷰어도 있어야 될 거구요, 제가 가진 재능이 아직은 열심히 준비해야 좋은 기록을 남길 수 있을 것 같은데요. 하지만 실제로 준비 안하고 갑자기 뭔가를 얻는다는 건 확률적으로 낮다고 생각합니다. 물론 그럴 수도 있겠죠. 그러나 그럴 가능성은 매우 낮다고 생각하지요. 전 제가 인터뷰어이기 이전에 인터뷰 기록을 굉장히 좋아하는 독자거든요. 제 인터뷰의 첫 번째 독자이기도 하고요. 좋은 인터뷰어들이 재밌는 인터뷰를 한 것을 보면 즐겁기 때문에 그런 기록이 많이 남겨졌으면 좋겠습니다.

질 그 사람에 대해 너무 많은 걸 알고 만나면 선입견 같은 게 생길 수 있잖아요. 계속되는 질문도 '이 사람은 어떤 사람'이라는 그 선입견에 의거해서 될 수도 있잖아요. 그런 경우는 없나요?

대 신기하게도 제가 준비는 많이 하는데, 머리가 나빠서 그런지 선입견은 별로 없어요. (웃음) 남들도 대체로 선입견을 갖지는 않는 것 같다는 평가를 해주시고요.

질 편집 없이 늘 인터뷰 전문을 싣는데, 특별한 이유라도 있나요?

대 편집이 전혀 없진 않은데요. 되도록이면 다 살리려고 노력합니다. 어떤 분이 엄청난 롱 테이크라고 표현하시던데요. 그게 컷을 이어 붙이는 것보다 전체적인 분위기를 보여주는 데 도움이 될 수 있다고 생각하거든요. 그 대신 그렇게 하려면 여러 돌발 변수를 감안해서 엄청난 사전준비와 감각을 필요로 합니다. 물론 배우 역할을 하는 인터뷰이들의 내공이 그만큼 받쳐줘야 되고요. 녹음기 들이댄다고 무조건 얘기해주는 것도 아니지 않습니까? 준비 없이 의미 있는 텍스트가 만들어지기도 쉽지 않고요. 그 사람의 한 단면만 짧게 보여줘서 '이 사람이 이러니까 사랑스럽지 않아?' 하는 식은 감정을 강요하는 면이 있다고 봅니다. 요즘 사람들은 그런 방식에 거부감을 갖고 있거든요. 저는 그렇게 단정적으로 얘기하는 방식이 아니라 "이 사람이 이런 부분도 있고, 저런 부분도 있고, 요런 부분도 있그, 때로는 단점도 있는데, 그럼에도 불구하고, 아니 오히려 그렇기 때문에 더 사랑스러울 수 있는 거 아냐?" 이렇게 얘기하고 싶은 거죠. 저도 어떤 사람을 보고 와서 "내가 보니 이 사람은 파랗다"고 단정적으로 얘기할 수 있습니다. 하지만 사람 성격이 쾌활하다고 해서 우울한 부분이 전혀 없는 것도 아니거든요. 그러니까 그 사람의 입을 통해 자연스럽게 '나는 파란 부분도 있고, 빨간 부분도 있고, 때로는 하얀 부분도 있는 것 같더라. 어떨 때는 녹색으로 보이지만, 사실은 내 생각에는 노란색인 것 같다' 하는 걸 다 보여주고, 판단은 독자가 하시라고 하는거죠. 인터뷰어가 규정하는 것보다 독자들이 '다 읽고 나니까 이 사람을 좀 더 알게 된 것 같다'고 하는 게 더 효과적인 것 같아요. 그래서 그렇게 긴 인터뷰를 하고 제가 상당히 많은 얘기를 함에도 불구하고, 인터뷰 대상자만 보이지, 전 안 보인다고 합니다. 전 그게 인터뷰어로서 올바른 태도라고 봐요. 인터뷰를 하고 나서 "난 이 사람을 이렇게 봐. 이 사람의 이런 면을 사랑해. 그리고 이 사람을 이렇게 규정해"라고 얘기하는 게

아니라 다 읽고 나면 '이 사람이 이 사람을 되게 사랑하는 것 같구
나. 나도 비슷한 감정을 느끼게 되네' 하는 것을 자연스럽게 느낄
수 있었으면 좋겠다고 생각합니다. 또 어떤 분들은 너무 길다고 짜
증을 내시던데요. 그런 분들은 안 보시는 게 좋을 것 같아요. 왜냐
하면 앞으로는 좀더 길고 자세하게 하고 싶거든요. (웃음)

{ "말로 입힌 상처는 칼로 입힌 상처보다 깊다"

질 인터뷰를 잘하는 비법 같은 것이 있나요?

대 스스로 잘한다고 생각하지 않으니까 비법을 말할 수도 없는데
요. 그래도 작년부터 좀 깊어진 부분이 있는 것 같아요. 아까 말한
것처럼 『감독, 열정을 말하다』를 내고 나서 소년기에 접어든 것 같
다고 했는데, 『7인 7색』에 실린 인터뷰를 할 때부터 달라진 것 같습
니다. 뭔가 허하고, 제 자신이 한심스럽게 느껴져서 거의 도피하는
듯한 생활을 한 적이 있는데요. 2004년 말부터 강박관념에 가깝게
먹기 시작했습니다. 그때부터 읽은 단행본만 300여 권 정도 될 거
고, 영화는 500여 편 정도 봤습니다. 한 2년 새에 그런 셈이죠. 그거
보다 더 많은 텍스트를 신문이나 잡지, 인터넷을 통해서 봤고, 음악
도 많이 들었고요. 물론 술도 많이 마셨죠. 그런 것들을 축적해놓고
나면 저도 모르게 세상과 문화를 보는 눈이 생기는 것 같아요. 다
작, 다독, 다상량 같이 상투적인 것 외에 글을 잘 쓰는 법이 따로 없
듯 인터뷰도 비법은 따로 없는 것 같습니다. 인터뷰할 사람에 대해
생각하고 자료도 많이 찾아보고 어떤 이야기를 할지 상상도 해보는

것이 인터뷰에 도움이 되겠죠. 덧붙여 자신의 견해도 있어야 할 겁니다. 물론 그것을 강요해서는 안 되겠죠. 인터뷰어 하기 전에 칼럼, 잡글을 굉장히 많이 썼어요. 한국 사회의 모든 주제에 대해 거의 한 번씩은 얘기를 한 거죠. 생각은 있지만 인터뷰이에게 강요하지 않는다, 이게 중요한 것 같아요. 인터뷰어는 결국 듣는 일이니까요. 다만 자신이 뭘 들어야 할지도 모른다면 제대로 된 질문을 할 수 없겠죠.

질 간혹 세계적인 인터뷰어가 되고 싶다고 말해서 비웃음도 사셨잖아요.(웃음)

대 그랬죠. 촌스러운 이야기일수도 있는데 세계에서 존중받는 인터뷰어 중 하나가 되고 싶다는 생각을 했었고, 지금도 하고 있습니다. 되든 안 되든 꿈을 가진다는 것은 중요한 거거든요. 그리고 그것은 제가 지쳤을 때 스스로 다짐을 하기 위해서이기도 합니다. 강준만 교수님이 "지승호는 이탈리아 인터뷰 전문 저널리스트 오리아나 팔라치보다 더 윤리적이고, 미국 방송 인터뷰 전문 저널리스트 바바라 월터스보다 성실하다"고 추천사를 써주신 적이 있습니다. 그것을 보면서 고마웠고 '그래 그럼 나도 할 수 있지 않을까' 하는 생각이 들었어요. 노력해서 안 되면 할 수 없지만 되면 좋은 일이잖아요. 예전엔 이 꿈이 막연했었는데 영화감독 인터뷰집 작업을 하면서 가능할 수도 있겠구나 하는 생각을 했습니다. 가령 박찬욱 감독이나 김기덕 감독 인터뷰를 한국 최고 수준으로 할 수 있다면 그것은 외국의 영화 팬들이 봤을 때는 세계적인 텍스트가 될 수 있으니까요. 그리고 중남미의 민족주의 지도자들의 인터뷰도 해보고 싶어요. 미국의 저널리스트들은 시각 자체에서 한계를 드러낼 것 같거든요. 중남미 좌파 도미노 현상과 미국과의 관계 문제가 세계사의 흐름에서 중요한 상황에서 그들을 인터뷰하면 나름대로 소중한 텍스트를 얻을 수 있지 않을까 생각합니다. 물론 이것을 한다고 해서 개인적으로 조금 행복해지는 부분은 있겠지만 내 인생이 굉장히 달라진다고는 생각하지 않아요. 그저 앞으로 내가 하고 싶은 작업을 계속 하며 살고 싶을 뿐이죠.

질 그래도 아직 어려움이 많은 것 같아요.

대 사실 예전엔 희망이란 걸로 버틸 수 있었습니다. '그래 열심히 하면 좋아지겠지' 하는 생각으로 버텨나갔죠. 물론 예전의 최악의 상황에 비해서는 너무 좋아졌다는 것은 알지만, 사람은 빵만으로 살 수 없는 거구요. 가장 힘든 것은 연습생은 늘 연습생으로 취급하는 사람들의 눈입니다. 라면도 제대로 못 먹고, 반창고를 붙인 배트를 들고 연습을 하면서 '내가 1군에 올라가면 좋아질 거야. 안타 100개를 치면 대우가 달라지겠지'라는 희망을 가지고 살던 시절이 있었죠. 그런데 막상 100개를 쳤을 때 '올해 100개를 쳤으니 내년에도 그 정도 칠 가능성은 있겠지'가 아니라 '쟨 타격 폼에 문제가 있어. 내년엔 그만큼 못 칠 거야. 폼을 바꿔봐. 네가 언제부터 100안타를 친 선수라고 주접이야. 혹시 부상을 당한건 아냐'라고 말하는 풍토에서 분노는 더욱 깊어지는 것 같습니다. 그래서 김기덕 감독을 보면서 한국 사회의 어느 누구보다 가슴이 아팠을 겁니다. 누누이 얘기한 것처럼 전 제가 룰을 만든 사람이고, 제 폼으로 야구를 해오면서 버텨왔습니다. 객관적으로 증명된 것만큼은 인정해주는 사회가 되었으면 좋을 것 같다는 바람이 있어요.

질 상처 많이 받으셨군요. (웃음)

대 제가 매일매일 비관하지만 어떤 점에서는 굉장히 무뎌요. 인터뷰 작업은 재미있는데, 외적인 상황에서 디프레스되는 부분이 있죠. 특히 뭘 하고 싶은데 여건이 안 될 경우, 그런 상황에서 짜증나는 댓글들을 볼 때 문득문득 때려치우고 싶다는 생각이 들 때가 있어요. 저는 생각날 때 그것을 글로 표현하는 것을 좋아하거든요. 지난번 책에 쓴 것처럼 제 지적 호기심을 충족하면서 남의 호기심을 충족시킬 수 있고, 누군가를 만난다는 자체가 즐거운 일인데다가 그 만남에서 무언가를 얻어내는 짜릿함, 그리고 다른 사람들이 그 기록을 보면서 즐거워하는 모습을 보는 것이 제게는 보상이죠. 그런 걸로 버티는 거죠. 제가 제 인터뷰의 최초의 독자인 셈이거든요. 인터뷰를 할 때는 이런 저런 데 집중하다 보니까 잘 못 느끼다가 글로 정리하면서 보면 굉장히 재미있는 부분을 발견할 때가 많아요. 그런 것을 보면서 사람들이 재미있었다는 리플을 달아주면 그것도 행복한 일이고요. 그런데 그 리플을 보는 재미도 상처를 주는 몇몇 글들 때문에 포기해야 할 것 같습니다. 간혹 포털에 오른 댓글을 보면 '여기가 바로 지옥이구나' 하는 생각이 들 때가 있거든요. 그게 저한테 얘기하는 것이 아니라도 그래요. 언젠가는 집에 강도가 들어서 아이가 불타 죽은 기사 바로 아래 "그거 아마 초딩 리플을 보고 열 받아서 그런 일을 저질렀을 거다. 그 심정 나도 이해가 간다"는 댓글이 달렸더군요. 이건 범죄잖아요. 만약 그 아이의 부모가 그 댓글을 본다면 어떤 생각이 들까요? 인터넷이라는 게 무한한 공간이라 쓰레기를 투척해도 괜찮을 것 같지만, 실제로는 검색이라는 게 있어서 자기와 관련된 글을 읽게 될 확률이 높습니다. 만약 그 아이의 장례식장에 가서 똑같은 얘기를 그 부모한테 한다고 생각해보세요. 아마 맞아 죽어도 별로 동정을 못 받을 겁니다. 그런데 인터넷에서는 그런 일이 일상적으로 벌어지고 있지 않습니까? 그리고 초딩 어쩌고 하는 얘기는 초딩들에 대한 모욕이라고 생각합니다. 임수경 씨 아들의 사망을 두고 그렇게 비아냥거렸던, 정말 인간 이하의 댓글을 달았던 사람들은 다 어른들이었죠. 그 중엔 대학 교수도 있었고요. 모로코 속담에 "말로 입힌 상처는 칼로 입힌 상처보다 깊다"는 말이 있고, "글로 맺은 원한은 만 년이 간다"는 말이 있습니다. 무심코 남긴 하나의 댓글이 어떤 사람에게는 두고두고 남아서 영혼을 파괴하기도 하는 것 같습니다. 그래서 저 역시 한때 독설가로서 사람들에게 상처를 줬던 것을 깊이 반성하고 있습니다.

질 지승호의 인터뷰 작업은 진보정치를 위해서나 한국 사회를 위해서나 새로운 아군을 얻은 것이나 다름없다는 평을 받기도 했는데요.

대 그래서 어떤 분은 저더러 "천천히, 그러나 꾸준히 왼쪽으로 가고 있다"는 평을 주시더군요. 거북이처럼 기어가고 있습니다. 사실 어떤 후배들은 '진보 진영이 형한테 해준 게 뭐 있냐?'고 하기도 하고, 어떨 때는 착취당한다는 느낌도 있습니다. 이런 표현을 하니까 화내시는 분들도 있던데, 생각해보세요. 숙달된 노동자가 한 달 걸려야 하는 일을 시키면서 월급을 50만 원, 100만 원 준다고 생각해보세요. 자신이 그런 경우를 당한다면 참지 못하겠죠. (웃음) 어쨌

든 제가 좋아서 하는 일이고, 제 알량한 양심 같은 것이 있어서인
지, 문정현 신부님 같은 분들 인터뷰를 하고 나면 슬프고 힘들지만,
행복합니다. 유시민 의원의 표현을 빌리자면 그런 방식으로 제 이
기심을 채우는 거죠.

질 그래도 자신의 장점이라고 생각하는 부분이 있을 텐데요.

대 『미디어몹』 최내현 편집장이 이런 얘길 한 적이 있어요. "내가
한 얘기들을 촘촘히 읽고 와서 질문하는데, 답답한 생각이 들었다.
그런데 반면 무슨 얘기를 해도 될 것 같은 편안한 생각도 드는 묘한
기분이었다. 그건 지승호와 인터뷰해본 사람만이 알 것이다. 성실
함은 지승호의 힘이고, 유연함은 지승호의 테크닉이다". 그런데 전
아주 성실하거나 아주 유연하거나, 아주 글을 잘 쓰는 건 아닌데 당
장 필요한 것을 조금씩 다 가지고 있다고 생각합니다. 책을 많이 보
고, 비교적 잘 이해하는 능력이 있고, 상대방의 얘기도 비교적 잘
알아듣는 편이고, 타자도 좀 빠른 편이고, 글씨도 좀 빠른 편이고,
머리도 그런대로 돌아가는 편이고… 그런데 확실하게 제가 이거 하
나는 뛰어나다고 생각하는 부분에 대해서는 자신이 없어요. 그래서
두렵기도 합니다. 그런데 인터뷰어에게 정말 필요한 덕목은 그런
다양한 부분에 대한 이해인 것 같아요. 그리고 텍스트의 퀄리티를
높이기 위해 작업을 현저히 줄이는 것보다 퀄리티가 좀 낮더라도
많이 하는 것 역시 의미가 있다고 봅니다. 인터뷰의 특성상 기록이
남아 있는 것과 없는 것은 전부와 전무의 차이니까요. 편집자들이
절 좋아하는 이유는 작업 속도가 빠르다는 겁니다. 극단적으로 얘
기해서 마감 전날 인터뷰이가 섭외가 되서 오전에 질문지를 만들어

야 되고, 오후에 인터뷰를 해서 그날 밤 또는 그 다음날 새벽에 원고지 100매 이상 채워서 보낼 수 있는 사람을 현재로서는 구하기힘들 겁니다. 그런 사람이 늘 스탠바이하고 있는 셈이니 편집자는 좋아할 수밖에 없겠죠. 게다가 엄청 저렴하니까요. 싼 맛에 쓰기도 할 거고. (웃음)

질 인터뷰의 매력이 뭔가요?

대 도올 선생이 그랬나요? '대화는 편견의 확인일 뿐이다. 그렇지만 그것만으로도 세상은 발전할 수 있다'고. 그게 대화의 힘인 것 같아요. 유시민 의원은 "생각은 힘이 세다"고 말했는데, 저는 "대화는 힘이 세다"로 바꾸고 싶습니다. 언젠가도 얘기했지만 칼럼은 일정 부분 네거티브할 수밖에 없지만 인터뷰는 포지티브할 수 있거든요. 그 사람에게 멋진 말, 매력적인, 희망적인 부분을 듣고 말하니까요. 그게 맘에 들더라고요. 우리 사회에 이런 사람이 있어, 이런 사람과 함께 고민하고, 이 사람이 못하는 부분은 우리가 채워가자, 이렇게 함께 고민할 수 있는 방식이거든요. 저는 이게 좋아요. 제 인터뷰의 방식도 그렇게 갔으면 좋겠고요.

질 그런데 아까 '계급적 경멸'이라는 표현을 썼는데요.

대 신자유주의 시대에 돈이 없다는 것 죄악이긴 하죠. (웃음) 우리나라가 신자유주의 강국이 될 수 있다고 좋아하는 친구들도 있던데, 전 15만 원을 빼앗기 위해 (어느 날 두 건의 살인사건이 있었는데, 공교롭게도 두 사건 다 15만 원을 빼앗았더군요) 사람을 쉽게 죽일 수 있는 사회는 끔찍한 사회라고 생각합니다. 사실 경제적 궁

핍보다 더 나쁜 건 그 궁핍에 대한 경멸이죠. 이건 돈을 좇지 않는 사람들에 대한 기본적인 자부심도 인정하지 않는 태도잖아요. 신해철 씨가 인터뷰 때 "거리의 악사가 노래하면 외국 사람은 동전 주는 것을 당연하게 생각한다. 하지만 음악이 마음에 들지 않으면 당연히 안 줄 수도 있다. 다만 그 사람이 그런 선택을 한 것에 대해서는 비난해서는 안 된다"고 했거든요. 전 인터넷으로 글을 쓰는 사람들도 마찬가지라고 생각합니다. (어느 정도 직업으로 생각하는 경우에 해당이 되겠죠) 일정 부분 자신이 좋아해서 연주하는 거리의 악사거든요. 그러면 그 연주가 좋아서 계속 듣고 싶으면, 기타 줄도 사주고, 그 다음날 다시 나올 수 있게 빵 값도 주는 게 옳지 않을까요? 주기 싫으면 안 줄 수도 있습니다. 그런데 30분이나 연주를 듣고 나서 "연주도 못하는 놈이 왜 나와서 연주를 하냐?"고 말하는 순간부터 파렴치한이 되는 거죠. 그리고 어느 정도 위치가 된 사람들에게는 "넌 그 정도 됐으니까 상처받는 게 우습다"고 말하거든요. 거리 연주를 취미로 하면 상처 안 받아요. 그런데 꿈이고 생계란 말이에요. 최소한 다음에 나와서 공연할 수 있게는 해야 하는데 아무것도 안하고 "너는 왜 그렇게 하니? 인사이더도 하고, 누구도 하라고. 더 자세히 하란 말이야" 이러면 상처받죠. 그러면서 한편으로는 우스운 생각이 들 때도 있습니다. 제가 아주 잘하는 편은 아니지만, 그런데도 프로 비슷한 무리로는 인정받는 거잖아요. 가령, TV에서 홍명보가 축구 하는데 시청자가 축구 보면서 골 못 넣는다고 욕을 하는 것은 이해할 수 있어요. 그런데 막상 박지성 선수 앞에서 기술 분석까지 하고 코치하면 얼마나 우습겠습니까? 박지성 선수도 그 정도는 충분히 알고 있는데요. 인터넷이란 게 인터랙티브한 공간이다 보니까 그런 측면이 어느 정도 있거든요. 전 충분히 알고 있는 얘기고, 그 점에 대해서 그 분보다 훨씬 더 많이 고민해 온 부분을 너무 쉽게 얘기할 때는 좀 답답합니다.

질 예전 〈알라딘〉 인터뷰를 보니까 "지승호는 인터뷰로 시민운동을 하고 있는 것 같다"는 얘기도 나오던데요. 그런 뚜렷한 목적의식이 있는 겁니까?

대 같이 고민하지 않으면 문제를 풀지 못하잖아요. 세상은 그렇게 쉽게 바뀌지 않습니다. 혼자서 평생 하나의 문제를 풀어나가기도 쉽지 않은 게 세상이잖아요. 그런 고민들이 모여서 세상이 조금씩 바뀌는 거죠. 어떤 분들은 좀 더 심층적으로 해달라고 하는데, 더 심층적인 것은 제 역량 밖이고, 또 신도 아닌 이상 다 완벽하게 해낼 수가 없어요. 제가 언젠가 힘들다고 그러니까 누가 그러더라고요. 자원봉사 하는 사람들도 있는데 뭘 그러냐고. 탑골공원 같은 데서 밥 좀 퍼 보면 그런 말 못한다는 둥 그래요. 역할이 다른 부분인데 그걸 그렇게 말하면 안 된다고 생각합니다. 그리고 인터넷에서 그런 댓글 다시는 분들이 전 봉사하는 사람들이라고 생각하지도 않습니다. 계속 말씀드리지만, 여러 역할이 모여서 세상이 바뀔 수 있는 거거든요. 글쟁이들은 몸으로 실천하는 사람들에게 기본적으로 콤플렉스를 가지고 있습니다. 가령 반전시위에 적극적으로 참여하지 않고, 반전에 관한 글을 쓰는 게 마음이 무거울 때가 있어요. 하지만 어느 것이 더 중요하다고 말할 수는 없습니다. 반전시위에 나가서 한 사람의 힘을 보태는 것도 중요하고, 이른바 노빠 사이트에서 "우리도 전쟁에 반대하고, 파병에 반대한다"는 글을 쓰는 것도 중요하다고 생각합니다. 저는 짱돌 던지는 것보다 반전운동 관련 인터뷰나 글을 쓰는 걸 더 잘하고, 더 효과적으로 할 수 있다고 생각하거든요. 세상은 짧은 시간에 바뀌지 않는다고 보고, 연대하고 개혁하고 해야죠. 언론개혁에 대해서 이야기한 부분도 자연스럽게 문제의식을 느끼니까요. 각자 자기에게 좋은 방식의 운동을 하는 거죠.

질 자신의 정체성을 어떻게 보십니까? 아까 기자로서의 정체성은 없다고 하셨고, 시민운동을 하고 있다는 얘기도 나왔는데요. 그리고 지식인으로 보는 시각도 일부에서는 있지 않습니까?

대 그런 면이 전혀 없다고 볼 수는 없지만, 전 지식인도 시민운동가도 아닙니다. 전 누구에게 딱지를 붙이거나 어떤 사람을 판단하기를 꺼리거든요. 제가 지식인이냐 아니냐가 뭐가 중요해요? 제가 무슨 말을 하고 어떤 일을 하느냐가 중요하죠. '지식인'이라는 말을 쓰는 사람을 가만히 보면, 상대방 뒤통수치고 싶을 때 네티즌들이 '지식인' 어쩌고저쩌고 그럽니다. 자기들은 훨씬 더 싹수 없는 방식으로 계몽하려 들면서 말이죠. 진중권 씨가 그랬거든요. "나는 '내가 옳으냐 그르냐'라는 답을 기다리고 있는데, 상대방은 내가 말하는 방식만을 가지고 얘기한다"고요. 보통 진중권에 대해 "재수없다. 가르치려 한다"고 말하지만, 제가 볼 때는 그렇게 비난하는 사람들이 더 그렇거든요. 표현 방식의 예의 없음은 피차 마찬가지거든요. 그렇게 따진다면 지식인으로 불리는 부류는 좀더 고민한다고 생각합니다. 우리에게 뭔가 깨져야 할 게 있어요. 그런데 신해철 씨가 말한 것처럼 상대방이 외투를 입고 있으면 주먹으로 때려서는 충격 못 받죠. 그때는 망치로 때려야 주먹으로 때린 것 같은 효과를 얻는 겁니다. 그런데 이때 망치로 때리는 건 '선의를 가지고' 하는 거거든요. 일부 네티즌들을 보면 솔직하지도 않고 비겁하면서도 '지식인'들 어쩌고 하면서 편의적인 잣대를 들이댑니다. 인터넷이라는 동네가 계급장 떼고 싸우는 동네거든요. 그 말이 맞느냐 틀리냐가 더 중요합니다. 지식인급 논객이라고 해서 글씨가 크게 나오는 것도 아니고, 네티즌이 봐주는 법도 없어요. 그래서 내가 하는 말이 중요하지, 지식인이냐 아니냐 하는 규정은 필요 없다고 생각합니다. 서로들 좀더 자신에게나 남에게나 솔직해졌으면 하는 생각입니다.

﹜ "나는 열등감으로 가득 찬 나르시스트"

질　술을 좋아하시는 것 같은데요.

대　정확하게 얘기하면 술자리를 좋아하는 편이예요. 그런데 많이 줄이려고 하죠. 건강도 걱정이 되기 시작하고, 무엇보다 술을 마시고 실수를 하는 것들, 그리고 남들의 실수를 보는 것들, 이런 것들이 계속 반복되니까 힘들더군요. 사람을 사랑하는 것도 너무 힘들고요. 사람을 미워하는 것도 너무 힘듭니다. 그런데 그 애증이 미묘하게 섞이면 사람 미치게 되더군요. 살인도 나잖아요. (웃음) 「달콤한 인생」의 표현법으로 하자면 "이건 손가락 하나로 끝날 일이 아냐" 하는 걸 머릿속으로 상상하기도 하고요. 제가 극단적인 캐릭터에요. '열등감에 가득 찬 나르시스트'라고 혼자 그러는데. (웃음) 꿍장히 게으른데, 일을 안 하면 불안할 때가 많아요. 그래서 혼자 막 이상한 다짐을 하는데, 어떤 때는 정약용 선생처럼 당대에는 정치적 실패자가 될지언정 역사에서는 승리하겠다는 선언을 하기도 하고. 어떤 때는 마르크스처럼 역사에 남는 이론을 만들고 싶다는 생각을 할 때도 있고요. 주접이죠. (웃음)

질　열등감에 가득 찬 나르시스트요? 흥미로운 표현이군요.

대　나 이외의 다른 인물이 별로 될 생각이 없다는 점에서 나르시스트이긴 하지만, 사실 콤플렉스 덩어리죠. 자학은 나의 힘이라고나 할까요?

질　어떤 콤플렉스들이 있나요?

대　우선 어딜 가서 혼자 밥 먹으러 들어가지도 못하는 성격이고, 모르는 데 가서 길도 못 물어보는 성격이거든요. 술집에서 술을 시킬 때도 벨이 없으면 쳐다볼 때까지 손들고 있고요. 이런 성격으로 세상 살아가는 게 참 힘들죠. 더군다나 사람을 만나야 하는 일이니까요. 그리고 글을 쓰는 사람은 기본적으로 몸을 움직이는 사람에게 열등감이 있잖아요. 특히 이쪽 계통은 현장에서 일하는 사람에 대한 콤플렉스가 많죠. 그리고 창작자에 대한 콤플렉스도 많아요. 감독이나 배우 못되면 평론가가 된다는 농담도 있는 것처럼 글을 쓰는 사람은 뭔가 창조적으로 보이는 작업에 대한 갈망이 있죠.

질　그래도 나름대로 장르의 개척자라는 평가를 하는 사람도 있지 않습니까? 어떤 분은 인터넷에 "한국 사회에 지식인은 드물지만 있다. 하지만 제대로 된 인터뷰어는 그가 유일하다. 그는 입으로 역사를 기록하고 있다”는 극찬까지 하던데요.

대　말 그대로 소수가 그런 거죠. 대다수는 여전히 절 무시하거나 무관심한 편입니다.

질　그래도 평가가 좀 바뀌진 않았나요?

대　바뀌긴 했죠. 팔짱 끼고 ‘잰 안 돼’ 하던 분위기에서 ‘무난하게는 하네’ 하는 쪽으로. (웃음)

질　『인물과 사상』 같은 간행물을 내실 생각은 없으신가요?

대　그럴 생각이 당연히 있죠. 틈틈이 시도하는데, 아직은 제가 출판사에서 볼 때 별로 매력적이지 않은가 봐요. 제 인터뷰의 장점 중의 하나가 옆에서 이야기하듯 읽기가 쉽다는 것인데 편집자들에게는 ‘글이란 이래야 한다’는 생각이 있는 것 같습니다. 솔직히 편집자들에게 ‘니 글 괜찮아’란 말 들어본 적이 없어요. 뭐라도 꼬투리를 잡죠. 신문사에 있을 때도 데스크란 인간들은 항상 그러잖아요. 자기가 발로 뛰지는 않으면서 이런 꼬투리 저런 꼬투리 다 잡는. 그럴 때는 속으로 그러죠. ‘씨바, 그렇게 잘 알면 니가 해’라고. 저도 맺힌 게 많거든요. (웃음) 『인물과 사상』 식의 인물비평은 사실 반쪽짜리라고 생각해요. 한 사람을 텍스트만으로 판단하는 데는 한계가 있지 않겠어요? 그래서 제가 텍스트로 사람을 파악할 때 생기는 부족한 점을 직접 만나서 좀 강화해서 책을 내면 상업성도 있을 것 같습니다. 사실 사람이 제일 관심 있는 것이 사람이잖아요. TV를 보면 연예인들이 나와서 시시껄렁한 사생활을 얘기하고, 농담 따먹기를 하는데도 꽤 많은 사람들이 관심을 가지고 보잖아요. 기본적으로 다른 사람의 생각이나 삶에 관심이 있는데, 왜 진보진영에서는 그런 식의 작업을 등한시하는지 모르겠어요. 그리고 만약 한다고 하면 새로운 시대에 맞는 외피를 입어야겠죠.

질 아까 상처를 많이 받는다고 했잖아요. 그리고 어떤 분들은 지승호는 게시판에서 늘 징징댄다고 하기도 하는데요.

대 그게 몇 번이나 된다고… 매일 그러는 것도 아니고. (웃음) 게다가 그런 짓(?)은 이제 아예 안하기로 했습니다. 일기장 비슷한 성격을 가진 게시판에 몇 년 전 끄적거린 글까지 모아놓고 비아냥거리는 사람들을 보면 인간에 대한 회의를 느끼기도 하죠. 저는 세상이 좀 나아졌으면 하는 바람이 있습니다. 진보적인 가치에 관심이 많죠. 어떤 분들은 "니가 무슨 진보냐?"고 할지 몰라도 아까 지식인에 관해 얘기한 것처럼 가치중립적인 표현일 뿐입니다. 진보가 벼슬도 아니고, 그렇다고 부끄러운 것도 아닙니다. 단지 선택일 뿐이죠. 제가 원하는 세상을 위해서 전 어떤 선택을 한 거고요. 스트레스 해소의 한 방식으로 글을 많이 쓰기도 합니다. 그리고 그 피드백에 대해서 어떤 분들은 댓글을 안 읽는다든지 하는 방식으로 견디거나 그걸 즐기는 경지에까지 이른 경우도 있는 것 같은데요. 전 댓글 같은 걸 다 찾아서 읽고 나서 상처를 받거든요. 그러면 또 글로 써서 푸는 거죠. 안 그러면 정말 암 생길 것 같아서요. 노출증 환자가 암 환자보다는 낫잖아요. (웃음) 이제는 그것도 자제하려고 합니다.

그리고 제가 여리고, 약하기만 했다면 여기까지 올 수도 없었겠죠.

그동안 자신의 이름을 걸고 글을 써온 숱한 논객이라는 이름을 붙인 사람들이 상처받고 망가져온 과정을 보면 그 말이 증명되었다고 볼 수도 있을 겁니다. 물론 장르가 달라서 그럴 수도 있겠지만요. 인터뷰라는 장르를 택한 것도 상처를 주고받는 것이 별로 좋은 방식도 아니라는 생각이기도 했습니다. 느리지만 포지티브한 방식으로 가는 게 좋겠다는 생각을 했고, 실제로 칼럼을 써서 먹고 살 수 있는 사람은 대한민국에 없습니다. 그나마 앞으로 먹고살 가능성이 있는 장르를 택한 거죠. 그 부분에서 좌절하기도 하지만, 누군가 얘기한 것처럼 전 본능적으로 블루오션을 찾아낸 것 같기는 합니다. 물론 그 자체가 불편하고 힘들 때도 있지만….

질 지난번 라디오21 인터뷰를 보니까 진행자가 "제가 지승호 씨의 글을 다 보지는 못했지만, 몇 가지를 읽어봤어요. 읽을 때 느낀 점이 '읽기 껄끄러운 단어가 없다, 그래서 참 편하고 쉽다, 그런데도 할 말은 다하는 글쟁이다'라는 생각이 들었어요"라고 하던데요. 비결은 있나요?

대 특별한 것은 없는 것 같고요. 제가 가끔 얘기하는 건데, 제가 여기까지 온 것은 단순히 배고픔과 바꾼 게 아닌가 하는 생각을 많이 합니다. 제가 아까도 얘기한 것처럼 김어준 총수나 이런 사람에 비해서 인터뷰어로서의 재능이 대단히 뛰어난 것 같지도 않고요. 그냥 꾸준히 가는 거거든요. 자꾸 김어준 씨하고 비교해서 뭐한데요. (웃음) 김어준 씨 인터뷰는 인터뷰마다 김어준 씨가 보여요. 그런데 그걸 다 묶어 놓으면 별로 묶여지지가 않아요. 그런데 제 인터뷰를 보면 그 사람이 보이죠. '아, 이 사람이 이런 사람이구나. 이 사람 멋지다.’ 지금도 그렇지만 제 인터뷰에 대한 댓글들을 보면 “지승호 인터뷰 잘 하네” 이런 건 별로 없어요. 인터뷰이가 멋진 사람이라는 글은 많아도요. 인터뷰를 굉장히 많이 하고, 책을 몇 권 내다보니까 제가 보이는 거지, 그 전에는 제가 안보이거든요. 그런데 그것을 모아서 책으로 내고 나면 일관된 주제 같은 게 보이거든요. 그게 묶여질 때 제 시각이 조금씩 보이는 거죠. ‘아, 지승호가 얘기하고자 하는 일관된 뭔가가 있구나’ 하고. 물론 인터뷰이가 얼마나 말을 잘하느냐, 얼마나 내공이 깊으냐가 가장 중요하지만, 그 인터뷰이를 선정하고, 무슨 말을 할 것인지를 결정하고, 그걸 정리하는 것도 저거든요. 그러니까 제가 배우를 돋보이게 하고, 감독은 안 보이는 그런 독립영화 감독 같다는 느낌이 들 때도 있어요. 그걸 옛날에 진중권 씨는 “그의 인터뷰 속에서 인터뷰이는 마치 제 집에 있는 듯 편안함을 느낀다. 주관의 개입을 극도로 자제하는 그의 인터뷰를 읽어나가다 보면, 기사의 보이지 않는 배후로부터 인터뷰이를 바라보는 인터뷰어의 고유한 시각이 수줍게 모습을 드러내는 것을 볼 수 있다”고 했는데요. 그 표현이 맞는 것 같아요. 그런 식으로 제 시각을 ‘수줍게’ 드러내는 부분이 있죠. (웃음) 어떤 인터뷰어들은 굉장히 공격적으로 질문을 하거든요. 나그네의 외투를 벗기기 위해 바람을 일으키거든요. 그럼 사람들이 움츠리게 되거든요. 그리고 그 완력에 의해 옷이 벗겨졌을 때 굉장한 모욕감을 느낄 겁니다. 그런데 저는 햇볕을 쪼이는 방식이라고 생각하거든요. 어떤 분은 ‘지승호의 인터뷰를 보면 인터뷰이들이 목욕탕에서 옷을 벗듯이 자연스럽게 옷을 벗는 것 같다’고 하시는데, 만약 그게 맞다면 그건 오랫동안 쌓인 신뢰감 때문일 겁니다. ‘저 친구한테 무슨 얘기를 해도 내 말의 맥락을 오해해서 딴 얘기를 한다든지, 내 말을 왜 곡한다든지, 내 말을 가지고 장난을 칠 사람은 아니다. 내가 저 사람한테 무슨 얘기를 하더라도 중요하지 않은 말실수를 자신의 기사를 위해 사용하지는 않겠구나' 하는 신뢰감이 오랜 기간에 걸쳐 생긴 거죠. 가끔 답답한 부분은 그런 거거든요. 길다고 비판하시는 분들은 안 보시면 됩니다. 제가 돈 받고 기사를 보여주는 것도 아니고, 공짜로 인터넷에 뿌리는 걸 굳이 들어와서 "졸라게 길어. 이 새끼야. 서비스 정신이 없어" 그러면 어쩌라는 겁니까? 그걸 보고 내용이 없다고 하는 사람들도 많은데, 기자들처럼 원고지 4~5매로 요약해서 제목 섹시하게 뽑아서 재미있게 읽게 할 수는 있습니다. 그런데 저는 다른 방식으로 한국 사회에 대화와 기록의 중요성에 대해서 얘기하고 있는 겁니다. 그 사람 얘기를 최대한 잘 전달하기 위해 글이 길어져서 200매, 300매 가면 지루할 수밖에 없습니다. 읽는 사람도 지루한데, 그걸 정리하는 사람은 얼마나 힘들겠어요. 하지만 그런 소통 방식도 필요하다는 겁니다. 그래서 읽기 싫으면 읽지 마시라는 겁니다. 한국사람 중에는 이상한 평등 정신을 가진 사람이 있습니다. '난 저 새끼 인터뷰가 길어서 읽기 싫은데, 어떤 사람들은 저 새끼를 한국 최고의 인터뷰어라고 부르네'라는 생각이 들면 그 사람이 싫어지는 겁니다. 일부의 사람이 저를 한국 최고의 인터뷰어라고 생각한다고 해서 자기 사는 데 지장 없고, 대세에 지장 없습니다. 그런데 괜히 그걸 안 읽으면 도태되는 것 같고, 읽자니 짜증나니까 화내는 거죠. 마음이 안 가는데, 의무감에서 뭘 읽다가 보면 짜증이 납니다. 그렇게 되면 제 텍스트를 쓰레기로 만들어야 자기 마음이 편해지는 거죠. 그냥 마음 내키면 그걸 쭉 읽다가 그 속에서 어떤 감동을 느낄 부분이 있으면 자기 것으로 만들면 되는 겁니다. 책도 사람마다 감동을 느끼는 부분이 다 다르거든요. 그러니까 그런 부분에서 저는 1차적인 텍스트를 제공하고, 사람들이 그걸 통해서 얻는 게 있으면 행복한 거죠. 그런데도 무슨 남의 흠을 못 잡으면 큰일 날 것처럼 생각하는 사람들이 있는 것 같아요.

질 그럼에도 불구하고, 인터뷰 자체를 속기사처럼 취급하는 사람들도 있지 않습니까? 녹음기 취급을 하기도 하고요.

대 그런 측면이 전혀 없다고는 할 수 없지만, 그렇다면 모든 인터뷰 기사는 같아야겠죠. 그리고 인터뷰의 속성상 그 사람의 얘기를 이끌어내는 과정 자체가 어려운 거죠. 전부 아니면 전무니까요.

질 그런 시각을 어떻게 불식시킬 수 있다고 보세요.

대 제가 좋은 인터뷰를 많이 하고, 좋은 평가를 받아야겠죠. 그리고 제가 잘 먹고 잘 살아야죠. 저한테 대한 공격들 중에는 분명히 계급적 경멸이 있습니다. "니가 아무리 사람들 앞에서 떠들고, 상징자본 같은 걸 얻은 것 같지만, 넌 결국 사람들한테 책을 사달라고 하고, 후원금을 달라고 하는 거지새끼 아니냐?" 그런 부분이 분명히 있습니다. 사실 책 한 권 사주지 않고, 단돈 1000원 보태준 적도 없는 사람들이 그런 얘기들을 많이 하는데요. 물론 그런 사람들이 어쩌다 돈 1만 원 내고 책을 사줬을 때는 얼마든지 모욕을 줘도 된다고 생각하겠죠. 제가 그 사람들이 저를 욕하기 쪽팔리게끔 당당하게 사는 게 그런 얘기를 없애는 길일 겁니다. 그래야 이 일을 꿈꾸는 많은 사람들이 매체와 상관없이 이 작업을 해나갈 수 있겠다는 희망을 갖기도 하겠죠. 아직은 인터뷰로 먹고 산다는 것이 야무진 꿈에 불과하니까요. 루쉰의 말대로 처음부터 길은 없습니다. 누군가는 그 길을 만들어야겠죠.

"가난보다 나쁜 건 가난에 대한 경멸"

질 본인을 종종 거리의 악사로 비유하셨는데요.

대 요즘은 안 그러거든요. (웃음) 왜냐하면 자꾸 앵벌이라고 하는 놈들이 있어서요. 예전에 그런 표현을 썼는데, 자꾸 앵벌이란 단어가 연상이 되서. 전에 인터넷에서 글 쓰는 사람들은 전부 거리의 악사가 아니냐는 얘길 했었죠. 우리가 연주를 하고 싶어서 거리에 나와 있는데, 돈을 던져 주고 싶으면 던져 주고, 싫으면 마는 것 아닙니까? 그냥 취미로 하는 게 아니라, 우린 연주해서 생계를 유지하고 싶다는 선언을 한 거거든요. 물론 굶어죽는 것도 제 몫이죠. 그런데 30분 정도 연주를 들은 사람한테 "빵도 먹어야 하고, 기타 줄도 갈아야 하는데, 500원 정도 주는 게 예의 아닐까요?"라고 말하면 어떤 사람들은 "야, 거지새끼야. 기타 연주도 시원치 않은 놈이 무슨 돈을 달라고 그래"라고 말합니다. 도대체 저더러 기타도 제대로 못 잡는 놈이라고 말하면 도대체 한국 사회에서 기타를 제대로 잡는 인간이 몇이나 됩니까? 아티스트 대접해 달라는 게 아니잖아요. 거리의 악사 대접이라도 좀 해달라는 건데, 사람들은 참 야박합니다. (웃음)

질　유시민 의원 책도 냈잖아요. 거기서 유시민 의원은 자신을 소셜 리버럴이라고 했는데, 지승호 씨도 그런 성향인가요?

대　리버럴이라고 볼 수 있는데, 용어라는 게 어떤 위치와 시각에서 보느냐에 따라 상대적인 부분이 있지 않습니까? 리버럴 쪽에 가까운데, 점점 나이가 들면서 화가 나고 이런 게 많아지는 것 같아요. 제가 "대구에서 왜 사고가 많은지 고민해보자" 이런 얘기를 하면 꼭 정파적으로만 받아들이는데요. 제가 『서프라이즈』에 있었다고 해서 정파적인 발언을 하는 게 아니라 그런 여러 가지 문제의식에 대한 해법을 추구하기 위한 방법으로 그쪽을 택한 적이 있는 거죠. 그러니까 그런 건 전후가 바뀐 비판이고요. 어떤 특정한 시기에 제가 선택한 게 그쪽이었고, 저는 어떤 면에서는 민노당과 더 맞는 부분이 많을 것 같아요. 그런데 제가 보기에 그쪽은 상당히 경직된 부분이 있습니다. 오히려 좌파가 보수진영보다 훨씬 더 선을 정해두는 게 큰 것 같아요. '너, 감옥 갔다 왔어? 어떤 학교 나왔어?' 이런 벽이 훨씬 높은 것 같습니다. 물론 그렇다고 내놓고 얘기하지는 않겠죠. (웃음) 그렇게 얘기는 안하지만, 벽으로 느껴지는 부분들이 많이 있습니다. 좌파들한테 "문장이 안 된다"느니 이런 얘기도 많이 들었는데, 그래서 성질나서 제가 그런 글을 썼었죠. "문장이 안 돼? 안 되면 어때? 난 내 생각을 남들에게 쉽게 전달할 수 있는 정도의 최소한의 문장력은 있어. 씨바"라는 글을 썼어요. (웃음) 아까도 얘기했지만, 제가 글을 잘 쓴다고 생각한 적은 한 번도 없습니다. 그런데도 사람들이 제 글을 편하게 느끼는 부분은 그거거든요. 제가 어떤 부분을 깊이 있게 공부해본 적이 없고, 어떤 부분에 이념적으로 깊이 들어가 본 적도 없어요. (그냥 제 문제를 가지고, 사느냐

죽느냐 하는 인간 내면의 문제에 천착한 적은 많았지만요) 그러니까 보편적인 사람들이 쓰는 단어를 그대로 쓰는 거고, 그래서 사람들이 읽기에 막히는 단어라든가 문장이 별로 없거든요. 자기가 평소에 생각은 했지만, 바빠서 정리가 안 된 부분들을 제가 정리해주는 거라고 생각해요. 사람들은 먹고 사느라고 바쁘잖아요. 그래서 그런 부분을 사람들이 편하게 느끼는 것 같고, 저는 그 부분에 대해서 특별히 제가 철학 공부를 다시 한다든지, 정치학 공부를 다시 한다든지 할 것은 아니기 때문에 그런 시각은 크게 변할 것 같지 않거든요. 저는 제가 오히려 너무 똑똑해질까봐 겁이 납니다. 사람들의 시각과 너무 멀어질까봐. 그런 일은 없겠죠. (웃음) 하지만 이것저것 다양한 텍스트를 엄청나게 보는 편입니다. 보편적으로 세상 돌아가는 일에 대해서는 공부를 많이 하는 셈이죠. 그건 학문의 영역으로 인정하지 않지만요.

질　말씀을 들으면 글도 그렇지만 전체적으로 그러한 문제의식을 가진 것 같아요. '한국인들은 왜 작은 것에만 분노하는가?'라는.

대　카우치 이런 거에만 분노하고, 자신의 심벌이 작은 것 이런 거에만 분노하죠. (웃음) 『딴지일보』에서 "잡범에게 위협받을 공공은 없다"는 멋진 글을 봤는데요. 잡범에게 위협받을 공공이 뭐가 있습니까? 그냥 "쟤네들 좀 깬다" 하고 넘어가거나 사회적·문화적·윤리적 징계를 논의했어야죠. 외국 같은 경우에는 그런 게 해프닝으로 넘어가는데, 우리 사회가 아직 그 정도도 받아들일 여유가 없는 것 같아요.

질　지승호 씨는 마이너 정서를 가진 것 같아요. 어떤 면에서는 주류라고 할 수도 있고, 대한민국에서 각 분야의 내로라하는 사람을 가장 많이 만난 사람 가운데 한 명이잖아요.

대　성질이 더러운 측면이 있죠. (웃음) 가장 온순한 선비의 기질과 양아치의 기질이 극단적으로 공존하는 사람 같은데요. 세상에 모순은 너무 많고, 사람들의 시각은 얄팍하기 그지없죠. 대체 한 사람의 일생을 그렇게 만만하게 규정할 수 있는가 하는 생각이 들 정도로 사람들은 너무 쉽게 다른 사람들을 규정하는 경우를 많이 봅니다. 그런데 사람은 굉장히 복잡다단한 정서를 가지고 있다고 생각하거든요. 제가 마이너 정서를 가졌다는 건 이런 얘길 겁니다. 저는 억압하는 사람이나 위에 있는 사람에 대해서 정서적으로 동화가 되지 않아요. 이라크 전쟁이 났다고 했을 때, 이라크에서 당하고 있는 사람이 나라는 생각이 곧바로 들었습니다. 거기서 고문당하고 폭격당해서 죽는 아이들에게 우선 감정이 이입되는 거죠. 한국에서 전쟁이 난다면 거기서 당하는 사람 또한 나이거나 나와 같은 사람들 일거라고 생각합니다. 출세하는 사람은 따로 있는 것 같아요. 그렇지 않은 쪽에 감정이 이입되어야 하는데. (웃음) 때문에 조금 더 약자들을 드러낼 수 있는 작업들을 많이 해야 하는데 그걸 충분히 못하고 있어서 안타깝죠.

질　그런 정서를 가진 이유는 뭐라고 생각하세요?

대　아마 제가 매 맞는 아이였기 때문일 거예요. 아동학대라는 부분은 그 사람의 인성의 문제가 아닙니다. 우리 아버지 같은 경우에도 밖에 나가시면 좋은 분이셨는데, 화가 나면 때리거나 다락에 가

두곤 했죠. 어린 아이이기 때문에 그렇게 갇혀 있을 때 "금방 꺼내 주겠지, 지 자식 죽이기야 하겠어?"라고 생각하지 못합니다. 굉장히 암담한 기억인데요. 그게 제 트라우마죠. 그렇게 아버지를 무서워하면서 살았는데요. 나이 들면서 제가 그걸 극복했다고 생각했는데, 어느 날 그 다락방 구석에서 한 발자국도 움직이지 못하고 웅크리고 있는 절 발견했죠. 마치 「친절한 금자씨」에서 유괴당했던 아이가 성장해서도 거기 그대로 앉아 있는 환상처럼요. 얼마 전에 그런 아버지가 갑자기 암으로 돌아가셨어요. 눈물도 나지 않더군요. 30년 동안 마음속에서 조금씩 밀어내왔으니까요. 그런데 마음도 편하지 않고, 왠지 모를 슬픔이 갑자기 밀려와서 길바닥에 주저앉아 운 적도 있습니다. 어쩌면 그런 개인의 경험 때문에 그런 얘기를 많이 하는 거겠죠. 제가 초등학교 다닐 때 어린이날 어린이대공원인가에서 한참을 맞은 적이 있습니다. 저는 잘못한 게 없기도 했고, 있었다고 하더라도 그래서는 안 되는 행동이었죠. 아마 누군가가 '그것이 잘못된 일'이라는 지적만 했어도 그러지는 못했을 것입니다. 그런 기억들로부터 평생 자유롭지 못할 것 같아요. 세상엔 수많은 저 같은 사람들이 있으니까요. 그런 사람들에게 쉽게 감정이 이입되는 편이죠.

질 일에 있어서 사실 비판보다는 칭찬을 더 많이 받는 편이긴 한 것 같은데요.

대 이 일을 몇 년째 하다 보니까 많이는 아니더라도 일정 부분 주목받는 부분도 있는데, 사실은 그것도 불편합니다. 저는 열 사람의 칭찬을 받는 것보다 어떤 한 사람이 날 미워하거나 아프게 지적하는 것이 더 힘든 그런 성격이거든요. 그래서 드러내놓고 뭘 하는 일이 사실 적성에는 맞지 않습니다. 인터넷으로 싸움도 많이 했죠. 그런데 그게 상처를 더 키워놓는 것 같더라고요.

질　만약 재충전의 시간이 주어진다면 무얼 하겠어요?

대　전 기록을 남기는 이 자체가 즐겁습니다. 그리고 저한테는 일이 곧 노는 것이기도 하죠. 그 과정에서의 스트레스도 만만치 않지만, 그런 것조차 없으면 만족도 없겠죠. 그리고 아까 말씀드린 것처럼 한 2년 엄청나게 채우기만 한 것 같아요. 이제는 그걸 결과물로 보여주기 위해서 노력할 겁니다.

질　지금까지 읽은 책 중에서 가장 충격적인 책은 뭔가요?

대　책 읽고 금방 까먹어요. 철학책 쪽에서는 러셀이나 쇼펜하우어… 쇼펜하우어 읽고 나서는 자살을 쭉 꿈꾸기도 했어요. 폼 잡느라 그랬는지도 모르겠지만요. (웃음) 어릴 땐 이어령 선생의 책도 재밌게 봤고요. 가장 충격적이었던 것? 대학교 1학년 때 봤던 성인잡지 『핫윈드』같네요. ·· 그리고 강준만 교수의 한국 현대사 산책 시리즈를 보면 우리가 정말 이 꼬라지로 살았는가 하면서 분노하게 됩니다. 아무리 생각해봐도 지금 진짜 좌파(본인은 아니라고 하지만, 어느 좌파보다도 공적인 분노가 많이 남아 있다는 면에서) 지식인은 강준만 교수뿐이지 않나 싶습니다.

질　딸과의 관계도 특별한 것 같아요. 좀 엽기적으로 느껴질 때도 있던데요. 혜린이가 어떻게 기억해줬으면 좋을 것 같습니까?

대 그냥 좋은 친구로 기억되고 싶어요. 어떤 얘기도 다 들어주는. 가끔 저한테 욕을 하기도 하는데, 참 귀엽거든요. 그게 아이들 특유의 친근감의 표시 내지는 농담이라고 생각해요. (웃음) 「괴물」 보셨으면 송강호가 현서 퇴근할 때(?) 뒤에서 가방을 살짝 들어 올려 주는데, 그런 관계하고 비슷합니다. 다만 혜린이는 훨씬 직접적으로 명령(?)하죠. "가방 들어" 하고. ‥ 근데 전 노예근성이 있는지, 명령을 안 하면 물어보기도 합니다. "왜, 가방 들라고 안 해?" 하구요. 그럼 혜린이는 그러죠. "어, 까먹고 있었는데, 고마워." 어릴 때의 상처가 있어서 그런지 전 상처를 안 주려고 노력은 하는데, 잘 안 될 때가 있습니다. 아직 저도 어른이 못됐기 때문에… 어쩌면 같이 크고 있는 거죠. 언젠가 육아일기를 정리해서 글로 쓰고 싶은데, 제가 아이를 키우는 얘기가 아니라 아이가 아빠를 키우는 '육(키울 육), 아(아빠 아)'를 쓰려고요.

질 마지막으로 할 말 있나요?

대 (단호하게) 없어요. 끝날 때 이렇게 말씀하시는 분들이 많은데, 멋있더군요. (웃음)